"十三五"职业教育
国家规划教材

高等院校
艺术设计精品系列教材

U0733460

霍宏 李永凯 王风丽◎主编

王婕 黄葳 刘以钢◎副主编

艺术欣赏

第 3 版
微课版

人民邮电出版社

北 京

图书在版编目（CIP）数据

艺术欣赏：微课版 / 霍宏，李永凯，王风丽主编.
3版. -- 北京：人民邮电出版社，2025. --（高等院校
艺术设计精品系列教材）. -- ISBN 978-7-115-66507-2

Ⅰ. J05

中国国家版本馆CIP数据核字第2025QV2765号

内 容 提 要

　　本书包括美术欣赏、文学欣赏、音乐欣赏3部分内容，分为15章进行介绍。其中，美术欣赏部分
包括中西绘画作品欣赏、中西雕塑作品欣赏、工艺美术作品欣赏、中外建筑欣赏和中西方绘画技法；
文学欣赏部分包括诗歌欣赏、散文欣赏、小说欣赏、戏剧欣赏和中外电影艺术；音乐欣赏部分包括音
乐常识、中国民歌欣赏、中国民族器乐欣赏、中国戏曲音乐欣赏和西方经典音乐欣赏。

　　本书可作为普通高等院校及高等职业院校公共基础艺术教育相关专业的教材，也可供艺术爱好者
参考。

◆ 主　　编　霍　宏　李永凯　王风丽
　　副主编　王　婕　黄　葳　刘以钢
　　责任编辑　刘　佳
　　责任印制　王　郁　焦志炜

◆ 人民邮电出版社出版发行　　北京市丰台区成寿寺路11号
　　邮编　100164　电子邮件　315@ptpress.com.cn
　　网址　https://www.ptpress.com.cn
　　北京瑞禾彩色印刷有限公司印刷

◆ 开本：787×1092　1/16
　　印张：13.25　　　　　　　　2025年9月第3版
　　字数：301千字　　　　　　　2025年9月北京第1次印刷

定价：59.80元

读者服务热线：(010)81055256　印装质量热线：(010)81055316
反盗版热线：(010)81055315

前　言

党的二十大报告指出，必须坚持中国特色社会主义文化发展道路，增强文化自信，围绕举旗帜、聚民心、育新人、兴文化、展形象建设社会主义文化强国，发展面向现代化、面向世界、面向未来的，民族的科学的大众的社会主义文化，激发全民族文化创新创造活力，增强实现中华民族伟大复兴的精神力量。

为落实党的二十大精神，加快党的二十大精神进教材、进课堂、进头脑，本书在学生既有知识储备的基础上，增设拓展性阅读材料，将社会主义核心价值观与中华优秀传统文化相融合，牢固树立中国特色社会主义道路自信、理论自信、制度自信、文化自信，进一步增强学习贯彻落实党的二十大精神的自觉性和坚定性。

在本书编写过程中，编者将美育理论知识和艺术创作技巧相结合，依据既有的资料内容，撷取具备较高美学意义的典范作品；依据当前与艺术相关的社会热点，与时俱进，撷取学生较为感兴趣的典范作品。本书通过对中西美术、文学、音乐作品，以及大家、流派、思潮及社会形态与艺术的关系的讲解，培养学生用全面的观点评价艺术作品的能力。

本书由霍宏、李永凯、王凤丽任主编，王婕、黄葳、刘以钢任副主编，陈彦文、伍娟、赵淑荣、唐玎、李晶晶任参编，其中霍宏编写第 1 章和第 2 章，王婕编写第 3 章和第 4 章，陈彦文编写第 5 章，黄葳编写第 6 章和第 8 章，伍娟编写第 7 章，李永凯编写第 9 章和第 10 章，赵淑荣编写第 11 章和第 12 章，唐玎编写第 13 章，李晶晶编写第 14 章，刘以钢编写第 15 章，王凤丽负责全书的统稿。

由于编者水平有限，书中难免存在不足之处，恳请广大专家与读者批评指正。

编　者
2024 年 12 月

目 录

美术
欣赏部分

文学

欣赏部分

音乐
欣赏部分

美术

欣赏部分

第 1 章　中西绘画作品欣赏

本章主要介绍中国绘画的发展脉络和风格演变，让学生体会中国画线条的力度和美感、水墨的神韵，还介绍了西方美术艺术流派的产生、特征、画家及作品的艺术地位。

学习目标：通过本章的学习，着重把握中国画中不同的表现形式，形成对艺术家的艺术主张及不同艺术特色的深入了解。了解西方绘画主要流派的代表画家及其代表作品的艺术特色。对中国画审美特征的理解会让我们的直觉更加敏锐，欣赏时再结合想象，方能领略作品的神韵，陶冶情操。

素养目标：通过赏析作品，增强学生的鉴赏能力，同时热爱中华优秀传统文化，领略感受艺术美，培养高尚的情操。

1.1　中国绘画作品欣赏

绘画是画家运用线条、形体、色彩等造型手段在平面上描绘形象，表现思想感情的艺术。传统中国画在世界画坛上独树一帜、自成体系。欣赏中国绘画作品首先要了解它的主要特征。

1.1.1　人物画

中国人物画源远流长，可追溯到史前的岩画和陶绘。迄今所知最早的独幅人物画也有两千多年的历史了。中国人物画在漫长的发展过程中，逐渐形成了以线描和装饰性色彩塑造形象，注重表现人物精神世界的特点。

湖南长沙战国楚墓中发现的《人物龙凤帛画》（见图 1-1）和《人物御龙帛画》是完全意义上的独立绘画作品。两幅帛画中人物均位于画面的中心位置，呈正侧面姿势，人物面部描绘具体，显示出年龄和神态，初具肖像画特点；造型简练明快，风格独特。线在这时已经成为主要的造型手段，虽然它还只是物象的轮廓线，但它的出现在中国绘画史上有着划时代的历史意义。

中国绘画审美标准出现在魏晋南北朝。谢赫提出的"六法论"从绘画的各个层面对绘画创作和欣赏提出了详细要求，使中国画的发展有了一个明确的审美走向。而魏晋文学作品对画家最具传奇性的描绘，大多集中在东晋的顾恺之身上。顾恺之是我国绘画史上第一位提出"以形写神"的绘画理论的画家。后人形容顾恺之的运笔为"春蚕吐丝""春云浮空，流水行地"，其人有"才绝""画绝""痴绝"之称。《女史箴图》（见图 1-2）是顾恺之根据西晋张华的《女史箴》一文而画的，全图共十二段，现存九段。《女史箴》旨在让女性遵从女德，描写了女范事迹及上层妇女应有的道德情感，带有一定的说教意义。《女史箴图》集教化与审美于一体，预示着中国绘画由重教化到重审美的转型，在中国绘画史上具有划时代的意义。

图 1-1　《人物龙凤帛画》　战国

图 1-2　《女史箴图》（局部）　顾恺之　东晋

阎立本，初唐杰出的画家之一，他因为在中国古代人物画的发展中起到了巨大推动作用，所以在美术史中占据很高的地位。阎立本的人物画较顾恺之的人物画有质的飞跃，他的作品使绘画摆脱了对文学的依附，能够独立地表现复杂的思想感情，使得人物画有了巨大的发展。

《步辇图》（见图 1-3）描绘了唐贞观十五年（641 年）唐太宗把文成公主嫁给吐蕃王松赞干布，松赞干布派使者禄东赞向大唐求亲的场景。画家没有靠任何文字说明，而是用绘画形象地表现了这个复杂的故事以及故事中每个人的思想感情，这与顾恺之时代相比确实体现了人物画的巨大进步。画面整体体现初唐时期的风格，吸收南北朝以来的绘画成就，画风古朴，以红黑两色为主，色彩深沉、浑厚，运笔简劲明朗，体现了中原汉族文化的传统与风格。

图 1-3　《步辇图》（局部）　阎立本　唐代

阎立本注重对人物心理与精神状态的刻画。其线描能根据不同物体质感变换力度与速度，风格趋于稳练坚实。传为其画迹的《历代帝王图》（见图 1-4）中有十三位古代帝王，画家通过人物的面容、眼神、眉宇和嘴唇间流露出的神情来刻画或贤或愚、或善或恶的人物形象，成功地表现出不同人物的精神面貌和性格特征。

图 1-4　（传）《历代帝王图》（局部）　阎立本　唐代

唐代是人物画的鼎盛时期，唐代画家在题材的多样性和表现技法的丰富性上都有了重大突破。唐代最重要的画家之一是"画圣"吴道子，他突破了魏晋南北朝以来均匀细致的线条样式，代以一种遒劲奔放而又有粗细变化的"莼菜条描"。这是一个非常重要的变化，线条的粗细对比不仅丰富了中国画的笔法样式，使画面产生节奏，而且笔法进一步由线结构衍生出面结构，直接导致中国画墨法的出现——墨法与线条构成了中国水墨画体系的两大支柱。

　　使用鲜明、浓丽的装饰性色彩，以唐代的人物画为最。如周昉的《簪花仕女图》（见图 1-5）描绘的是盛装的宫廷仕女，人物形象皆曲眉高髻，丰颐健体，衣着华贵，仪容典雅。作品用线工细劲健，设色富丽匀净，多用石青、朱砂等矿物质颜料，浓丽而不俗艳，工整而不烦琐，不仅展示了大唐仕女的绰约丰姿，也使人领略到唐代以丰腴为美的审美时尚。

图 1-5　《簪花仕女图》　周昉　唐代

　　《韩熙载夜宴图》（见图 1-6）为绢本，宽 28.7 厘米，长 335.5 厘米，为设色画，现藏于故宫博物院。此画是我国古代人物画最杰出的代表作之一，是一幅长卷式的叙事性绘画作品。画家巧妙地利用屏风将画面分为夜宴、观舞、休息、演乐、送客五个场面，通过"目识心记"把韩熙载的夜宴场景描绘得绘声绘色、真实可信。画中人物形象生动传神，不同的身姿、容貌以至表情都处理得较为成功，特别是韩熙载的形象富有肖像画的特征。这幅作品确实是中国绘画史上脍炙人口的稀有珍品，它不仅真实地表现了韩熙载夜宴中人物的相貌，而且逼真地表现了他们的思想感情，无论是内容还是形式都标志着中国的宫廷人物画已经发展到了巅峰，是中国宫廷人物画的典范之作。

图 1-6　《韩熙载夜宴图》　顾闳中　五代

　　如果说魏晋至隋唐的人物画所表现的大多数是宗教内容或帝王贵胄、宫廷仕女，那么宋以后开始出现大量反映世俗生活的作品。其中张择端的《清明上河图》（见图 1-7）是最优秀的代表作。作品全幅长度超过 5 米，记录的人物超过 500 人，人物高不及 1 寸却分毫不失、神态各具，令人叹为观止；土坡、树木、屋宇等自然环境的描绘也展示了画家在山水画方面的造诣；牛马、骆驼等动物形象准确生动，表现了画家对动物的熟悉。此画从郊外田野、汴河两岸，一直描绘到市井、街道，规模宏大，场面繁杂。画家利用多视点的构图方式，将硕大繁复的场面妥帖地安置在画面上，产生"方寸之内，百里之回"的宏伟气势，表现出画家概括生活和提炼素材的非凡才能与组织画面的娴熟技艺。无论是从社会价值、历史价值还是艺术价值来看，这幅画都是具有里程碑意义的作品。可以说，《清明上河图》标志着中国风俗人物画发展的高峰。

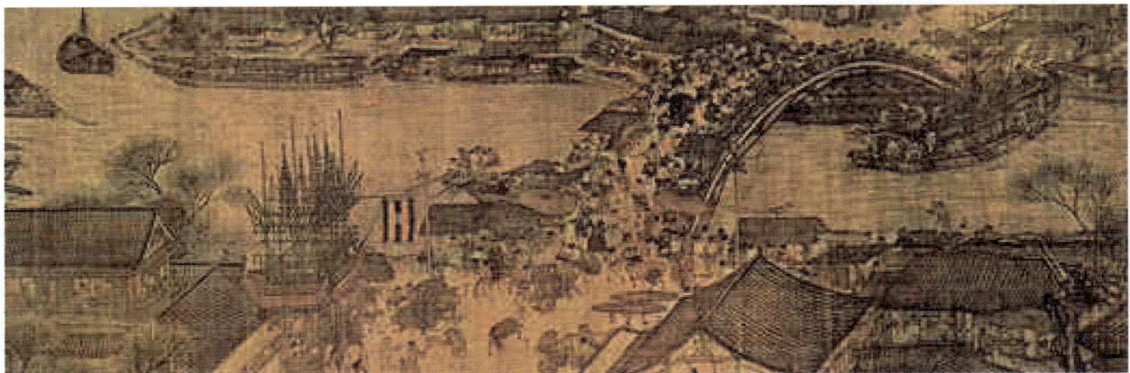

图 1-7　《清明上河图》（局部）　张择端　宋代

　　《泼墨仙人图》（见图 1-8）是梁楷与画院风格决裂之后，在绘画领域另辟蹊径、独树一帜的具体表现。作品画面墨色酣畅，纵肆狂放，水墨淋漓，已经达到旁若无人的程度。作品表现了一个憨态可掬的仙人，诙谐滑稽，令人发笑。梁楷的"减笔"理念对画家的造型能力、笔墨技法、气质才情提出了极高的要求，以致其后多年来，中国写意人物画家鲜有出其右者。

图 1-8　《泼墨仙人图》
梁楷　宋代

　　陈洪绶代表了明代人物画的最高水平。他创造的人物形象高古奇骇，形式感很强，很难让人看出他的师承关系，艺术水准远在唐寅、仇英之上。值得一提的是陈洪绶也是美术史上重要的版画家，他为众多中国传统文学名著留下了生动传神、精美异常的插图。他的人物画多取材于历史故事，常有借古喻今、寄托情怀的深意。他的《归去来图》（见图 1-9）以陶渊明不为五斗米折腰、弃官隐居的故事规劝老友周亮工从官场引退。他笔下的人物造型夸张、怪诞，别具风骨。

图 1-9　《归去来图》　陈洪绶　明代

明清以来，中国文人画家对山水、花鸟题材的过分专注，以致人物画趋向衰落。在封建社会即将走到尽头的时候，几乎已濒临绝境的人物画在"海上画派"画家们的努力下，总算迎来了一线生机。任伯年是"海上画派"人物画领域的佼佼者。他的人物画自成体系，是甚为难得的中西方绘画融合的成功范例。《苏武牧羊图》（见图 1-10）描绘苏武牧羊的故事，饱含作者对苏武崇高气节的敬佩之情。整幅画线条自如，工细中有粗放，富有跃动感和节奏感，人物造型自然生动。任伯年的人物画充分体现了苏轼所倡导的艺术精神："出新意于法度之中，寄妙理于豪放之外。"

图 1-10　《苏武牧羊图》
任伯年　清代

1.1.2　山水画

中国山水画的形成与成熟晚于人物画。在南北朝以前的早期绘画作品中，自然景物只是人物的陪衬。到南北朝时期，艺术家受道家思想影响，更多地发现了自然和自然美的价值，并试图把自己对自然的观察和感受画出来，从而得到来自大自然的愉悦心情，于是开始寻找能使人身临其境的方法，即在有限的平面上画出深远的感觉。经过近两个世纪的寻觅，至隋代，中国山水画终于超越了早期山水画"人大于山，水不容泛"的稚拙阶段，把"丈山尺树，寸马豆人"的比例关系运用于画面，在视觉上造成"咫尺之内，而瞻万里之遥"的空间效果。

《游春图》（见图 1-11）保持着六朝山水画稚拙纤细的风味，同时显示了画家能用稚拙的笔法处理好画面的空间关系，而且以青绿为主调，表现出一种和谐的自然美，这在当时是一大进步。《游春图》标志着中国山水画结束了"人大于山，水不容泛"的初级阶段，预示着中国山水画的艺术春天的到来。

图 1-11　《游春图》　展子虔　隋代

范宽的山水画具有大气磅礴、沉雄高古的特点。《溪山行旅图》（见图 1-12）采用全景式近镜头构图，正面一座大山突兀而起，占据画面 2/3，在视觉上造成逼人之势。画家只靠皴笔表现出山石质地的坚硬感，真实地再现了关中山水雄强、苍劲的气势。在构图技巧上，山下一片白雾，迷蒙莫测，以见山之远；而涌现于霄汉之外突兀的巨峰，山巅的茂林密叶和崖石皱纹十分清晰，又如近在眉睫。这一既远又近的透视效果造成令人惊愕的景象，完美地表达了作者对祖国山河的赞美。

《早春图》（见图 1-13）描绘了冬去春来、大地复苏的早春景象。画家不用桃红柳绿来表示春天的到来，而是将春意蕴藏于岩壑林泉之中，传达出春回大地的信息。画家借天气和阳光既表现了春回大地的自然现象，也传达出自己喜悦的心情。画家不仅对高山树木等实景做了认真的刻画，而且重视对烟云雾气的表现，对于似有似无的"虚"处做了成功的表现。画中"空白"的运用、虚实的对比体现了中国山水画对于表现空灵境界的可贵探索。

图 1-12　《溪山行旅图》　范宽　宋代

图 1-13　《早春图》　郭熙　宋代

《富春山居图》（见图 1-14）共分前后两段，主要描绘富春江一带的山水景色，两岸峰峦树木，似初秋景色。图中峰峦坡石、秋水疏林绵延起伏，间有村落、亭台、渔舟、小桥，令人目不暇接，内容丰富而自然。画法有湿笔披麻皴，也有干笔皴擦，画家用笔简练，使水墨发挥了极大作用。这幅作品对水墨山水画的发展产生了很大影响。

图 1-14　《富春山居图》　黄公望　元代

1.1.3　花鸟画

中国花鸟画有着十分悠久的历史，单就它所包含的工笔与写意两种不同的画法而言，早在唐代就已形成。花鸟画发展到五代，逐渐形成了以黄筌为代表的"黄家富贵"和以徐熙为代表的"徐熙野逸"两大派别。

《写生珍禽图》（见图1-15）是黄筌为儿子学画而作的画稿，包括十只不同的鸟、两只龟和若干昆虫。画中表现对象的特征异常精确工致，富丽堂皇。表现方法以墨色为主，运用少量色彩，效果生动。

图 1-15　《写生珍禽图》　黄筌　五代

"黄家富贵"下花鸟画的缺点是作品中的花鸟禽兽往往生动性不足，它们更像是一些华丽地拼凑在一起的标本，这实际上成了中国花鸟画发展过程中的瓶颈。崔白成功解决了这一问题，他是第一个把中国人物画"传神论"理论成功应用在花鸟画领域的画家。他有很强的快速写生能力，善于把握自然环境中花鸟禽兽的运动变化；又有很强的画面组织能力，能够在巨大的尺幅中，把一切需要的素材有机地、生动地糅合在一起。

一般而言，南宋的花鸟画生动艳丽有加，但大多是构图简洁、描绘精密的小幅画。李迪这幅《枫鹰雉鸡图》（见图1-16）却是一个例外。此画的艺术特色有三：其一，构图新奇巧

图 1-16　《枫鹰雉鸡图》　李迪　宋代

妙；其二，捕捉形象的瞬间情态，成功地营造出特定情节的气氛和意境；其三，笔法严谨，设色雅净，强调景物的质感。

　　清初，朱耷的花鸟画奇特而雄健，常以画中景物寄托国破家亡、身世飘零的悲愤之情。如《鹌鹑图》（见图 1-17）中，画家以鹌鹑自喻，着意夸大鹌鹑的眼睛，将眼圈画得特别大，黑而圆的眼珠顶在眼眶上角，表现出昂首向天、孤傲冷俊的气质。作品笔墨高度精练，似不着意，却意味深长。

图 1-17　《鹌鹑图》　朱耷　清代

　　清代中叶，在扬州活跃着一批具有创新精神的职业画家，其中的郑燮以画墨竹而闻名。竹子枝叶碧绿，形态清秀，笔直有节，挺拔向上，且寒暑不凋，常使人联想到坚贞、高洁、坚强不屈等高尚品格。因此，在中国，竹子被尊为"四君子"之一。郑燮的《墨竹图》（见图 1-18）着重刻画竹子坚强不屈的风神和骨气。他以篆、隶之笔画竹，使竹的形态清秀挺拔，别具潇洒、疏朗、飘逸的风韵。

图 1-18　《墨竹图》　郑燮　清代

1.1.4　现代画

　　20 世纪上半叶，中国社会的各个领域都发生了巨大的变革。中国绘画艺术也在西方文艺思潮的冲击和影响下，打破了文人画一统天下的局面，在内容、形式、材料、观念上都产生了深刻的变化。

　　徐悲鸿的《愚公移山》（见图 1-19）作于抗日战争最艰苦的 1940 年，作者试图借愚公移山的故事表达中国人民抗战到底的决心。在横向的构图中，挖山者左右排列，顶天立地，赤裸着身躯，高举铁耙，挖掘不止。以裸体的形式画中国古代传说的人物，是徐悲鸿借鉴西方绘画表现方法的大胆尝试，为的是更突出人物的力量和气势。此画主要采用传统的勾勒着色法，部分人物略施明暗，以显示其体积。这种把中国水墨画法与素描画法结合起来的实验，体现了徐悲鸿以西方绘画的写实技巧改革中国画的主张。

图 1-19　《愚公移山》　徐悲鸿

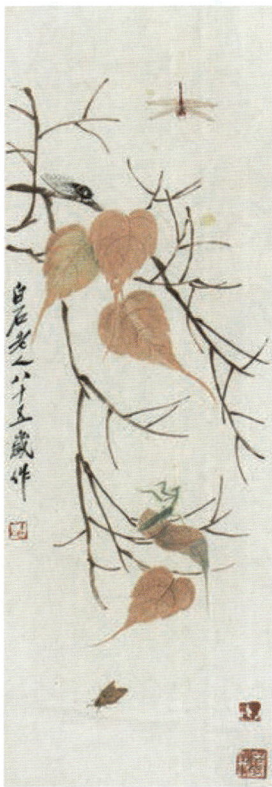

齐白石将细如毫发的工笔草虫与大写意花卉巧妙结合起来，创造出奇妙的"工虫花卉"《贝叶工虫》（见图 1-20）。画中秋天已至，贝叶飘零，蜻蜓、蝴蝶等昆虫飞来，享受着秋日的阳光。生命的蓬勃与衰败、秋色的清冷与热情，被画家编织在一个时空中，这是对生命的赞美，还是对时光易逝的感叹？

关山月、傅抱石合作的《江山如此多娇》（见图 1-21）中，茫茫雪原开阔平远，一轮红日冉冉而升，整体气势恢宏、寓意深长，形象地表现出《沁园春·雪》中所表达的那种阔大的胸怀和豪迈的激情。场面浩大，气势恢宏，具有生活气息和时代感。

素养案例：民族精神

图 1-20　《贝叶工虫》
齐白石

图 1-21　《江山如此多娇》　关山月、傅抱石

　　中国画的构图多讲求平面布局，以及计白当黑，无画处皆成妙境的处理方式。用线条造型是中国画最基本的造型方式之一。结合毛笔的运行，线条不仅能状物，还能表达画家的主观情绪，为欣赏者带来不同的视觉和心理感受。中国画的色彩表现向着主观意向化发展。中国画家历来重视在画中表现学养、品格、情操，形成诗、书、画、印结合的独特风格，总体上追求神韵和气韵的表现。中国画中的造型不拘泥于外形的相似，更加注重表现物象的内在神韵和画家的情意。人物画主张以形写神，突出人物的内心世界；山水画强调情景交融的意境创意；花鸟画强调生命力的表现和寄寓情怀。

　　对中国画审美特征的理解会让我们的直觉更加敏锐，欣赏时再结合想象，方能领略作品的神韵，陶冶情操。

1.2　西方绘画作品欣赏

　　西方绘画作品在形式、语言上有多种表现手法，我们要从不同的角度去欣赏。西方传统绘画作品多强调写实性，我们要品味画家如何真实地再现客观物象的存在状态和人物形象的精神气质。而西方现代绘画作品不以再现客观物象的真实外表为目的，或以单纯的点、线、面和色彩组合表现图形，或以变形、夸张、怪诞的形象表现画家内心的情绪和对外部世界的看法。

　　西方绘画作品在题材、内容上也不尽相同，我们在欣赏时也要有所侧重。比如以描绘风土人情为主的风俗画，要注重感受其浓郁的生活美感和朴实的民情意味；以描绘自然风光为主的风景画，要注重体会画家寄寓在自然景物中的心境与情感；以再现历史事件为主的历史画，要注重分析其所暗喻的现实意义和时代精神；以宗教或神话内容为题材的绘画作品，要体悟其宗教或神话情节所蕴含的人文精神和理想；以刻画人物形象为主的肖像画，要体味人物内在的精神气质和思想品格；即使是静物画，也要透过对象，审视其内在的形式结构和外溢的不同情趣。

1.2.1　文艺复兴时期绘画

　　列奥纳多·达·芬奇于 1452 年 4 月 15 日生于佛罗伦萨郊区的芬奇镇，1519 年 5 月 2 日卒于法国，是意大利文艺复兴时期杰出的画家、自然科学家、哲学家和工程师。他把各种实验和研究的成果应用于绘画，并努力探索艺术的概括形式。他一生创作了七千多页的手稿和大量绘画作品，其绘画作品以《最后的晚餐》和《蒙娜丽莎》最为著名。

　　《蒙娜丽莎》（见图 1-22）这幅享誉世界的绘画作品，是达·芬奇的代表作。这幅画虽然描绘的是佛罗伦萨城一位商人的妻子，但却表现了一种富有人性之美和生活之美的理想形象。达·芬奇以精湛的技艺和高超的写实技巧，使蒙娜丽莎那富有魅力的青春美被永恒而鲜活地留在了画面上。

这幅作品作为富有人文主义精神的绘画作品，把真实生活中的人物情感与艺术创作中的写实手法紧密地结合在一起，并表现出一种具有思想解放性质的时代特色和具有科学精神的艺术高度。

《最后的晚餐》（见图1-23）是一幅表现耶稣被捕前和门徒最后会餐诀别场面的湿壁画，绘制在米兰圣玛利亚感恩教堂的饭厅。巧妙的构图和独具匠心的布局，使画面上的厅堂与实际的饭厅建筑结构紧密联结在一起，使观者感觉画中的情景似乎就发生在眼前。坐在正中央的耶稣摊开双手，把头垂向一边，做无可奈何的淡漠表情，这就加强了两边四组人物的变化节奏感，使场面显得更富有戏剧效果。人物之间相互呼应、彼此联系，他们的感情不是孤立的，这正是达·芬奇最重要、最成功的心理描写因素。所谓"多样统一"的美学原则，在这幅作品上得到空前有效的体现，达·芬奇的艺术成就也由此体现。

图 1-22　《蒙娜丽莎》　达·芬奇

图 1-23　《最后的晚餐》　达·芬奇

拉斐尔·桑西是意大利文艺复兴盛期"三杰"中最年轻的一位。他既不像达·芬奇那样是一个智慧的天才，也不像米开朗基罗是一位超时代的巨人，而是一位头脑聪颖、性格温和，善于吸取别人长处的大师。他创造出文艺复兴盛期典雅、优美、具有高度技巧的艺术典型，这是现实美与理想美的统一，被后世奉为古典艺术的楷模。

　　《西斯廷圣母》（见图 1-24）是拉斐尔所有圣母像中最出色的作品。这幅作品中，拉斐尔创造出庄严而又富有人性的圣母形象。作品画面构图比较严谨，空间透视处理得极好，均衡的三角形结构为画面增添了生气，整幅画虚实相生、流畅平稳。这幅画同时也反映了拉斐尔的人道精神、文化素养和精湛技艺。

图 1-24　《西斯廷圣母》　拉斐尔

1.2.2　古典主义绘画

　　古典主义作为一种艺术思潮，其美学原则是利用古代的艺术理想与规范来表现现实社会的道德观念，以典型的历史题材表现当代的思想主题，也就是借古喻今。古典主义绘画则以古典主义为精神内涵，竭力在表现风格上追求一种完美的崇高感，在表现形式上创造一种完整的典范性。古典主义绘画在其发展过程中，通过对古典传统和历史精神的追求与完善，展现出非凡的艺术魅力。尽管每一个时期的不同画家都表现出各自不同的倾向性，但从古希腊、古罗马以及文艺复兴时期大师身上汲取的传统精髓，却一直是古典主义绘画典型、崇高和永恒的精神脊梁。特别是在艺术美感上追求完整、表现肃穆、崇尚典雅、创造和谐等方面，更具有十分重要的历史价值和传统意义，成为整个西方绘画领域中令人瞩目的艺术流派。

　　尼古拉·普桑创作的《阿卡迪亚的牧人》（见图 1-25）表现的是表情沉默、肃穆、具有西方古典风格的牧人，静谧的风景，沉重的墓碑，深沉艰涩的文字，灰褐的色调。画面的一切，使这种惆怅悲凉的气氛达到了顶点。右侧身穿黄衣蓝裙的女子，无疑给画面增添了一丝亮色，她是美好人生的象征。她含额垂首默默地听着铭文，给人一种抚慰感。画面中的四个人有着四种神色，疑虑与抚慰，惆怅与哀思，引人思索。

《马拉之死》（见图1-26）是雅克·路易·大卫最深刻、感人的一幅作品。从该作品的立意来看，大卫刻意避免了常见的、直接的政治性说教方式，转而从基督教传统题材中汲取灵感。因此，他选取了一个平静、似乎毫无痛苦的临终表情，但人物右锁骨下方的伤口和耶稣右肋的伤口具有同样的暗示性，那条无力下垂的右臂为马拉的死亡增添了无辜与悲凉的意味。比较有特色的是这幅作品的构图，水平的构图被下垂的右臂打破，且大部分内容被压缩在画面二分之一以下的位置，上方大面积的黑暗空间，再次隐喻了马拉面临死亡时的无助。

图1-25 《阿卡迪亚的牧人》 普桑

图1-26 《马拉之死》 大卫

如果说大卫的新古典主义绘画在法国大革命中起到号角和先锋的作用，那么安格尔则远离革命，在一种纯形式美的追求中表现和谐、典雅与规范的精神，成为学院派古典主义绘画的代表。他注重素描而轻视色彩，作品笔法精细，线条分明，色彩多是物体的固有色。他的《大宫女》以一个土耳其裸女的形象来表现东方女性的典雅与和谐美。作品中修长而富有韵律的人体造型，通过柔润而流畅的线条显现出来，秀挺回转的头部和婉转扭动的背部以及错落的肢体，使整个动势舒展大方、变化自然。这种和谐的形体提炼，形成了安格尔人体艺术造型的美学特色。

1.2.3 浪漫主义绘画

古典主义与浪漫主义的差别在于它们所强调的方面。浪漫的艺术家将情感的表现置于一切之上，因此，在浪漫的艺术中，情感常与形式的规则相对抗。古典的艺术家则寻求形式与内容之间理想的平衡，将情感的力量控制于艺术的后面，努力协调情和理的要求。

泰奥多尔·席里科是19世纪法国浪漫主义的先驱。他的《梅杜萨之筏》（见图1-27）取材于一个真实的海难事件，画面由处在死亡、绝望、挣扎、祈盼、惊喜等状态中的人物形象组成，使画面在一种悲壮的气氛中又充溢着对生存的渴求。可见席里科以残酷的现实表现理想的主题，其作品不仅暗喻着社会与人生的矛盾，而且也激荡着一种奋争与不屈的精神意识，与学院派古典主义的保守观念形成鲜明的对比。在表现形式上，席里科以强烈的明暗对比、劲健的形象塑造、激烈的人体运动、鲜明的色彩情绪、粗犷的笔触，表现出与学院派古典主义截然不同的风格。

欧仁·德拉克罗瓦被称为浪漫主义雄狮。他的《希奥岛的屠杀》（见图 1-28）反映的是希腊独立战争中，土耳其人在希奥岛屠杀手无寸铁的希腊平民的情景，以悲剧色彩和抗议精神来揭露侵略与掠夺的本性，表现出对弱小民族的同情与支持。这是他反映现实斗争场面的重要代表作之一，也是体现浪漫主义和新古典主义美术激烈斗争的力作。他把全部注意力放在色彩的力度上，用豪放的大笔触，通过明暗对比与人物的姿态，处理成远景与近景两个层次。他以一幅画表明了自己对侵略与掠夺的抗议，对正义与人权的声援。

图 1-27　《梅杜萨之筏》　席里科

图 1-28　《希奥岛的屠杀》　德拉克罗瓦

浪漫主义绘画正是以这种旺盛的革命激情和强烈的批判精神，以及饱满的艺术革新态度，在与僵化的学院派古典主义绘画的斗争中，确立了自己的艺术形象和独特的风格，从而成为西方绘画中不可忽视的艺术流派。《自由引导着人民》（见图 1-29）取材于 1830 年法国七月革命事件。画中所展示的硝烟弥漫的巷战场面，是他在自己上百幅草图的基础上定稿的。这幅画气势磅礴，画面结构极其紧凑，色彩丰富炽烈，用笔豪放，有强烈的感染力。

图 1-29　《自由引导着人民》　德拉克罗瓦

1.2.4　现实主义绘画

　　把赞美自然、讴歌劳动、崇尚淳朴的劳动者形象，描绘艰苦的劳动生活作为艺术表现的主题，以真实地反映客观现实，深刻地揭示社会本质，广泛地唤起人的良知作为艺术创作的原则，这便是 19 世纪现实主义绘画展现的艺术风貌。

　　《拾穗者》（见图 1-30）的艺术魅力首先在于对生活的真实描绘以及隐含其中的社会批判意识。衣着简朴的农妇在空旷平远的麦田里默默拾穗的画面，正是当时法国乡村生活的缩影和对当时社会现实的写照。该作品无声地倾诉着农民的贫困与疾苦、焦虑与哀愁，隐含着强烈的社会批判意识。《拾穗者》的艺术魅力还在于通过刻画劳动的美，表现出一种淳朴自然的情感。让·弗朗索瓦·米勒以深厚的生活基础，用坚实而凝练的笔调描绘出法国农妇朴实、勤劳、诚挚的品格。不夸张但充满内力的人物动作，不加粉饰但十分含蓄的乡间情景，使该作品包蕴着一种宁静的生活意趣。三位法国农妇的形体是以雕塑般的手法刻画的，尽管没有细腻和精微的局部表现，但是米勒想表达的一切情感都显现于这整体的粗犷美中。

　　19 世纪法国突出的现实主义画家当数居斯塔夫·库尔贝。《石工》（见图 1-31）是库尔贝的一幅最为有力地暴露当时社会现实的作品。画面上的两个碎石工形象来源于库尔贝从工地上请到画室里的真实人物，画面中一老一少两个石工。老人头戴麦秆草帽，弯着腰、半跪在地下用锤子敲打石头，粗布裤子打着补丁，脚上穿着古老的木鞋，破袜子露出脚；少年满头尘土，皮肤被太阳灼成褐色，用膝盖吃力地顶着装满石子的箩筐在搬运。我们虽然看不清他们布满灰尘的面庞，但透过那苍老弯曲的身躯和奋力移动的背影，却能直接而真切地感受到两个生命无言的挣扎，以及作者对当时的社会现实发出的质问和谴责。

图 1-30　《拾穗者》　米勒

图 1-31　《石工》　库尔贝

　　如果说米勒和库尔贝的现实主义绘画多表现出对劳动者的同情，那么，俄国巡回展览画派画家伊里亚·叶菲莫维奇·列宾的绘画则从思想上对社会现实进行了本质上的剖析，人们通常把它称作"批判现实主义"绘画。

　　《伏尔加河上的纤夫》（见图 1-32）描绘的是伏尔加河上受奴役的纤夫的生活。在这幅画中，十一个纤夫犹如一组雕像，被塑造在一座黄色的、高起的底座上，使这幅画具有宏伟深远的张力。画中的背景昏暗迷蒙，空间空旷奇特，给人以惆怅、孤独、无助之感，让人能切实深入纤夫的心灵深处，对情感的烘托起了极大的作用。这幅画以真实的被奴役者的形象和他们的悲惨命运，无情地揭露了沙皇的残暴统治，并以革命的民主精神鼓舞人们凝聚起奋争的勇气与力量，挣脱枷锁，获取自由。

图 1-32　《伏尔加河上的纤夫》　列宾

现实主义绘画将目光转向社会和大众，以真实的现实生活和朴素的艺术语言，使人们在直面人生命运与困苦的同时，体悟到社会现实的本质与矛盾，这种社会化和大众化趋向是现实主义绘画具有强大生命力并成为主流艺术形式之一的原因。

1.2.5　印象主义绘画

印象主义绘画是 19 世纪 60 年代在法国出现的艺术流派。在西方近代科学的启发下，印象主义画家对绘画中光线、色彩的表现进行了独到的探索。特别是新印象和后印象主义绘画，还为西方现代主义绘画的出现创造了条件。

印象主义画家走出画室，直接面对自然作画，他们热衷于再现自然界瞬息万变的光色效果和人们对自然的直接感受。体现印象主义绘画特征的代表作品是法国画家克劳德·莫奈的《日出·印象》（见图 1-33），此画描绘的是日出时在晨雾笼罩下的港口景象。在由淡紫、微红、蓝灰和橙黄等颜色组成的色调中，一轮生机勃勃的红日拖着海水中一缕黄色的波光冉冉升起。海水、天空等景物在轻松的笔调中交错渗透、浑然一体。莫奈在《日出·印象》中对微妙的色彩变化和不同的色彩情绪进行了探索，渗透出了一定的艺术魅力。

图 1-33　《日出·印象》　莫奈

乔治·修拉创作的《大碗岛的星期天下午》（见图1-34）描绘的是一个风和日丽的下午，人们在大碗岛上悠闲地散步、垂钓、游泳等的场面。整个画面由细小的彩点组成，近景多是笔触明确、色彩鲜明的彩点，多数情况下，远处才能分辨出人物和环境。

文森特·梵高创作的《向日葵》（见图1-35）以饱满而纯净的黄色调，展示了画家内心中似乎永远沸腾着的热情与活力。一团团如火焰般的向日葵不仅散发着秋天的成熟气息，而且更狂放地表现出画家对生活的渴望与追求。

图1-34　《大碗岛的星期天下午》　修拉

图1-35　《向日葵》　梵高

1.2.6　现代主义绘画

现代主义绘画是指20世纪以来，在欧美各国相继出现的与西方传统绘画相异的各种绘画。现代主义绘画背离传统，以象征、变形或抽象等艺术手法，展示主观精神世界和现代观念意识。

现代主义绘画中，表现派画家对现实社会的不平具有鲜明的思想倾向，或激愤地予以抨击和暴露，或以忧郁的悲哀给予同情。他们强调对生活现实与环境表达这种直觉感受。爱德华·蒙克创作的《呐喊》（见图1-36）中那个惊惧而可怕的形象，像骷髅一样象征着一个孤独而又近于崩溃的灵魂，在残阳如血的背景（实际是对社会背景的暗示）中，被挤压得几乎透不过气来。这个形象既可认为是具体的个人的情绪体验和生活悲剧，也可看作某种抽象的社会现实或人类灵魂的不安与痛苦。

图1-36　《呐喊》　蒙克

　　法国的立体派绘画，是一个直接受塞尚影响的现代主义流派。立体派绘画的主要特征是以多维的视角来表现物象的整体状态。也就是说，画家将从不同视点和不同角度观察到的视觉形象同时画于一个平面上，展示同一个形象的全方位效果。比如画一个人物的侧面形象，同时也把他的另一个侧面画上。这种打破人们视觉习惯的绘画，似乎给人以荒诞和怪异的感觉，但却开拓了新的审美空间。它所展现的图式，是由单纯的几何形和游动的曲线，在出乎意料的排列、组合、叠构和穿插中产生的一种新的秩序和空间。因此，欣赏立体派的绘画作品必须用一种多视角的艺术思维来解读。巴勃罗·毕加索创作的《格尔尼卡》（见图 1-37）的整个画面以象征性的形象、被肢解的形体和低沉的色调，展现了战争的罪恶和灾难的悲剧。这幅画中的许多形象都是从不同视点来表现的，它们处在交叠、错落和切割中，似乎没有一个完整的形体，也不适合用我们以往的视觉经验与形象来辨识，然而却使人感觉到一种混乱的战争场面和惊心动魄的悲剧情境。

图 1-37　《格尔尼卡》　毕加索

　　第一次世界大战后，在法国兴起了超现实主义绘画。超现实主义画家常常将现实中的事物进行不合逻辑和规律的重新组合或并置，按照他们的思维来改变现实事物的本来功能，在怪诞荒谬中营造一种虚无、超脱和魔术般的思维空间。

　　《记忆的永恒》（见图 1-38）是萨尔瓦多·达利创作于 1931 年的典型超现实主义油画作品。画面展现的是一片空旷的海滩，海滩上躺着一只似马非马的怪物，它的前部像是一个只有睫毛、鼻子和舌头荒诞地组合在一起的人头残部；怪物的一旁有一个平台，平台上长着一棵枯树；而最令人惊奇的是，出现在这幅画中的湿面饼般软塌塌的钟表都变成了柔软的、有延

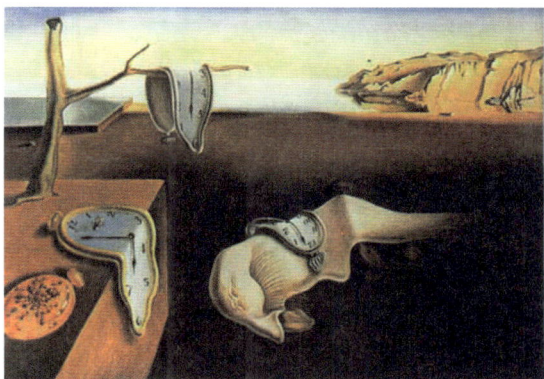

图 1-38　《记忆的永恒》　达利

展性的东西，或挂在树枝上，或搭在平台上，或披在怪物的背上，好像这些用金属、玻璃等坚硬物质制成的钟表在太久的时间中已经疲惫不堪了，于是都松垮下来。无限深远的背景，给人以虚幻冷寂、怅然若失之感。画中充满了令人难以捉摸的激情，给人以时间飞速流逝的感觉。该作品表达了画家对当代生活压迫下人们个人世界崩溃的绝望，有一种令人难忘的力量。

未来派是在意大利出现的现代主义流派，它更强调表现一种有运动感的机械化的立体形式。比如，法国画家马塞尔·杜尚所创作的《走下楼梯的裸女》（见图 1-39），就表现了人物形象在连续运动中的结构变化。画中交错重叠的身姿似乎有些光怪陆离，然而却展示了连续运动的节奏感和时空概念，给人一种新的视觉感受和审美氛围。

西方现代主义及后现代主义绘画流派纷呈，除上面介绍的以外，还有达达派、抽象主义、波普艺术、光效应艺术、照相写实主义、观念艺术等诸多流派。在逐渐接触西方现代主义及后现代主义绘画艺术形式过程中，我们一定会提高自己对西方现代艺术的鉴赏能力。

图 1-39 《走下楼梯的裸女》 杜尚

本章小结

通过本章的学习，我们应着重把握中国画中不同的表现形式，对艺术家的艺术主张及不同的艺术特色有深入的了解。对中国画审美特征的理解会让我们的直觉更加敏锐，欣赏时再结合想象，方能领略作品的神韵，陶冶情操。

西方绘画在形式、语言上有多种表现手法，东西方绘画有不同的传统和不同的样式风格，这就要求我们从不同的角度去欣赏。

本章作业

选择题

1.（ ）的花鸟画题材已不限于传统文人的"四君子"等寒窗清供之物，而是将生活现实中的普通物象，特别是将大量农村生活物象收入画幅。

  A．徐悲鸿   B．齐白石   C．潘天寿   D．吴昌硕

2．被称为古代山水画中巨作的是（   ）。

  A．《鹊华秋色图》   B．《浮玉山居图》

  C．《富春山居图》   D．《春山欲雨图》

3．黄公望用 7 年时间所画的代表作是（   ）。

  A．《富春大岭图》   B．《富春山居图》

  C．《九峰雪霁图》   D．《江山胜览图》

4．宋代被誉为"得山之骨""与山传神"的画家是（   ）。

  A．李成   B．范宽   C．董源   D．郭熙

第 2 章　中西雕塑作品欣赏

本章主要介绍中国雕塑中的陶塑和石雕，同时还介绍了西方雕塑，如中古希腊时期、文艺复兴时期和 19 世纪末的罗丹的部分雕塑作品。

学习目标：掌握中国古代雕塑发展脉络及不同的表现形式。深入了解不同时代创作的艺术作品及艺术特色。了解西方雕塑在不同文化背景下的特征。

素养目标：通过赏析作品，增强学生的鉴赏能力，同时体会作品所承载的历史事件及作品的内涵。培养学生学习中华优秀传统文化的兴趣，具备感受艺术美的能力。

2.1　中国雕塑作品欣赏

中国雕塑艺术始于新石器时代，历夏、商、周三代，经秦汉、南北朝的发展，至隋唐达到鼎盛期。从大批的宗教雕塑、陵墓雕塑到不断出土的随葬雕塑，中国雕塑种类繁多，雕塑手法和形式风格上也形成了鲜明的特色。中国雕塑主要包括陶塑和石雕。

2.1.1　陶塑

陶塑是中国传统艺术的一种形式。早在远古时代，人们就开始利用泥土制作各种动物和人像，以及实用陶器。随着时间的演变，中国的陶塑技艺也不断发展，呈现出新的艺术形态和风貌。

在古老的陶塑中，最著名的是新石器时期的红陶。红陶是由质地洁白的陶土烧制而成的，它的表面可以刻画各种花纹和形态。同时，它还具有不易磨损、易制作、价格便宜、可塑性强等特点，在生活和艺术中都发挥着重要的作用。

随着时间的推移，陶塑发展到了更高的层次。

秦汉时期，以活人殉葬的野蛮习俗逐渐被各种材质的俑人殉葬所代替，加之日益兴盛的厚葬风，各种形式的陶塑空前发达。

如陕西临潼秦始皇陵出土的兵马俑（见图 2-1）陶塑群，共有雕塑作品七千余件，每件皆与真人、真马一样大小，整体俑群以巨大的规模和列队组合的阵势，产生了震撼人心的力量。兵马俑的造型手法是模制与手工捏塑相结合，入窑烧制后再加彩绘。个体形象力求真实，注重细节刻画。

汉代俑类雕塑更趋于多样化。《击鼓说唱俑》（见图 2-2）堪称汉俑类雕塑的代表作。此陶俑造型简洁，形体、动势略加夸张，面部表情生动传神，手舞足蹈，眉飞色舞，一副幽默、滑稽的样子，使观者如闻其声，如临其境。

唐代的随葬俑题材广泛、制作技艺精熟，仍以陶俑为主，并出现了一种在表面施有黄、绿、褐、蓝、黑等彩釉的唐三彩俑。《唐彩绘胡人骑马斗豹俑》（见图 2-3）是当时骑马打猎生活的真实写照，表情、动作极为生动，显示出制作者极强的捕捉形象特征的能力和塑造形体的高超技艺。虽然表面的大部分釉彩已经脱落，但我们仍能从马背上残留的釉彩想象当时俑色彩斑斓的样子。

图 2-1　兵马俑　秦代　　图 2-2　《击鼓说唱俑》　东汉　　图 2-3　《唐彩绘胡人骑马斗豹俑》　唐代

2.1.2　石雕

石雕是用各种可雕、可刻的石头创造出具有一定空间的可视、可触的艺术形象，借以反映社会生活，表达艺术家的审美感受、审美情感、审美理想的艺术作品。石雕的艺术特点体现在中国悠久的历史文化发展中，不同时期的石雕作品创作主题不同，充分反映了中国不同发展阶段的历史和生活文化。

在封建社会，帝王、贵族为了巩固他们的统治地位，炫耀其显赫声势而盛行厚葬。他们在自己的陵墓区耗费巨大的人力、物力制作了大量陵墓雕刻作品。这些雕刻作品代表了当时石雕的最高艺术水平，体现了鲜明的时代特征，成为中国古代雕塑艺术的重要组成部分。

《昭陵六骏》是唐太宗陵前的六块高浮雕石刻。其中的《飒露紫》和《拳毛》于 1914 年被切割成小块盗运出国，现存于美国宾夕法尼亚大学博物馆，其余四件均藏于西安碑林博物馆。飒露紫是唐太宗李世民乘骑的一匹战马，由于这匹马毛色偏紫，所以取名为"飒露紫"。《昭陵六骏》之一的《飒露紫》（见图2-4）来源于此。相传唐太宗在一次战役中身陷重围，飒露紫又为流矢射中。危急关头，随身大将丘行恭将自己的坐骑让予主公，一面徒步冲杀，一面手牵受伤的飒露紫，保护唐太宗突围而出。回到营地后，丘行恭刚为飒露紫拔出胸前箭矢，这匹曾伴随主人征战八方的名骏便轰然倒下。《飒露紫》正是以此为题材，其中丘行恭俯首拔箭，飒露紫双目低垂、意态甚恭，一人一马紧紧依偎。战将与神驹情感交融，表现了如泣如诉的"忠诚与勇敢"这一永恒不变的时代主题。

龙门石窟卢舍那大佛（见图2-5）眉目修长，面容丰满，双耳垂肩，头微低，目光朝下，安详自若，庄严中透着慈爱、亲切之情。此组群雕布局严谨，刀法纯熟，衣褶流利自然，大佛形象温柔端庄，更具人世间的情味。

图2-4　《飒露紫》　唐代

图2-5　龙门石窟卢舍那大佛　唐代

中国的雕塑历史悠久，遗存有大量精美之作。它们更具写实性、绘画性和装饰性。它们的形体虽然也有夸张、变形的处理，但从不脱离具体形象的塑造。石雕因材雕凿，并将圆雕、浮雕、线雕等手法融为一体，表现出较强的装饰意趣。

2.2　西方雕塑作品欣赏

西方的雕塑历史十分悠长，从原始社会到各大文明古国，从中世纪到文艺复兴，从近代到现代，不同的国家和民族在不同的历史文化时期创造了数量众多的雕塑艺术精品。古希腊雕塑是西方雕塑最直接的源头，又是西方雕塑的黄金时代。古希腊雕塑作品体现了古希腊人的人生哲学，即对人的价值的肯定和对人的生命的丰富性与理想的追求；寄托了古希腊人对自然、对宇宙的和谐与完美的认识和追求。文艺复兴时期的雕塑体现了时代变革和雕塑家内心的冲突与矛盾，19世纪的奥古斯特·罗丹重新唤起了西方古典雕塑的生机，并开启了现代雕塑艺术的道路。

2.2.1　古希腊雕塑

在整个西方美术中，古希腊雕塑占有重要的地位，它是西方雕塑艺术的直接源头，是西方雕塑的黄金时代。西方美术中崇尚的典范模式、庄重的艺术品格和写实精神，可以说都是从古希腊雕塑开始的。

古希腊雕塑因其理想的精神和典范的形式，而具有一种永恒的魅力，成为世界艺术宝库中的璀璨明珠。古希腊实行的是奴隶制民主政治，统治者要求公民必须有完善的心灵和健壮的体魄，要求艺术必须塑造理想化的公民形象，来赞美和歌颂、肯定和表现人的力量与精神。

神话传说是古希腊雕塑创作的源泉，古希腊雕塑大多取材于希腊神话。古希腊人按照人的形象创造了神，神是古希腊人理想中最强大的、最完美的人的化身。所以我们欣赏希腊神像雕塑就是欣赏人的形象。

古希腊人崇尚体育运动，公民可以参加竞技运动和文艺演出活动，这为艺术家观察、创造和表现人体提供了有利的条件，促使了雕塑家创作出精美的人体雕塑。

《掷铁饼者》（见图 2-6）是米隆最有影响力的作品之一。这件雕塑作品表现了竞技运动员健美而富于力量感的形象，在人体运动中体现一种和谐之美和理想之美。这种美是最扣人心弦的动作极致，是力量与运动、凝聚与释放之间的和谐与默契，这种美的感觉稍纵即逝，而这也是米隆的雕塑作品最具魅力之处。这件雕塑作品的成功之处，还在于解决了人体在运动中的重心稳定和空间结构的问题，既有连续运动的时间节奏感，又有回旋动作的空间稳定感。无论从哪个角度看，这件雕塑作品都给人以美感的完整性与动势的真实感。

《拉奥孔》（见图 2-7）取材于古希腊特洛伊战争的传说。战争的起因是特洛伊王子帕里斯拐走斯巴达国王的妻子——全希腊最美的女人海伦，从而引起希腊人远征特洛伊，战争长达十年。据说拉奥孔识破了希腊人的木马计而触怒众神，神派两条巨蟒将他及其两个儿子缠死，使希腊人的木马计得以实施。首先，这件作品表现了这一情节中最惊心动魄的瞬间，拉奥孔抽搐而痉挛的肌肉，绝望而凄楚的表情，紧张而恐惧的动作都被刻画得触目惊心，惨不忍睹。拉奥孔动人心魄的悲剧力量和牺牲精神，沉重而坚定，真切而不朽，展示了由悲剧而引发的壮美精神。其次，整件作品体现了令人叹服的形式美。另外，这件作品的构图充分体现了人体的夸张与巨蟒的聚拢这一形式矛盾，既有强烈的伸展，又有微妙的收缩，二者相互呼应、变化丰富，形成一个有机的整体。

菲狄亚斯最杰出的作品是巴特农神庙中的雕塑，《命运三女神》（见图 2-8）是其中的一部分。轻盈剔透而富于流动感的衣裙，包裹着三个女神极具生命活力的丰满身躯，尽管头部都已破损，但那相互依偎的姿势与起伏的胸部，让人觉得仿佛她们正在均匀而平静地呼吸。那种坦然与从容的节奏感，似乎使坚硬的大理石也流溢出生命的情感与精神的永恒。菲狄亚斯的雕塑作品将神与人的情感融为一体，展示出肃穆而崇高、庄重而深沉的艺术理想与雕塑品格。

图 2-6 《掷铁饼者》 米隆

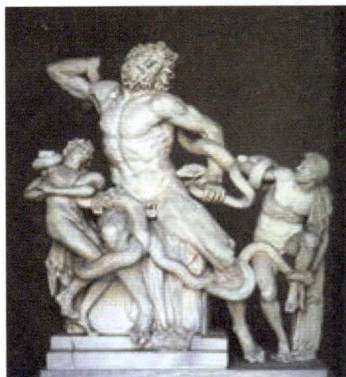

图 2-7 《拉奥孔》 阿格桑德罗斯、波利多罗斯、阿塔诺多罗斯

图 2-8 《命运三女神》 菲狄亚斯

《米洛斯的维纳斯》（见图 2-9）一直被认为是迄今被发现的最美的希腊女性雕像，她那半裸的姿势，使整个形象产生巨大的魅力。她的腿部被富有表现力的衣褶遮住，仅露脚趾，由于下半身厚重稳定，坦露的上半身显得更加秀美。她像一座纪念碑，给人以崇高感，然而其亭亭的立姿却又优美动人。躯体呈螺旋状上升的趋向，略微倾斜的各部分的起伏变化富有音乐的节奏感。她的内心显得十分宁静，没有半点娇艳或羞涩，只有纯洁与典雅。《米洛斯的维纳斯》所渗透的崇高、典雅与优美凝聚了古希腊雕塑最本质的精神，它既是对人体美的最高赞颂与肯定，也是对美的理想追求和典型塑造。

图 2-9 《米洛斯的维纳斯》 阿历山德罗斯

2.2.2　文艺复兴时期的雕塑

　　文艺复兴时期是西方美术史上的一个重要阶段，是继古希腊时期以后，西方美术的又一次辉煌、又一个高峰。文艺复兴时期的艺术作品，伴随着人类的思想解放，无论在创作观念还是表现形式上，都显示了旺盛的个性自由和世俗精神。特别是雕塑作品，感情饱满地赞颂了人的内在力量与智慧，表现了巨大的信心与宏伟的气魄。

　　《大卫》（见图 2-10）是米开朗基罗雕塑生涯中具有里程碑意义的作品。米开朗基罗完成这件作品时才 29 岁。然而，这件作品却奠定了他充满意志与力量的雕塑风格。大卫是《圣经》中挽救了族人的英雄。米开朗基罗把这位英雄雕刻成一个裸体青年形象，他正侧头怒视着入侵的敌人，一只手扣着肩上投石机的机弦，另一只手呈略握拳状，全身肌肉紧绷，体现一种古典的理想美。其姿态采用了古代的歇站式。整座雕像经过高度概括和提炼，沉静的姿态中充满着动力，表现出非同寻常的英雄气概。

　　这座《摩西》（见图 2-11）的雕像，是米开朗基罗为教皇尤利乌斯二世的陵墓所制作的装饰雕刻之一。米开朗基罗把他雕刻成头上长着两只智慧角，有着漂亮长胡须的老人。他手执十诫板，怒视前方，威严而正义凛然地坐着，脚有力地向后蹬，准备随时从座上跳起，去斥责那些败类。这座性格化的雕像，表现了人类的智慧和顽强的意志。

图 2-10　《大卫》　米开朗基罗　　图 2-11　《摩西》　米开朗基罗

　　《垂死的奴隶》和《被缚的奴隶》是米开朗基罗为教皇尤利乌斯二世制作的陵墓雕塑作品。尽管在陵前安放奴隶的形象是为了炫耀死者的权威，可是米开朗基罗却把一种争取自由和渴望解放的精神蕴含在两个奴隶的形象中。《垂死的奴隶》（见图 2-12）以仰起的头颅与挺展的身姿表现出一种轻松感，仿佛正从梦中醒来一样，正微微呼吸着清新的空气。那自然地抚着前胸和托着头颅的双手，那微微扭动而富于节奏感的身躯，与其说是垂死挣扎，不如说是挣脱束缚后的舒展，因为在这个形象上没有一丝痛苦。《被缚的奴隶》（见图 2-13）那扭动的身躯和紧绷的肌肉，饱含着不屈的生命张力和倔强的抗争激情，这是一种对肉体束缚与精神奴役的巨大反抗与拼死挣扎，其亢奋的内在力量来自对自由的渴望。特别是奴隶的头、颈、胸、背、四肢等，在极度扩张与扭动中所形成的形态，给人以十分强烈而富有内力的感觉。显然，米开朗基罗在这两座雕像中暗喻着一种思想的奋争与精神的解放，他把人类对自由与个性的追求，通过奴隶充满力量的躯体与象征禁锢的绳索之间的对抗深刻地表现出来。

为了表现光阴流逝，生命轮转，米开朗基罗以四件男女人体雕塑作品来表现晨、暮、昼、夜四个时辰。《夜》（见图 2-14）是其中最富有诗意的作品。它表现的是一个身材优美的女性，但身体的肌肉松弛而无力。她右手托着头，正在深深地沉睡，脚下的猫头鹰是黑暗的象征，枕后的面具则象征着噩梦缠身，她似乎已经筋疲力尽，只有在梦境中才能得到安宁。作品表现出一种宁静的感觉与超脱的境界，折射出米开朗基罗对战乱、命运和美好愿望的复杂心境。

图 2-12   《垂死的奴隶》
米开朗基罗

图 2-13   《被缚的奴隶》
米开朗基罗

图 2-14   《夜》   米开朗基罗

2.2.3   近代雕塑

西方雕塑经过古希腊和文艺复兴两个时期的积淀，已经形成浑厚的传统基础。罗丹不仅在艺术精神上继承了雕塑的传统内涵，还发展了雕塑的新观念与新形式，特别是在用雕塑深入表现人的精神世界与思想内涵，刻画人物形象的内在品格与个性特征等方面，具有鲜明的艺术特色。

体现罗丹现实主义精神的代表作品是大型纪念碑雕塑《加莱义民》（见图 2-15）。这组雕像以恢宏而真实的历史情境，表现了一种极为悲壮而崇高的精神气节与牺牲精神；以精准而深刻的心理表现，形象地刻画了在死亡面前不同人物的情感与个性。群像富有戏剧性地被排列在一块像地面一般的低台座上。这六个义民的造型各自独立，然而其动势又相互联系着。这组雕像是一个整体，是一种可歌可泣的义举形象的整体。罗丹以彻底逼近真实和深入探索的精神，以及尖锐的心理刻画和强烈的性格表现震撼人心。这件作品不论其结构，还是其对纪念性形象的理解以及对英雄人文的阐述，都具有革新的意义，显示了罗丹艺术造诣的辉煌不凡。

图 2-15   《加莱义民》   罗丹

　　将深刻的精神内涵与完整的人体塑造融于一体，是罗丹雕塑的基本特征，《思想者》（见图 2-16）就体现了这一点。其中罗丹通过一个凝重、紧促、团缩而刚劲的男性人体来表现人对现实世界的某种痛苦的深沉思考，这既是思想者的形象写照，更是人类意识的化身。本来这个形象是《地狱之门》群雕的一个部分，后来罗丹将其放大，复制成单独的雕塑作品，这就扩大了它原来的精神含量与象征意义。罗丹的人体雕塑不仅展示了人体的刚健之美，而且孕育着深刻与永恒的精神。这也正是罗丹以这个充满生命力的形象来寓意人对现实的思考的原因。

　　《沉思》（见图 2-17）这件作品别出心裁，在正方形基座上烘托着一个沉入遐思中的少女头像。她那恬静、执着的神情，流露出淡淡的哀愁，令观赏者从这块石头中幻化出无数美好的想象，仿佛这个人物的内在精神被千年积淀的石质紧紧包裹着，给人以难以捉摸的诱惑力。

图 2-16　《思想者》　罗丹　　　　　　　图 2-17　《沉思》　罗丹

　　19 世纪法国的雕塑艺术成就斐然，除罗丹以外，卡尔波的《舞蹈》也很著名。但最突出的还是罗丹的雕塑，他在传承前代大师传统的同时，还开启了现代雕塑的新纪元。

　　西方的雕塑历史悠长，不同国家和不同民族在不同的历史文化时期创造了数量众多的雕塑艺术精品。

本章小结

　　本章旨在帮助学生深入探索不同文化背景下雕塑的鲜明特征，领略雕塑如何颂扬生命之美，并揭示其所蕴含的恒久生命力。通过鉴赏中西方雕塑的经典之作，学生将从雕塑手法和艺术观念这两个维度深刻理解中西方雕塑在文化历史长河中演变的差异。同时，学生将能够欣赏到不同雕塑作品间的独特雕塑手法，并认识到中西方雕塑作品作为文化符号所起到的重要作用。

本章作业

一、选择题

1. 新石器时代最突出的美术创作是（　　）。

　　A. 玉器　　　　　　B. 青铜器　　　　　　C. 彩陶　　　　　　D. 牙雕

2. 霍去病墓的主题雕塑是（　　）。

　　A.《避邪》　　　B.《马踏匈奴》　　　C.《羽人骑天马》　　　D.《牵牛像》

二、填空题

1. 陕西西汉霍去病墓动物石雕群，以《_____》为主体，气势恢宏，是汉代纪念性雕刻的杰作。甘肃武威擂台东汉墓青铜雕塑《_____》，塑造了一匹神速的骏马，三足腾空，一足将飞燕踏地的意境。

2. 我国著名的四大石窟指的是_____、_____、_____和_____。

第 3 章　工艺美术作品欣赏

本章主要介绍中国传统工艺美术的悠久历史和辉煌成就，并根据工艺美术作品，结合工艺美术的基础知识、工艺流程分别对陶器、漆器、剪纸、木艺等类别作品的材料、色彩、造型及装饰的特点进行分析讲解。

学习目标： 了解工艺美术作品的主要类别、发展概况和突出成就。掌握部分传统工艺品的制作流程、基本特点及应用。

素养目标： 通过对工艺美术作品的介绍，使学生了解工艺美术具有精神生产和物质生产双重属性的特点。实施多元化教学，调动学生对传统工艺美术的学习兴趣，并让学生在实践中体会传统工匠精益求精的精神。

3.1　传统工艺作品

远古时期，人们在劳动中发现利用石头、树枝或是动物的骨头等能更加省力地完成一项劳动，慢慢地，根据不同的工作内容寻找或是制作相应的工具便形成了一种习惯，这就是工艺美术最为原始的阶段。接下来人们在劳动中逐渐形成了美的观念，有的与实用相关，有的则源于精神活动。

渔猎是原始人主要的生产方式，鱼是最主要的生活资料，因此他们自然会对鱼表现出更多的关注。与鱼相关的代表性的工艺美术作品有鱼纹彩陶盆、人面鱼纹彩陶盆、舞蹈纹彩陶盆等。

1. 鱼纹彩陶盆

鱼纹彩陶盆（见图 3-1）源于仰韶文化，是中国彩陶中富有特点的一个分支。这件陶盆口沿微卷，通体施以红色，盆的外壁描绘了互相追逐的三尾游鱼。

2. 人面鱼纹彩陶盆

人面鱼纹彩陶盆（见图 3-2）是新石器时代陶器珍品。此盆由细泥红陶制成，敞口卷唇，盆内壁用黑彩绘出两组对称的人面鱼纹。人面概括成圆形，额的右半部涂成黑色，左半部为黑色半弧形，这可能体现了当时的"文面"习俗。

3. 舞蹈纹彩陶盆

舞蹈纹彩陶盆同样是新石器时代陶器珍品（见图 3-3），1973 年在青海出土，高 14.1 厘米，口径 28 厘米，内外壁均施彩。盆的主题纹饰为舞蹈纹，舞蹈图共分三组，图中人物五人一组手拉手欢乐地跳集体舞。图案线条流畅，寥寥几笔，使人物产生极强的动感、节奏感。在原始社会出土器物中，还是第一次发现这样完整地表现人物和描绘人的活动的图画，它使我们对先民的生活及其意识形态的研究有了宝贵的形象资料。

图 3-1　鱼纹彩陶盆

图 3-2　人面鱼纹彩陶盆

图 3-3　舞蹈纹彩陶盆

4. 丝绸

素纱禅衣（见图 3-4）在马王堆汉墓出土，衣长 128 厘米，通袖长 190 厘米，面料为素纱，重仅 49 克，可谓"薄如蝉翼""轻若烟雾"，并且色彩鲜艳，纹饰绚丽。素纱禅衣代表了西汉初期养蚕、缫丝及织造工艺的最高水平。

5. 漆器

漆器是中国古代在化工工艺及工艺美术方面的重要发明，是中国的传统工艺品，通过特殊的工艺程序，运用彩绘、雕刻等手法制成。漆器体胎轻便、便于使用、光泽美观。历

图 3-4　素纱禅衣

经商周直至明清，中国的漆器工艺不断发展，达到了相当高的水平。本书以战国漆器为例进行介绍。

战国漆器的种类很多，色彩以红、黑两色为主，多为黑底红饰，装饰方法有彩绘、针刻、描金等。在湖北枣阳出土的虎座鸟架鼓（战国）（见图 3-5）就是战国时期漆器的杰出代表。此鼓以两只昂首卷尾、四肢屈伏、背向而踞的卧虎为底座，虎背上各立一只引吭高歌的长腿鸣凤；在背向而立的鸣凤中间，一面大鼓用红绳带悬于凤冠之上。值得指出的是，在这个凤与虎的组合形象中，凤高大轩昂、傲视苍穹，虎却矮小瑟缩、趴伏于地，反映了楚人崇鸣凤、向往安详的意识和征服猛兽、不畏强暴的精神。

6. 木艺

我国传统木艺历史悠久，是中华民族智慧的结晶，其中，比较常见的是榫卯结构。榫卯结构是艺术和技术的完美融合。早在河姆渡时期，人们就巧妙利用了榫卯结构（见图 3-6）建造干栏式房屋。榫卯取材简单方便，只有木头，没有其他金属制品，制作非常节约时间。在其后的发展过程中，榫卯逐步形成了结构巧妙、科学合理、美观实用等特点。故宫的建造也大量采用榫卯结构，建成之后的 600 余年间抵御了多次地震，可见榫卯结构的坚固性。

图 3-5　虎座鸟架鼓（战国）

图 3-6　榫卯结构

3.2　民间工艺作品

民间工艺作品是我国民间手工艺的传承产物，是我国劳动人民在长达数千年的生产和生活实践中创造出来的智慧结晶。本节着重介绍年画和剪纸。

1. 年画

杨柳青年画（见图 3-7）全称"杨柳青木版年画"，属于木版印绘制品，是中国著名的民间木版年画之一，与苏州桃花坞年画并称"南桃北柳"。杨柳青年画据传约产生于明代万历年间，继承了宋、元绘画的传统，吸收了明代木刻版画、工艺美术、戏剧舞台的形式，采用木版套印和手工彩绘相结合的方法，创立了鲜明活泼、喜气吉祥、题材感人的独特风格。

图 3-7　杨柳青年画

2. 剪纸

剪纸（见图 3-8）又称刻纸，我国的民间剪纸工艺有着悠久的历史。在纸发明之前，人们就以雕、镂、剔、刻、剪的技法在金箔、皮革、绢帛甚至在树叶上剪刻纹样。到了汉代，纸的发明使剪纸技艺有了更大的创作空间。至唐代，剪纸处于大发展时期，杜甫的诗中就有"暖汤濯我足，剪纸招我魂"的句子。

在漫长的历史过程中，生活在中华大地上的人们用勤劳与智慧创造出丰富多彩、绚丽多姿的中华文明。人们在生产和生活中积累

图 3-8　剪纸

经验，经过千锤百炼创造出精美绝伦的手工艺品，我们应当保护、继承、发扬中华民族的传统工艺技术和传统文化，勇于创新，以迎接中华民族下一个辉煌的未来。

本章小结

学生通过本章的学习，开阔眼界、增长知识，并了解中国传统工艺美术作品是历代劳动人民的伟大创造和智慧结晶，它们种类繁多，丰富多彩。学生通过实践环节，体会传统工匠的劳动精神，感受传统工艺的精湛技艺，提升文化自信。

本章作业

一、实践作业

题目：选取 2～3 种传统图案进行组合设计，将设计后的图案制作成一份团花剪纸作品。

制作规格

（1）纸张要求：红宣纸。

（2）作品尺寸：直径不小于 25 厘米。

二、填空题

1. 剪纸的制作步骤有＿＿＿＿＿、＿＿＿＿＿和＿＿＿＿＿。

2. 唐三彩是＿＿＿＿＿器。

3. 写出三种榫卯结构的建筑物：＿＿＿＿＿、＿＿＿＿＿和＿＿＿＿＿。

第 4 章 中外建筑欣赏

本章主要介绍中国建筑和外国建筑的概貌，分析不同建筑的特点及典型建筑实例，使学生了解建筑成就的丰富性，认识建筑的发展规律。

学习目标： 了解建筑发展的历史、特点及建筑的基本工艺。掌握中外建筑艺术的审美特征和区别。

素养目标： 通过欣赏中外建筑，培养学生对建筑艺术的审美能力，提升学生的文化素养，调动学生对建筑艺术的学习积极性。在学习过程中，培养学生对相关建筑信息的收集能力，以及对不同设计风格建筑的欣赏能力。

4.1 中国建筑欣赏

从古至今，不同的建筑对应不同的功能，每一种建筑都有着不同的设计理念与流派。建筑艺术是物质功能性与审美功能性相结合的艺术。

4.1.1 中国古代建筑

中国古代建筑以木构架结构为主，通常中轴对称，具有方正严整的群体组合和布局变化多样的装修与装饰，以及写意的山水园景。

中国古代建筑的发展有三个高潮。第一个高潮始于公元前 221 年，这一年秦国吞并了韩、赵、魏、楚、燕、齐六国之后，建立起我国历史上第一个统一的多民族中央集权制国家，并且动用全国的人力、物力在咸阳修筑都城、宫殿、陵墓。阿房宫（见图 4-1）是秦朝的宫殿，遗址在今陕西省西安市，1961 年 3 月 4 日，阿房宫遗址被国务院公布为第一批全国重点文物保护单位。

图 4-1 阿房宫（复原建筑）

　　第二个高潮是隋唐时期，这时的建筑既继承了前代成就，又融合了外来影响，形成了一个独立而完整的建筑体系，把中国古代建筑推到了成熟阶段。唐长安城（见图 4-2）即隋大兴城，是隋唐两朝的首都、京师，也是当时世界上规模最大的城市和中国古代最大的都城之一。唐长安城按照汉民族传统规划思想和建筑风格建设，由外郭城、宫城和皇城三部分组成，面积达 84 平方千米。

图 4-2 唐长安城（计算机合成）

　　第三个高潮源于明清时期兴建的帝王苑囿与私家园林。北京故宫（见图 4-3）是中国明清两代的皇家宫殿，旧称为紫禁城，位于北京中轴线的中心，是中国古代宫廷建筑之精华。北京故宫以三大殿为中心，占地约 72 万平方米，建筑面积约 15 万平方米，有大小宫殿七十多座、房屋九千余间，是世界上现存规模最大、保存最为完整的木质结构古建筑之一。

图 4-3 北京故宫

北京故宫于明永乐四年（1406 年）开始建设，它以南京故宫为蓝本，到永乐十八年（1420年）建成。它是一座长方形城池，南北长 961 米，东西宽 753 米，四面围有高 10 米的城墙，城外有宽 52 米的护城河。北京故宫内的建筑分为外朝和内廷两部分。外朝的中心为太和殿、中和殿、保和殿，统称三大殿，是举行盛大典礼的地方。内廷的中心是乾清宫、交泰殿、坤宁宫，统称后三宫，是皇帝和皇后居住的正宫。

4.1.2　中国古典园林

中国古典园林是人类文明的重要遗产。中国的园林艺术，无论是北方的皇家园林，还是南方的私家园林，都追求一种诗情画意的境界。中国古典园林把自然美、建筑美和人文美三者有机地结合起来，在有限的空间里创造出无限的意境，这是中国古典园林的精髓。

1. 厅堂

厅堂是园林中的主体建筑。其体量较大，造型精美，比其他建筑富贵华丽。厅（见图 4-4）是用于会客、宴请、观赏花木或欣赏小型表演的建筑，它在古典园林中发挥公共建筑的功能。一般的厅都是前后开窗设门，但也有四面开门窗的四面厅。堂即为正房，一般是一家之长的居住地，也可作为家庭举行庆典的场所。堂多位于建筑群的中轴线上，造型严整，装修瑰丽。

图 4-4　厅

2. 楼阁

楼阁（见图 4-5）属高层建筑，体量一般较大，在园林中运用较广泛，在形制上不易明确区分。楼是两层以上的屋，故有"重屋曰楼"之说。楼在园林中一般用作卧室、书房或观赏风景之地，位置在明代大多位于厅堂之后。楼由于较高，也常常成为园林中的一景，在临水背山的情况下更是如此。阁与楼近似，但较小巧。平面为方形或多边形，多为两层的建筑，四面开窗。阁一般用来藏书、观景，也用来供奉神灵之类的。

3. 榭

造在台上的屋子叫作榭（见图 4-6）。榭多借周围景色构成，一般建在水边平台上，平台周围有矮栏杆，屋顶通常采用卷棚，檐角低平，显得十分简单大方。

图 4-5　楼阁

图 4-6　榭

4. 舫

舫（见图 4-7）源于画舫，但舫不能移动，只供人游赏、饮宴及观景之用。舫与船的构造相似，分头、中、尾三部分。头部有眺台，具有观景的作用；中间是下沉式，两侧有长窗，供休息和宴客之用；尾部有楼梯，分作两层，下实上虚。

图 4-7　舫

5. 廊

廊（见图 4-8）是一种"虚"的建筑形式，由两排列柱顶着一个不太厚实的屋顶组成，其作用是把园林内各单体建筑连在一起。

6. 亭

亭（见图 4-9）是一种有顶无墙的小型建筑物，多设在园林中，供人休息或观赏。亭的造型别致小巧，可建于园林的任何地方。

图 4-8　廊

图 4-9　亭

4.1.3　乡土建筑

中国是一个多民族的国家，在广大的农村、中小城市以至某些大城市的旧城区，传统的乡土建筑仍然在持续使用。由于每个地区的建筑风格不同，邻近地区的建筑风格会相互影响，形成许多共同点。建筑材料与当地的资源密切相关，建筑形式取决于当地的气候条件，建筑工艺水平与当地的经济发展、生活水平、社会功能等因素都有关系。

1. 四合院

四合院（见图 4-10）是北京传统民居形式，辽代时已初具规模，经金元至明清逐渐完善，最终成为北京最有特点的居住形式。所谓四合，"四"指东、西、南、北四面，"合"即四面房屋围在一起，形成一个"口"字形。经过数百年的营建，北京四合院从平面布局到内部结构、装修都形成了特有的京味风格。四合院虽有一定的形制，但规模大小却不等，大致可分为大四合、中四合、小四合三种。

四合院通常为大家庭所居住，提供了对外界比较隐私的家庭空间，其建筑和格局体现了中国传统的尊卑等级思想以及阴阳五行学说。

图 4-10　四合院

2. 毡包

毡包（见图 4-11）是居住在辽阔草原上的蒙古族、哈萨克族、柯尔克孜族等民族的广大牧民，为了适应"逐水草而居"的生活方式，形成的一种独特的毡包住宅。它是一种便于拆装、迁移的圆形活动房子。为了适应装卸、迁移的需要，毡包的结构、构造力求简便。

3. 客家土楼

客家土楼（见图 4-12）是中国乃至东亚民众大迁徙的产物。土楼主要分布在中国东南部的福建、江西、广东三省，其中分布最广、数量最多、品类最丰富、保存最完好的是福建土楼。

图 4-11　毡包

图 4-12　客家土楼

从民族建筑中，可以看出各族人民对自然环境的适应与利用能力，更可以看出各族人民的智慧与创造精神。

4.1.4　历史风貌建筑

1. 上海弄堂

上海弄堂（见图 4-13）最早出现于 19 世纪五六十年代，20 世纪 30 年代成为上海最具标志性的民居形式。由上百个单元组成的石库门一排排紧密地联结而立，组成一个庞大的房屋群体。石库门建筑的间隙形成了一条条狭窄的通道，这种通道便是所谓的"弄堂"。弄堂具有强烈的空间艺术特征。

2. 天津小洋楼

天津小洋楼（见图 4-14）就是天津旧租界地里的花园住宅。其中，英式、法式、俄式、意式、德式等各种不同建筑风格的建筑物争奇斗艳，这些小洋楼集中在天津五大道即马场道、睦南道、大理道、常德道、重庆道、成都道上，建筑风格各异、造型美

图 4-13　上海弄堂

观、装饰考究。因此天津五大道区域又被称为"万国建筑博物馆"。

中国的建筑艺术是世界上历史最长、分布地域最广、风格非常明显的一个独特的艺术体系，它有着悠久的历史和根植于中国传统文化的艺术特色。

图 4-14　天津小洋楼

4.2　外国建筑欣赏

外国建筑主要分为外国古典建筑和外国现代建筑。外国古典建筑以砖石结构为主，外国现代建筑则以钢筋混凝土结构为主。

4.2.1　外国古典建筑

外国古典建筑较多的地区是埃及、伊朗、希腊、罗马等。由于历史的变迁，古罗马和古希腊的建筑文化较完整地流传了下来，它们也成为欧洲建筑系统的渊源。下面以古埃及建筑和古罗马建筑为代表，讲解外国古典建筑。

1．古埃及建筑

古埃及是世界文明古国之一，产生了人类历史上第一批巨型建筑。这些巨型建筑以巨大石块为主要建筑材料，工程宏大，施工精细。古埃及各个时期的建筑分别以金字塔、石窟陵墓、神庙等为代表。

（1）胡夫金字塔

胡夫金字塔（见图 4-15）是世界上最大的金字塔。其底部为正方形，每边长 230.6 米，高 146.5 米。塔身是用 230 万块石料堆砌而成的，每块石料一般重 2.5 吨，最重的达 30 吨。它是一座巨石体，成群结队的人将石料沿着地面斜坡往上拖运，然后在周围以一种脚手架的方式层层堆砌。它是 10 万多名工匠共用了

图 4-15　胡夫金字塔

20 年的时间才完成的人类奇迹，是科学技术和艺术完美结合的范例。

（2）阿布辛贝神庙

阿布辛贝神庙（见图 4-16）是著名法老拉美西斯二世（公元前 1300 — 前 1213 年）修建的，坐落于尼罗河畔，成为法老权力的象征。大法老巨像坐落在神庙前，戴独特头巾，高 20 米。

2. 古罗马建筑

古罗马建筑是古罗马人沿袭亚平宁半岛上伊特鲁里亚人的建筑技术，继承古希腊建筑成就，在建筑形制、技术和艺术方面多有创新而形成的一种建筑风格。古罗马建筑在公元 1—3 世纪发展极盛，成为西方古代建筑的高峰。

图 4-16 阿布辛贝神庙

（1）罗马大斗兽场

罗马大斗兽场（见图 4-17）又译为罗马大角斗场、罗马竞技场，是古罗马帝国专供奴隶主、贵族和自由民观看斗兽或奴隶角斗的地方，建于公元 72—79 年间，是古罗马文明的象征。从外观上看，它呈圆形；俯瞰时，呈椭圆形。它的占地面积约为 2 万平方米，长轴为 188 米，短轴为 156 米，周长为 527 米，中间表演区长轴为 86 米、短轴为 55 米，观众席约有 60 排座椅。这座庞大的建筑可以容纳近 5 万名观众。

（2）万神庙

万神庙（见图 4-18）位于意大利首都罗马圆形广场的北部，是罗马最古老的建筑之一，也是古罗马建筑的代表作。万神庙是供奉众神的寺庙，以罗马的万神庙最为著名。此庙始建于公元前 27 年，后遭毁坏，约公元 120—124 年在哈德良皇帝时期得以重建。其由水泥浇筑成圆形，上覆半球形穹隆顶，直径为 43 米。公元 609 年，其被改作圣母与诸殉道者教堂。

图 4-17 罗马大斗兽场

图 4-18 万神庙

4.2.2　外国现代建筑

每个国家都有具有特殊年代背景的建筑，这些建筑就是当时历史最好的见证者。

1．圣保罗大教堂

圣保罗大教堂（见图4-19）坐落于英国伦敦，是巴洛克风格建筑的代表，以壮观的圆形屋顶而闻名，是世界五大教堂之一，也是英国古典主义建筑的代表。

2．巴黎大凯旋门

巴黎大凯旋门（见图4-20）即雄师凯旋门，位于法国巴黎的戴高乐广场中央，香榭丽舍大街的西端。凯旋门正如其名，是一座迎接外出征战的军队凯旋的大门。在凯旋门两个门柱的前后四面有四个著名的花饰浮雕，分别为"出征""胜利""和平""抵抗"。

图 4-19　圣保罗大教堂

3．自由女神像

自由女神像（见图4-21）是法国在1876年赠送给美国祝贺其独立100周年的礼物，位于美国纽约市哈德逊河口附近，是其所在的自由岛的重要观光景点。自由女神像高46米，加基座为93米，重200多吨，由金属铸造，置于一座混凝土制的台基上。

图 4-20　巴黎大凯旋门

图 4-21　自由女神像

4．大本钟

大本钟（见图4-22）是英国伦敦著名的古钟，旧称钟塔（The Clock Tower），俗称大本钟（Big Ben），位于英国伦敦泰晤士河畔，是联合王国国会大厦威斯敏斯特宫的附属钟塔，是伦敦的标志性建筑。大钟由当年负责工务的大臣本杰明爵士监制，故名"大本"，其重14吨，钟盘直径为7米，时针和分针分别长2.7米和4.7米。每经过一小时，大钟即发出深沉而又铿锵有力的报时声。

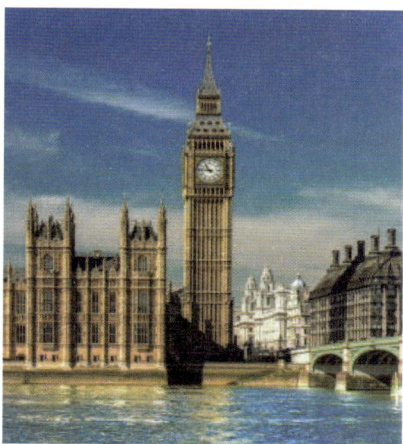

图 4-22　大本钟

本章小结

　　学生通过本章的学习，了解中外建筑的样式风格、修建工艺以及不同地区、不同民族建筑的审美需求，从而开阔视野；还在树立正确的审美观念的同时，了解中国传统建筑艺术的精华，感知传统的工匠精神。

本章作业

一、选择题

1. 以下哪项是中国传统建筑的主要特点？（　　　　）

　　A. 对称性　　　　　B. 弯曲的屋顶　　　　C. 嵌入的花纹

2. 中国传统建筑中的大门被称为什么？（　　　　）

　　A. 山门　　　　　　B. 高门　　　　　　　C. 宫门

二、名词解释

古典柱式

三、简答题

简述圣保罗大教堂的建筑特点。

第 5 章　中西方绘画技法

本章主要介绍中国传统工笔画、写意画技法，以及西方油画、水彩、水粉画技法等。通过介绍绘画作品的相关技法和特点，让学生了解中国传统绘画作品与西方绘画作品不同的绘制角度。通过绘画案例的介绍，让学生学会简单的绘画作品绘制。

学习目标：了解掌握绘画技法在作品中的具体体现。

素养目标：培养学生运用绘画技法知识、美术创作思维有意识地观察生活的审美素养。

5.1　中国传统绘画技法概述

中国传统绘画技法是中华民族文明在历史长河中不断沉淀孕育的结晶之一，拥有鲜明的中华民族性与技法传承稳定性特点。中国画在古代无统一的名称，一般称为丹青，主要指用毛笔蘸水、墨、彩，采用于绢或宣纸上随类赋彩的作画形式，并加以装裱的绘画作品。其中，有两种中国传统绘画技法最为突出，一种是工笔技法，另一种是写意技法。如《捣练图》（见图 5-1）运用的是中国传统工笔画技法，是唐代画家张萱的工笔重设色名作。作品表现贵族妇女捣练缝衣的工作场面，运用工笔技法表现出惟妙惟肖的人物姿态与氛围。而张大千的重彩水墨绘画作品《荷花》（见图 5-2）运用写意技法，结合画家浑厚的传统绘画功力加以融合创新，形成了富有独特张力的泼墨兼泼彩技法特点，

图 5-1　《捣练图》　张萱　唐代

描绘出荷花、荷叶的婀娜与奔放。

5.1.1　中国传统绘画分类

　　根据绘画对象，中国传统绘画分为人物画、花鸟画、山水画。

　　人物画以表现人与人之间的关系、人与社会之间的关系为主要题材，如《孔子弟子像》（见图 5-3）与《宫乐图》（见图 5-4）主要刻画人物样貌及人物日常生活场景。花鸟画一般刻画大自然中的动植物，如《出水芙蓉图》（见图 5-5）与《鸡雏待饲图》（见图 5-6）以植物、动物等自然

图 5-2　《荷花》（重彩水墨）　张大千　近代

生命体进行托物言志。山水画主要刻画壮丽山河景色，如《雪景寒林图》（见图 5-7）与《明皇幸蜀图》（见图 5-8）。山水画一般以抒发人与自然和谐相处的壮美意境为核心，追求在栩栩如生的画面中有可观赏、可游览、可居住的意境。

图 5-3　《孔子弟子像》（局部）　阎立本　唐代

图 5-4　《宫乐图》　佚名　唐代

图 5-5　《出水芙蓉图》　吴炳　宋代

图 5-6　《鸡雏待饲图》　李迪　宋代

图 5-7　《雪景寒林图》　范宽　宋代

图 5-8　《明皇幸蜀图》　李昭道　唐代

根据绘画技法，中国传统绘画分为工笔画、写意画、兼工带写画。

工笔画以精谨细腻的笔法描绘景色、人物，一般先完成线描稿，后在其上覆宣纸或绢用小笔进行勾线、随类敷彩、层层渲染，如《挥扇仕女图》（见图 5-9）取得了形神兼备的艺术效果。写意画多作于生宣上，纵笔挥洒，墨彩飞扬，体现所描绘景色、人物的神韵。如朱耷所绘的《双禽图》（见图 5-10）为清代写意，此时的写意文人画已达到高峰，朱耷大胆突破传统，自成一格。吴昌硕的写意画《枇杷湖石图》（见图 5-11）直接以写意草书入画，抒发情感，体现了中国传统的造型观和境界观。兼工带写画是指一幅中国画中，既用工笔技法细部刻画，又用写意技法的水、墨、色进行淋漓展现。如任伯年所绘的《芭蕉狸猫图》《凭栏赏荷图》（见图 5-12、图 5-13），达到了画面有疏有密、有张有弛的艺术审美效果。

图 5-9　《挥扇仕女图》（工笔绢本设色）　周昉　唐代

图 5-10　《双禽图》　朱耷　清代

图 5-11　《枇杷湖石图》　吴昌硕　清末民初

图 5-12　《芭蕉狸猫图》　任伯年　近代

图 5-13　《凭栏赏荷图》　任伯年　近代

5.1.2　中国传统绘画工具

中国传统绘画工具分为笔、墨、纸、砚、颜料，其中笔、墨、纸、砚也就是俗称的"文房四宝"。但笔、墨、纸、砚只是统称，具体所指在不同的时代也有所区别。

1. 中国画毛笔

《古今注》中有云："自蒙恬始造，即秦笔耳。以枯木为管，鹿毛为柱，羊毛为被。所谓苍毫，非兔毫竹管也。"因此相传毛笔由我国秦代大将蒙恬所制。

按照毛笔的材质来分，中国画毛笔可分为硬毫、软毫与兼毫。硬毫笔笔头硬度较高、弹性较大，例如狼毫笔、兔毫笔等。兔毫笔（见图 5-14）笔头以兔毛制成，尤其是山中的野兔，一般毛发比狼毛更为坚韧。兔毫笔多用于书画题跋方正小字，由于笔毛较短而不适合挥洒晕染或书写较大的字，且价格较高。软毫笔笔头弹性较小、材质柔软，例如羊毫笔、鸡毫笔等。羊毫笔（见图 5-15）笔头是用山羊毛制成的，笔柔而无锋，书亦柔弱无骨，羊毫笔吸水、吸墨量大，适于写圆浑厚实的点画，比狼毫笔经久耐用，以湖笔为多，价格比较低。兼毫笔一般以

图 5-14　兔毫笔

刚柔不同的动物毛制成，如羊毫与狼毫合并制成，配比不同，硬度、柔软度也不同，有五紫五羊、七紫三羊等。此种笔兼具了各类不同毛质的长处，刚柔适中，价格也相对适中。

按照绘画功能来分，中国画毛笔可分为勾线笔、染色笔和清水笔。勾线笔（见图 5-16）可勾轮廓线，可丝毛，可勾勒细节等。其中小狼毫笔也可画山石肌理、树木枝干、题跋落款等。染色笔供随类赋彩之用，可晕染颜色或墨色，根据不同的尺寸、细节需要，分为不同号码的大白云毛笔（见图 5-17）、小白云毛笔。一般染色笔选择柔软耐用、不易磨损纸张的羊毫笔为宜。清水笔为传统工笔画特需的只蘸取清水应用辅助分染技法的毛笔，与染色笔同样，需选择较柔软的毛笔。

图 5-15　羊毫笔

图 5-16　勾线笔

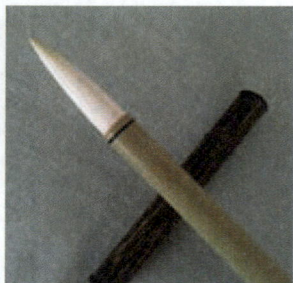

图 5-17　大白云毛笔

2. 中国画墨锭及颜料

中国已有两千多年的制墨历史，最早应用的是松烟墨，以松树为原料。宋时生产出书画用的油烟墨，以桐油、麻油、脂油等为原料。墨的形态分为固体块状和液体状两种。中国画颜料分为矿物质颜料、植物提取颜料和化工颜料。

墨锭（见图 5-18）（俗称墨块）通过砚用水研磨可产生用于书写的墨汁，也可再用水或骨胶进行调和，产生绘画需要的墨色变化效果。有时人们在墨锭制作流程中加入名贵的香料和中草药，并且在墨锭的表面绘制精美的名人字画和诗词（见图 5-19）。墨锭的样式丰富（见图 5-20），具有浓厚的中华民族特色和较高的收藏价值。

图 5-18　墨锭

图 5-19　墨锭装饰绘制

图 5-20　墨锭装饰样式

墨汁（见图 5-21）的主要原料为炭烟、胶料、添加剂和溶液等。炭烟的种类繁多，由各种矿植物及动物原料经燃烧或热分解而制成。添加剂则有各式稳定剂、渗透剂、湿润剂、防腐剂、芳香剂等。

中国画颜料：矿物质颜料包含朱砂、朱磦、石黄、雄黄、石青、石绿、赭石、蛤粉、钛白等，植物颜料包含花青、藤黄、胭脂、洋红等，化工颜料包含曙红、深红、大红、天蓝等，这些颜料需加水调和使用。中国画颜料的形态分为块状（见图 5-22）、膏体状（见图 5-23）、粉末状（见图 5-24）、块状粉末相兼瓶装等（见图 5-25）。

图 5-21　墨汁

图 5-22　块状

图 5-23　膏体状

图 5-24　粉末状

图 5-25　块状粉末相兼瓶装

3. 中国画宣纸与绢帛

宣纸（见图 5-26）品种很多，性能各异，根据是否渗水分为生宣纸和熟宣纸。生宣纸有吸水性和渗水性的特点，一般多用作绘制写意画。生宣纸具体品种有"夹贡""单宣""棉连"等；熟宣纸是在生宣纸的制作工艺中加刷骨胶与明矾而成，绘制上的水墨不容易渗透，可以反复晕染颜色，因此适合绘制工笔画。熟宣纸具体品种有"蝉羽""云母笺""冰雪""雨雪"等。

绢帛（见图 5-27）分生绢、熟绢，分别与生宣纸、熟宣纸的性质一致，但绢帛在绘制过程中更加结实耐用。

图 5-26　宣纸

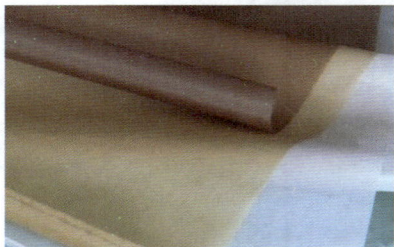
图 5-27　绢帛

4. 中国砚

砚是用于研墨的器具，品种众多，按照材质来分有石砚、陶砚、砖砚、玉砚等。砚的形状有方形、圆形、椭圆形、六边形等。砚既有实用价值，还有观赏和收藏价值。我国有四大名砚，即广东端砚（见图 5-28）、安徽歙砚（见图 5-29）、山西澄泥砚（见图 5-30）和甘肃洮砚（见图 5-31），最为知名的要数广东端砚和安徽歙砚。

图 5-28　广东端砚

图 5-29　安徽歙砚

图 5-30　山西澄泥砚

图 5-31　甘肃洮砚

5.1.3　中国传统绘画技法

1. 中国工笔画

中国工笔画一般以线条勾勒造型为基础，设色以固有色为准，具有工整、细腻、严谨、色调高雅、装饰性强等特性，以精谨细腻的笔法描绘人、景、物。但也有例外，如不进行勾线处理，直接随类赋彩细腻刻画的称为工笔中的"没骨画"。中国工笔画绘制步骤如下。

（1）勾线：根据写生稿、线描铅笔稿，覆盖宣纸或绢帛进行毛笔墨线勾勒（见图 5-32）。欣赏时观察画卷勾勒效果，一般以线条流畅、一气呵成且有弹性为佳（见图 5-33）。

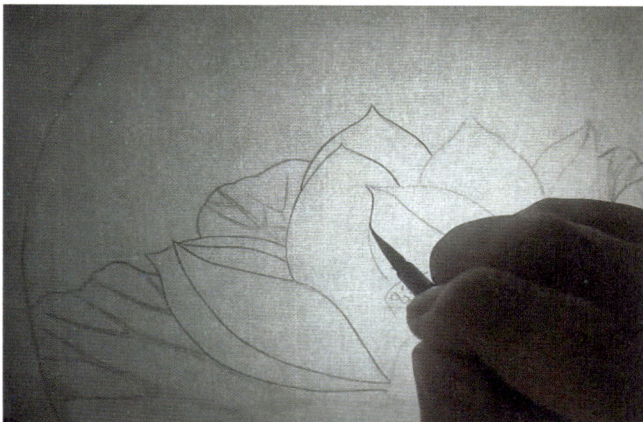

图 5-32　勾线

图 5-33　勾线效果

（2）罩染：底色罩染完成后，根据所勾勒的物体进行随类赋彩或提白，平涂颜料至画面中（见图 5-34）。欣赏此处技法时，以中色厚薄均匀、边缘整齐为佳。

（3）分染：根据画面物体形态转折进行色彩的层层分染（见图 5-35）。此步骤可反复进行直至达到满意效果，在绘制中可与罩染技法交替使用（见图 5-36）。在欣赏一幅工笔画时，分染和勾线都是突出显示画家基本功底的步骤，分染以过渡自然、无斑驳水渍与颜料色彩明显分界为佳。

（4）细部刻画调整：当晕染颜色的饱和度达到画面要求后，进行细部刻画。如花鸟画在此步骤进行花蕊最后的点染立粉（见图 5-37）；画面中部分墨、色线在晕染过程中会有一定程度的减淡，此时需进行复勾（见图 5-38），使颜色逐渐饱和，达到和谐统一。

图 5-34　罩染效果

图 5-35　分染效果

图 5-36　分染、罩染颜色叠加效果

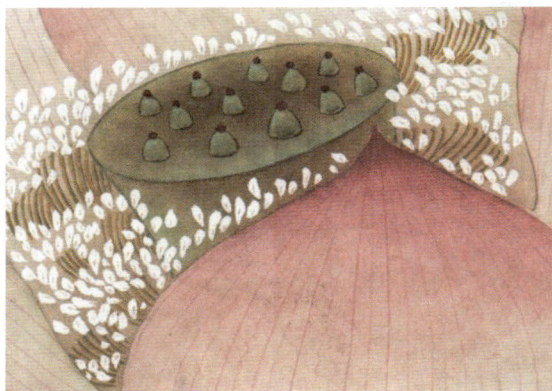

图 5-37　花蕊点染立粉

图 5-38　花瓣复勾

2．中国写意画

中国写意画在造型表现上重视笔墨的自由挥洒，不拘泥于形似，追求"不似之似"与"似之不似"之间的效果，借以实现对象的神采、意境与气韵的彰显。中国写意画绘制步骤如下。

（1）绘画前准备：将毛笔、墨汁、纸张等作画工具准备齐全，观察画面构图，做到胸中有数，下笔沉着流畅。

（2）勾勒：以菊花为例，用中锋勾勒花头前边的几瓣（见图 5-39），之后勾勒外围花瓣（见图 5-40）。花瓣指向中心，外形参差错落。然后加侧面花头，表现出正侧、高低变化。随后进行枝叶写意刻画，侧锋画叶，中锋画枝，分出浓淡、干湿、疏密变化（见图 5-41）。

图 5-39　中锋勾勒花瓣

图 5-40　中锋勾勒外围花瓣

图 5-41　枝叶写意效果

（3）染色（见图 5-42）：待墨半干时勾叶脉，待花头线条干后以淡曙红着色，水分要足，花心略重。最后题款、钤印，完成作品。

中国写意画中，写意花鸟画技法最为多样，除了传统的写意勾勒染色法，还有"一笔多色"的绘制方式（见图 5-43 ～图 5-45）。

图 5-42　染色

图 5-43　写意画　鱼

图 5-44　写意画　葡萄

图 5-45　写意画　花卉

3. 中国其他绘画技法

在中国绘画技法中，白描（又名线描）虽是工笔画与兼工带写画绘制中的一个勾线步骤，但是白描画由于其审美与艺术价值，完全可以形成独立的画科。白描画在绘画中也应用广泛，例如白描稿是版画艺术中起稿印刷的必备原型。最具有代表性与普遍性的白描画应用是我们熟知的中国连环画。

中国连环画用白描的技法进行绘制，多以成语寓言故事、神话传说、名著作为题材进行勾勒绘制，将完整的故事手绘后，进行手工或机器制版，最后完成印刷，装订成册。例如，我们耳熟能详的《西游记》（见图5-46）《东郭先生》（见图5-47）《铁杆磨成针》（见图5-48～图5-51）等。

图 5-46　《西游记》中美猴王的形象

图 5-47　《东郭先生》中东郭先生与狼的形象

1. 唐代有个大诗人李白，出生于中亚的碎叶（唐朝时西北重镇之一）。五岁时一家人随父亲迁入蜀地（今四川），他才开始读书认字。

图 5-48　《铁杆磨成针》故事情节一

2．李白十岁时已通诗书。他的父亲是一个富商，富裕的家境使李白小时候养成了好玩的习性，读着读着，他便丢开书本到外面玩耍去了。

图 5-49　《铁杵磨成针》故事情节二

3．他在路上看到一个老婆婆，正在磨一根大铁杵（棒槌）。李白觉得很奇怪，便问她为何如此。

图 5-50　《铁杵磨成针》故事情节三

4. 老婆婆严肃地对李白说："你笑什么？只要功夫深，铁杵磨成针啊！"李白仔细想想，觉得这话可真有道理，于是向老婆婆深深行了个礼，回家读书去了。

图 5-51 　《铁杵磨成针》故事情节四

5.2 西方绘画技法概述

西方绘画种类繁多，但就系统性与稳定的绘画技法来看，西方的油画、水彩画、水粉画等是绘画门类中最为突出的。西方画家以写实观察角度为切入点，运用透视学、解剖学理论，结合化学制剂、工业颜料创作出诸多艺术作品。

5.2.1 　西方绘画视角

1. 西方绘画中的解剖学

西方在古希腊时期，就把对生命体的表现当作艺术主体和艺术形式。西方艺术家认为，对生命体的基本比例构造进行了解，可以赋予绘画作品生命。

2. 西方绘画中的透视学

透视观察角度包含平行透视（一点透视）（见图 5-52）与成角透视（两点透视）（见图 5-53）。"近大远小""近高远矮"等都是最直接、最简单的透视学规律。在西方写实绘画作品中，画家对于透视学及解剖学的理解，会对画面的造型能力有直接的影响。

消失点

视平线

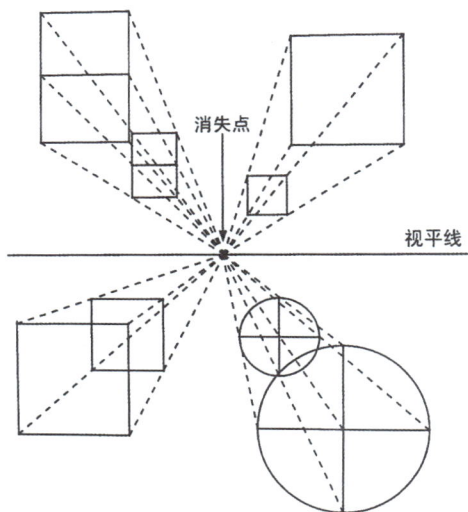

图 5-52 平行透视

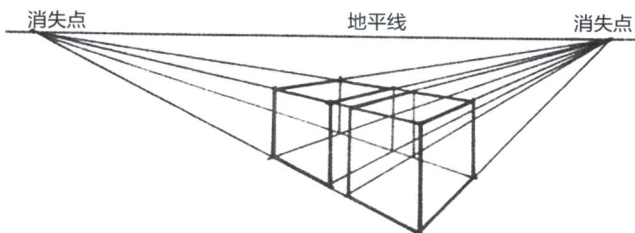

消失点   地平线   消失点

图 5-53 成角透视

5.2.2 西方绘画工具

西方普遍应用的绘画工具包括油画工具、水彩工具、水粉画工具、艺术墙体彩绘工具等。水粉画与水彩画的部分工具可通用，甚至部分水彩颜料可与国画颜料通用。但油画工具的颜料相对独立，与其他绘画门类的工具较少通用。

1. 油画工具

（1）平铲、板刷等（见图 5-54）都可以作为油画笔使用，进行油画颜料的涂抹。油画笔的笔头毛刷较硬。

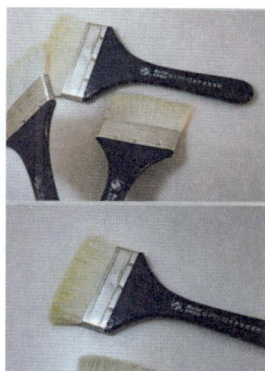

图 5-54 平铲、板刷等油画笔

（2）使用油画颜料必备的调和媒介有松节油（见图 5-55）、调色板（见图 5-56）、调色油、上光油。

图 5-55　松节油

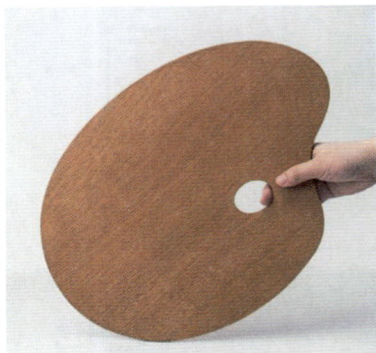

图 5-56　调色板

（3）油画一般在装订在木框上的亚麻布面上绘制，或者也可以在处理过的墙面上绘制。

（4）油画框（见图 5-57）是用木条组成的画框，用于装订亚麻布。

（5）油画颜料（见图 5-58）。

图 5-57　已装订完成的油画框

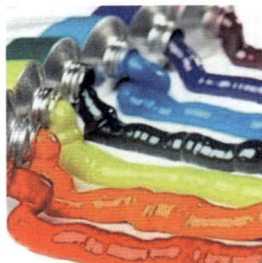

图 5-58　油画颜料

2．水彩工具

（1）水彩笔（见图 5-59）的笔头毛刷较软，部分水彩笔可根据画面需要用中国画毛笔代替。

（2）专用水彩纸（见图 5-60）吸水性强、较厚、保存色泽久，分棉质、麻质纤维两种。

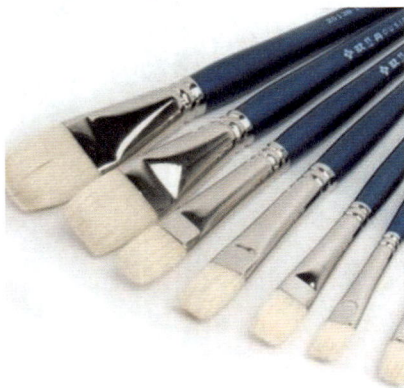

图 5-59　水彩笔

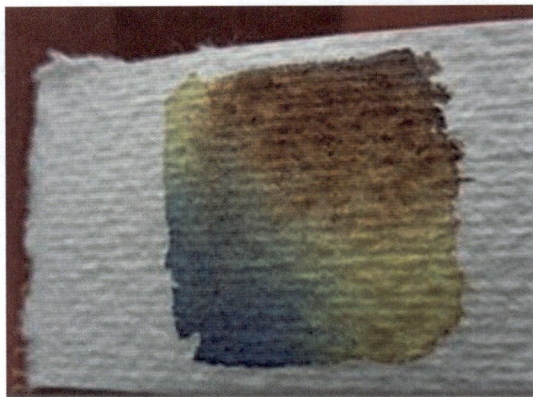

图 5-60　水彩纸

（3）颜料及调色盘（见图 5-61）：颜料分固体与膏体；调色盘一般选用白色，以便良好地观察色相并进行调和使用。

图 5-61　*颜料及调色盘*

（4）水容器：水桶与小喷壶都是必不可少的水彩工具。

3．**其他画科绘画工具**

（1）虽看似与水彩颜料同样是用水调和颜料，但是水粉颜料的覆盖力明显比水彩颜料强。水粉颜料分袋装与罐装（见图 5-62）。水粉笔毛刷一般用尼龙纤维制成，调色盘为塑料质地。

（2）丙烯颜料（见图 5-63）是很好的墙体彩绘颜料，可用水调和使用，也可用丙烯稀释液调和使用。丙烯画笔依照画面及尺寸需要可选择板刷、毛笔、水彩笔、水粉笔等，这些都可以混合使用。

图 5-62　*罐装水粉颜料*

图 5-63　*丙烯颜料*

5.2.3　西方绘画技法

下文以油画、水彩等绘画技法为例。其中，西方油画技法包含透明薄涂法、不透明厚涂法、暗部透明薄涂、亮部不透明厚涂画法。作为一种艺术语言，油画包括色彩、明暗、线条、肌理、笔触、质感、光感、空间、构图等多项造型因素。水彩画技法包含湿画法、干画法。水彩画是以水为媒介，用透明颜料作画的绘画方式。由于水彩颜料透明，在绘画中拥有色彩逐层叠加又不会全部覆盖的特点，所以才会产生特殊的画面湿润、透明、轻快的效果。

1. 油画作画步骤

在传统油画绘制过程中，画家需要自己完成绷画布操作，即将画布固定在木框上。该步骤完成后，便可在上好底料的布面上起稿。由于油画颜料覆盖力强，可在布面上做详细的铅笔素描起稿。

油画主要以色彩表现内容，故色调绘制（上大色调）这一步骤尤为关键，需先练习识别冷暖颜色，并多加尝试，熟悉调和后的变色情况。完成以上步骤后，再继续进行深入刻画。此时颜色将更加丰富，油画颜料可叠加而不易混色。直到最后整体调整，比如进行细部调整，勾勒、规整边缘线等细节（见图5-64）。

第一步，起稿

第二步，上大色调

第三步，深入刻画

第四步，整体调整

图 5-64　油画作画步骤

2．水彩画作画步骤

西方水彩画一般用于绘制风景地貌、作为插画等。水彩画讲究表现光线、明暗，具有酣畅淋漓、水色交织的艺术效果，写实中带有写意特点，是唯一近似中国写意画的西方绘画门类。

（1）裱纸：先将水彩纸用水胶带裱至画板之上，然后将水彩纸两面刷湿（见图 5-65）。轻轻将纸放在画板上，尽量不要让纸与画板之间产生气泡，如有气泡可用板刷轻轻将其赶出（见图 5-66）。接着在水胶带上刷水（见图 5-67），最后用水胶带压住纸张边缘（见图 5-68）。

图 5-65　裱纸工序一

图 5-66　裱纸工序二

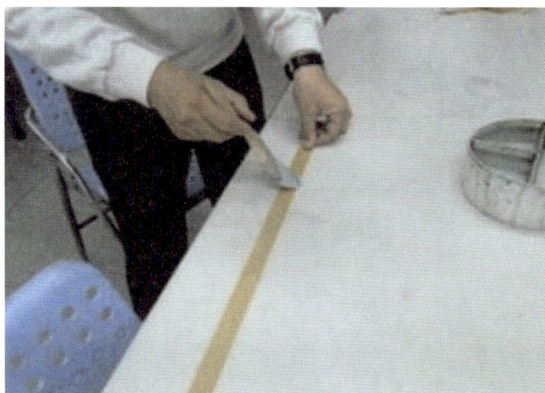

图 5-67　裱纸工序三

图 5-68　裱纸工序四

（2）起稿：可用铅笔细部轮廓法起稿，也可直接绘制（见图 5-69）。

（3）调色赋彩：采用湿画法、干画法、平涂法等进行绘制（见图 5-70）。此处欣赏时以颜色明亮干净为佳，一般不大量调和多色，以免颜色过于沉闷。

（4）塑造：进一步刻画，但由于水彩颜料的特性，为了保持画面色彩洁净清雅，不宜叠加过多颜色，防止影响作品的最终美观效果（见图 5-71）。

（5）细部刻画：进行调整完善，完成作品（见图 5-72）。

图 5-69　起稿

图 5-70　调色赋彩

图 5-71　塑造

图 5-72　细部刻画

3. 其他绘画作画步骤

（1）水粉画：西方绘画门类众多，其中水粉画（见图 5-73）在生活中出现频率较高，被很多学生用来练习基本功。水粉颜料有叠加附着力，价格相对于油画、水彩、丙烯颜料较低。水粉画绘制步骤同油画，用水粉纸进行素描起稿，再进行着色，通过不断的细部调整叠加颜色，最终完成作品。

（2）墙体彩绘：墙体彩绘（见图 5-74）、汽车喷绘、服饰彩绘等都可以归纳为图案插画，如绘制者较熟练掌握所画物体的形态，可

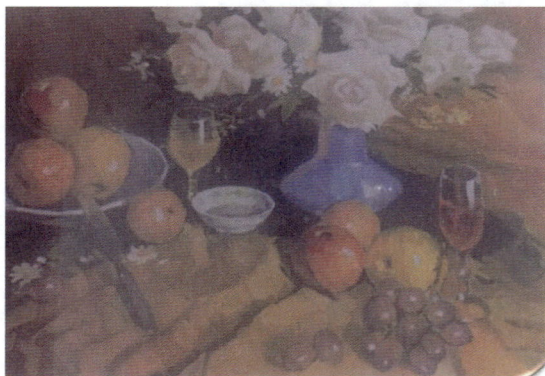

图 5-73　水粉画

不用起稿。如墙面较大，可用单一色颜料进行大面积形体轮廓起稿，或进行色彩区域分区起稿，完成后进行色彩填充。在此过程中可用笔触进行普通点染或细部精细描绘，依照创作需要，也可使用罐装喷绘颜料进行大面积快速填充。最终进行细部调整刻画完成作品。

图 5-74　墙体彩绘

本章小结

在中国传统绘画与西方绘画中，不同的画科由于材料及颜料的不同特性，也有不同的前期准备工作和不同的技法，因而可以展现不同的绘画创作效果：有的强调精细缜密，有的强调气韵、意境的酣畅淋漓，有的强调笔触块面强烈的光泽色彩效果，有的强调轻薄水汽淡雅效果。而这些技法与工具，只是提供给我们在生活中捕捉美的途径，用心发现美，提升审美素养与欣赏能力，才是我们学习这些内容的真正目的。

本章作业

选择题

1. 图 5-75 和图 5-76 这两幅作品的画法分别属于（　　）。

    A. 写意画、工笔画   B. 工笔画、写意画

    C. 写意画、油画   D. 工笔画、油画

图 5-75　作品 1

图 5-76　作品 2

2. 墨分五色：焦、浓、重、淡、（　　）。

    A. 轻   B. 清

    C. 干   D. 枯

3. "文房四宝"的笔指的是（　　）。

    A. 铅笔   B. 钢笔

    C. 毛笔   D. 粉笔

文学

欣赏部分

第 6 章　诗歌欣赏

本章主要介绍中外古典诗歌作品及现当代诗歌作品，介绍中国悠久的文化史和文学史，提升学生的文化自信和自豪感。

学习目标： 了解诗歌的渊源、范式和基本理论，知晓东西方诗歌的发展脉络。欣赏古今中外的经典爱情诗歌、爱国诗歌、民族史诗等作品。

素养目标： 通过本章对诗歌凝练的语言、和谐的旋律、醇美的情感、深邃的意境等的介绍，培养学生阅读的想象力、语言的表达力、情感的领悟力、善恶的辨别力、哲理的探究力，从而提高学生的审美情趣和审美品位，丰富其文化内涵，完善其人格魅力。

6.1　诗歌概述

诗歌是一种抒情言志的文学体裁，饱含着作者的思想感情与丰富的想象；语言凝练而形象性强，具有鲜明的节奏、和谐的音韵，富于音乐美；语句一般多行排列，注重结构形式的美。《毛诗序》曰：“诗者，志之所之也。在心为志，发言为诗。”南宋严羽《沧浪诗话》云：“诗者，吟咏性情也。”

诗歌是最古老也是最具有文学特质的文学样式。它具有以下特点：第一，高度集中地反映社会生活；第二，抒发炽烈的真情实感；第三，丰富的联想、想象和幻想；第四，语言表达具有音乐美。

6.2　中国古典诗歌

6.2.1　概述

中国古代，不合乐为诗，合乐为歌，现今统称为诗歌。中国诗歌产生和成熟最早，历史最长，最受重视，发展最为充分。中国诗歌来源于上古时期的劳动号子（后发展为民歌）以及祭祀颂词。例如《吴越春秋》所载的《弹歌》"断竹，续竹；飞土，逐宾（古肉字，指禽兽）"，就是一首比较原始的狩猎诗歌。又如《吕氏春秋·古乐》所载："昔葛天氏之乐，三人操牛尾，投足以歌八阕：一曰载民，二曰玄鸟，三曰遂草木，四曰奋五谷，五曰敬天常，六曰达帝功，七曰依地德，八曰总万物之极。"这首八阕歌不仅充分显示了诗歌与劳动生产的密切关系，也生动地展现了上古时代诗、乐、舞密不可分的原始形态。

经过孔子删定而成的中国第一部诗歌总集《诗经》，收入自西周初年（公元前 11 世纪）至春秋中叶（公元前 6 世纪）大约 500 年间的诗歌 305 首。战国末年（公元前 4 世纪）的楚辞，是继《诗经》之后的又一部诗歌总集，其运用楚地（今湖南、湖北一带）的方言声韵，风格华美浪漫，感情激越奔放。楚辞也吸收了大量神话故事，具有浓厚的浪漫主义色彩。其代表诗人屈原的作品《离骚》与《诗经》中的《国风》，分别成为中国古典浪漫主义与现实主义诗歌的鼻祖。

汉乐府民歌是汉乐府作品的精华。汉乐府民歌继承《诗经》民歌"饥者歌其食，劳者歌其事"的现实主义传统，多"感于哀乐，缘事而发"，通俗易懂，长于叙事，富有生活气息，句式以杂言和五言为主，体现了诗歌艺术的新发展。《陌上桑》与《孔雀东南飞》是汉乐府民歌中最为优秀的作品，也是叙事诗的代表作。在汉乐府的影响下，五言诗逐渐发展成熟，其标志是东汉末年出现的《古诗十九首》。这是一组由寒门文人创作的抒情短诗，情调感伤，言短情长，委婉含蓄，质朴精练，被誉为"一字千金""实五言之冠冕"。

汉末魏晋时期，文学进入自觉时代。建安时期，"三曹"和"建安七子"的诗作大多反映时代动乱和人民疾苦，抒写个人理想抱负，"慷慨以任气""志深而笔长"，即所谓"建安风骨"。"竹林七贤"是正始时期的代表诗人群体，阮籍的《咏怀诗八十二首》是我国第一部规模较大、内容丰富的个人抒情五言组诗。嵇康则开拓了四言诗的新境界。西晋太康年间，诗坛上有"三张二陆两潘一左"之称。其中左思独树一帜，继承建安文学传统，其《咏史八首》借咏史来抒怀，情调高亢，笔力矫健，有"左思风力"之称。东晋玄言诗泛滥一时，直到东晋末年陶渊明的出现，才使诗坛骤添异彩。陶渊明的诗多写田园生活，风格自然淡雅，"质而实绮，癯而实腴"，对唐代山水田园诗派有直接影响。

南北朝时期，谢灵运开创了山水诗，开启了玄言诗向山水诗的转变。谢朓受其影响，专于描写山水，与谢灵运合称为"大小谢"。鲍照擅用七言古体诗抒发愤世嫉俗之情，风格俊逸豪放，为唐代七言歌行的发展铺平了道路。北方最有成就的诗人是由南入北的庾信，他以刚健之笔写乡关之思，融合南北诗风，成为六朝诗歌的集大成者。南北朝乐府民歌足以与汉乐府前后辉映。南朝民歌清丽婉转，代表作是《西洲曲》；北朝民歌粗犷刚健，代表作是《木兰诗》。

　　唐代是中国诗歌史上的黄金时期，诗体完备，流派各异，名家辈出，成就卓著。"初唐四杰"（王勃、杨炯、卢照邻、骆宾王）和稍后的陈子昂，上承汉魏风骨，力扫齐梁宫体颓靡诗风，发出清新健康的歌唱，为唐诗的发展铺平了道路。盛唐时期首先出现两大诗歌流派：一是以王维、孟浩然等为代表的山水田园诗派，多模山范水，抒写闲情逸致，风格清新自然；二是以高适、岑参、王昌龄等为代表的边塞诗派，多写边塞风光和军旅生活，或慷慨悲壮，或雄奇瑰丽。接着李白、杜甫横空出世，被称为我国诗歌史上雄视古今的"双子星座"。"诗仙"李白继承和发扬中国诗歌的浪漫主义传统，歌颂祖国大好河山，表现理想与现实的矛盾，感情奔放炽烈，风格豪放飘逸。"诗圣"杜甫继承和发扬传统的现实主义精神，其诗广泛而深刻地反映了唐王朝由盛转衰的时代风貌，被誉为"诗史"，感情内在深沉，风格沉郁顿挫。李、杜分别以其独特的风格和极高的成就而成为泽被百代、彪炳千秋的伟大诗人。安史之乱后，进入中唐时期，经过短期的过渡，唐诗呈现第二次繁荣。以白居易、元稹为代表，倡导了一场新乐府运动。他们主张"文章合为时而著，歌诗合为事而作"，创作了《新乐府》《秦中吟》等针砭时弊的讽喻诗。白居易的《长恨歌》《琵琶行》是古代长篇歌行名篇，扣人心弦，传诵至今。此外，各具艺术个性的诗人还有刘禹锡、柳宗元、孟郊等。中晚唐之交出现的"诗鬼"李贺，其诗冷艳深幽、恢奇诡谲，富有浪漫主义色彩。晚唐之世，诗风趋于卑弱，感伤色彩较浓，唯杜牧、李商隐成就最高，有"小李杜"之誉。杜牧擅七绝，咏史怀古、抒情写景，无不清新俊逸，风姿绝代。李商隐擅七律，风格深情绵邈，绮丽婉曲，尤其是"无题"诗，更是意蕴隽永，兴寄深微，沉博绝丽，独擅胜场。

　　词是在唐朝配合燕乐演唱的新诗体，起源于民间，敦煌曲子词是现存最早的民间词。中唐之后文人填词者渐多，张志和、韦应物、白居易、刘禹锡等在作诗之余间或作词。晚唐温庭筠是文学史上第一个大力作词的人，他确立了词体规范，开花间词风，被称为"花间鼻祖"。五代时，西蜀和南唐成为词的创作中心，第一部文人词集《花间集》问世。西蜀韦庄名列花间，词与温庭筠齐名，并称"温韦"，以清丽疏朗见长。南唐冯延巳注重刻画人物内心世界，抒写个人生活感受，"开北宋一代风气"（王国维语）。五代词人中成就最高的是南唐后主李煜，他以词写自己的人生际遇和真实性情，写故国之思和亡国之痛，不事雕琢，缘情而行，语言朴素自然而又流转如珠，王国维评云："词至李后主而眼界始大，感慨遂深，遂变伶工之词而为士大夫之词。"

　　词在宋代发展到了鼎盛时期，成为一代文学的主要标志。宋初词家如晏殊、欧阳修等，主要还是沿袭晚唐五代词风，写的多半是个人的离愁别绪。范仲淹的某些词作开始呈现境界开阔、格调苍凉的风格，给宋初时期的词坛注入了新的活力。同时期的柳永对宋词进行了第一次革新，创制了大量的慢词，以写相思旅愁见长，多用铺叙和白描的手法，语言俚俗，富于平民色彩，产生了"凡有井水饮处，即能歌柳词"的广泛影响。词至苏轼而又一变，苏轼打破诗词界限，扩大了词的题材，提高了词的意境，丰富了词的表现手法，开创了豪放词派，使词摆脱了音律的束缚而成为独立的抒情诗体。北宋后期词坛主流又复归婉约，代表人物为秦观、贺铸、周邦彦。秦词柔婉清丽，情辞兼胜，被奉为婉约派正宗，与黄庭坚并称"秦七黄九"。贺词笔调多变，刚柔相济。词至周邦彦再一变，体现了宋词的深化与成熟。周邦彦精通音律，善作慢词，以思力取胜，词风典丽精工，对南宋格律派、风雅派词人影响极大。南北宋之交出现了我国古代最优秀的女词人李清照，创言浅意深、本色当行的"易安体"。她善于炼字炼意，擅长白描，令慢均工。李清照前期的词多写闺情相思，清俊旷逸；后期的词抒身世之感、家国之思，苍凉沉郁。南宋初期词人如张元干、张孝祥、陆游、朱敦儒等，多亲历靖康之变，故以词为武器，抒发爱国情怀，上承苏轼，下启辛派。辛弃疾是南宋最伟大的爱国词人，主承苏轼但取径更广，使宋词的思想境界和精神面貌达到了光辉的高度，在词的艺术表现手法方面有了新的突破和发展。辛词风格多样，或壮怀激烈、豪气逼人，或缠绵哀怨、清新活泼，尤能寓刚柔为一体。在辛弃疾的影响下，陈亮、刘过和稍后的刘克庄、刘辰翁等人形成了一个阵容强大的辛派爱国词人群体。在宋金对峙、政局相对稳定的南宋后期，出现了以姜夔、史达祖、张炎、王沂孙等为代表的格律词派。

　　宋诗总体成就不如唐诗，但别开天地，自有特色。对比而言，唐诗主情韵，开朗俊健，以境取胜；宋诗主理致，深幽曲折，以意取胜。北宋诗坛影响最大的是"苏黄"。苏轼是宋代文艺创作成就最为全面的作家，其诗说理抒情，自由奔放，发展了宋诗好议论、散文化的倾向。黄庭坚是江西诗派的宗主，注重诗歌语言的借鉴和创造，主张"点铁成金""夺胎换骨""无一字无来处"，其诗崇尚杜甫，瘦硬生新，属于江西诗派的还有陈师道、陈与义等人。南宋诗人的杰出代表是"中兴四大诗人"（陆游、尤袤、杨万里、范成大），他们都出于江西诗派，而终能自成一家。陆游是宋代伟大的爱国诗人，存诗近万首，唱出了时代的最强音。到宋末，文天祥、汪元量等人的爱国诗篇，为宋代诗坛添上了最后一抹光彩。金代最杰出的诗人是元好问，其诗内容丰富，"沉挚悲凉，自成声调"。

　　元代出现了散曲。与传统诗词相比，它大大扩展了表现范围，形式更自由，语言更活泼，具有浓厚的市井色彩，给诗坛注入了一股清新空气。散曲包括小令和套数（套曲）两种形式：小令是单支曲子，套数由两支以上属同一宫调的曲子依次连缀而成。前期代表作家是关汉卿、马致远，其作品通俗平易，诙谐泼辣；后期代表作家是张可久、乔吉，他们一改前期散曲的本色，趋于雅正典丽。马致远的小令《天净沙·秋思》、睢景臣的套曲《般涉调·哨遍·高祖还乡》，是元散曲中不可多得的佳作。

　　明初，高启、刘基等人的诗歌较有社会现实内容，后来以袁宏道为代表的"公安派"主张"独抒性灵，不拘格套"。清初，遗民诗人黄宗羲、顾炎武、王夫之等人的诗歌具有强烈的民族感情和爱国思想。钱谦益、吴伟业等在清初诗坛影响很大。王士祯提倡"神韵"说，成为当时诗坛的领袖。清中叶以后，郑燮反映民情之作、袁枚直抒性情之作、黄景仁独写哀怨之作较有特色。晚清内忧外患日益严重，龚自珍以诗为武器，揭露社会黑暗，抒发报国大志，成为近代诗歌史上开一代风气的第一位大诗人，赢得了"三百年来第一流"的称誉。

　　词在清代呈中兴气象，纳兰性德善作小令，长于白描，以情取胜，风调酷似后主李煜。清中叶后，以张惠言、周济为代表的"常州词派"纠浙派之偏，论词主比兴寄托，重视词的社会作用，其影响直达近代。

6.2.2　中国古典诗歌赏析

1. 抒发情感的诗歌

《毛诗序》曰："诗者，志之所之也，在心为志，发言为诗。情动于中而形于言，言之不足故嗟叹之，嗟叹之不足故永歌之，永歌之不足，不知手之舞之足之蹈之也。"由此可见，西汉时期人们已明确诗歌是抒情文学的一种，是人类抒发情感的有效表达方式，诗言志，诗更言情，富于情感是诗歌重要的艺术特征。中国古典诗歌表现两情相悦的较多，无论是描写人们的恋爱还是婚姻生活，大多意境优美，耐人寻味。

汉乐府《上邪》

上邪！我欲与君相知，长命无绝衰。

山无棱，江水为竭，冬雷震震，夏雨雪，天地合，乃敢与君绝！

【作品赏析】　诗歌以少女自述的口吻来表现主人公对于幸福爱情的大胆追求。这首诗属于汉代乐府民歌中的《鼓吹曲辞》，内容是一位心直口快的北方姑娘向其倾心相爱的男子表达爱意。由于这位姑娘表达爱的方式特别出奇，表达爱的誓词特别热烈，致使千载之后，这位姑娘的神情仍能形象地从纸上传达出来，令人身临其境。

《离思五首·其四》

元　稹［唐代］

曾经沧海难为水，除却巫山不是云。

取次花丛懒回顾，半缘修道半缘君。

【作品赏析】　这首诗最突出的特色，就是采用巧比曲喻的手法，淋漓尽致地表达了主人公对已经失去的心上人的深深眷恋。它接连用水、云、花比人，写得曲折委婉，含而不露，意境深远，耐人寻味。

《钗头凤》

陆　游［宋代］

红酥手，黄滕酒，满城春色宫墙柳。东风恶，欢情薄。

一怀愁绪，几年离索。错，错，错！

春如旧，人空瘦，泪痕红浥鲛绡透。桃花落，闲池阁。

山盟虽在，锦书难托。莫，莫，莫！

【作品赏析】　这首词写的是陆游自己的爱情悲剧。词的上片通过追忆往昔美满的爱情生活，感叹被迫离异的痛苦。词的下片由感慨往事回到现实，进一步抒写与妻子被迫离异的巨大哀痛。这首词始终围绕着沈园这一特定的空间来安排自己的笔墨，上片由追昔到抚今，而以"东风恶"转换；下片回到现实，以"春如旧"与上片"满城春色"句相呼应，以"桃花落，闲池阁"与上片"东风恶"句相照应，把同一空间不同时间的情事和场景再现出来。全词多用对比的手法，如上片，越是把往昔夫妻共同生活时的美好情景写得真切，就越使他们被迫离异后的凄楚心境深切可感，也就越显出"东风"的无情和可憎，从而形成感情的强烈对比。全词节奏急促，声情凄紧，再加上"错，错，错"和"莫，莫，莫"先后两次感叹，荡气回肠，大有怵不忍言、怵不能言的情致。

2. 爱国主义诗歌

爱国主义是中华民族的优良传统，是中华民族生生不息的精神支柱，也是中国古典诗歌的永恒主题。爱国主义诗歌从思想内容看，有同仇敌忾、抗击侵略，有慷慨从戎、为国立功，有反对投降、恢复中原，有忍顾破碎山河、忧国忧民，等等。几千年来，灿若繁星的爱国主义诗歌是我国民族文化的瑰宝。

《诗经·王风·黍离》

彼黍离离，彼稷之苗。

行迈靡靡，中心摇摇。

知我者，谓我心忧，不知我者，谓我何求。

悠悠苍天！此何人哉？

彼黍离离，彼稷之穗。

行迈靡靡，中心如醉。

知我者，谓我心忧，不知我者，谓我何求。

悠悠苍天！此何人哉？

彼黍离离，彼稷之实。

行迈靡靡，中心如噎。

知我者，谓我心忧，不知我者，谓我何求。

悠悠苍天！此何人哉？

【作品赏析】此诗共三章，每章十句。三章结构相同，取同一物象不同时间的表现形式完成时间流逝、情景转换、心绪压抑三个方面的发展，在迂回往复之间表现出主人公不胜忧郁之状。"三章只换六字，而一往情深，低回无限。"（方玉润《诗经原始》）

《夜游宫·记梦寄师伯浑》

陆　游［宋代］

雪晓清笳乱起，梦游处、不知何地。

铁骑无声望似水。想关河，雁门西，青海际。

睡觉寒灯里，漏声断、月斜窗纸。

自许封侯在万里。有谁知，鬓虽残，心未死！

【作品赏析】"雪晓清笳乱起"是所闻，"铁骑无声望似水"是所见。中间插入"梦游处、不知何地"一句，点出是梦中。把第一句与第三句原来应该连在一起的两句拆开安排，这样做并不是为了押韵，而是为了使词声情顿挫。"铁骑无声望似水"七个字，写出了军容的整齐严肃，看去好像一条无声的河流，形象性强。下面"想关河，雁门西，青海际"，是回答上面的"梦游处、不知何地"这句，是猜想，也是写梦境。这几句通过景语点出作者念念不忘沙场杀敌的雄心壮志。下片是写梦醒后失望的感情。所写的景象与上片恰成为相反的映衬。"寒灯""漏声""月斜窗纸"，都是衬托失望和怅惘。"自许封侯在万里"一句，语气振起，而接下来是"鬓虽残，心未死"两句，中间插入"有谁知"三个字，也是顿挫作势，使末二语更显郁郁不平。

3. 表现隐逸与遐思的诗歌

中国古代文人的理想是"达则兼济天下，穷则独善其身"。"达则兼济天下"是文人梦寐以求的最高理想，"穷则独善其身"则是不得意时精神的逍遥和心灵的补偿。文人在与大自然和谐相处过程中，澄心净虑，天人合一，物我两忘，获得返璞归真的"真趣"，从而对生活表达出乐天知命、淡泊名利、超然豁达的态度。

《辋川闲居赠裴秀才迪》

王　维［唐代］

寒山转苍翠，秋水日潺湲。

倚杖柴门外，临风听暮蝉。

渡头余落日，墟里上孤烟。

复值接舆醉，狂歌五柳前。

【作品赏析】　此诗所要极力表现的是辋川的秋景。一联和三联写山水原野的深秋晚景，诗人选择富有季节和时间特征的景物——苍翠的寒山、潺潺的秋水、渡口的夕阳、墟里的炊烟，有声有色，动静结合，勾勒出一幅和谐幽静而又富有生机的田园山水画。诗的二联和四联描写了诗人与裴迪的闲居之乐。倚杖柴门，临风听蝉，诗人安逸的神态、超然物外的情致，写得栩栩如生；醉酒狂歌，则把裴迪的狂士风度表现得淋漓尽致。全诗物我一体，情景交融，诗中有画，画中有诗。

《山园小梅·其一》

林　逋［宋代］

众芳摇落独暄妍，占尽风情向小园。

疏影横斜水清浅，暗香浮动月黄昏。

霜禽欲下先偷眼，粉蝶如知合断魂。

幸有微吟可相狎，不须檀板共金樽。

【作品赏析】　林逋种梅养鹤成癖，终身不娶，世称"梅妻鹤子"，所以他眼中的梅含波带情，笔下的梅更是引人入胜。诗歌一开始就突写诗人对梅花的喜爱与赞颂之情，一个"独"字、一个"尽"字，充分表现了梅花独特的生活环境、不同凡响的性格和那引人入胜的风韵。颔联为人们送上了一幅优美的山园小梅图，极真实地表现诗人在朦胧月色下对梅花清幽香气的感受，那静谧的意境，疏淡的梅影，缕缕的清香，使人陶醉。上二联皆实写，下二联虚写。颈联采用拟人手法，更进一步衬托出诗人对梅花的喜爱之情和幽居之乐。尾联从借物抒怀变为直抒胸臆，表达出诗人愿与梅化而为一的生活旨趣和精神追求。全诗之妙在于脱略花之形迹，着意写意传神，用侧面烘托的笔法，从各个角度渲染梅花清绝高洁的风骨，这种神韵其实就是诗人幽独清高、自甘淡泊的人格写照。

6.3　外国古典诗歌

外国古典诗歌可分为西方古典诗歌和东方古典诗歌两部分。西方古典诗歌是从荷马史诗开始的。荷马史诗《伊利亚特》和《奥德赛》叙述了公元前 12 世纪末小亚细亚西北部的特洛伊人与希腊人（当时统称阿凯亚人）交战十年的故事，最后希腊人毁灭了特洛伊城。其中的英雄事迹由民间歌者口头传颂，代代相传，在传颂过程中又不断与神话故事交织在一起。公元前 9 世纪—公元前 8 世纪，盲人诗人荷马整理创作出这两部史诗。两部史诗都表现了热爱现实生活，依靠自己的智慧和力量争取荣誉的奋斗精神，强调积极的人生态度。古罗马文化是对古希腊文化的直接继承，在奥古斯都时期诗歌达到了高峰，其中普布留斯·维吉留斯·马罗（通称维吉尔）是当时最杰出的诗人，对后世欧洲各国的文学产生了重要影响。维吉尔的代表作《埃涅阿斯纪》是以荷马史诗为范本创作的，叙述希腊联军攻陷特洛伊城后，特洛伊英雄埃涅阿斯率众来到意大利，成为罗马开国之君的经历。

自西罗马帝国灭亡后，欧洲开启了封建制度占统治地位的中世纪时代（约 476—1453 年），意大利诗人但丁·阿利吉耶里无疑是这个时代最伟大的诗人。但丁的代表作《神曲》是意大利迄今为止最伟大的诗篇之一，这部作品使意大利文学跃居当时欧洲文学的前列，对世界文学艺术也有很大影响。文艺复兴结束了黑暗中世纪的精神束缚，这一时期的意大利诗人弗兰齐斯科·彼特拉克被称为"人文主义之父"，他提出以"人的思想"代替"神的思想"，他的抒情诗集《歌集》表达了以爱情幸福为中心的人文主义精神。法国的七星诗社代表诗人彼埃尔·德龙沙是法国近代第一位抒情诗人。英国诗歌以埃德蒙·斯宾塞的作品成就最高，他的代表作是《仙后》。英国的威·莎士比亚是欧洲文艺复兴时期最伟大的诗人和剧作家，他的《十四行诗》是描写爱情的名诗，也是传诵千年的佳作。

17 世纪，英国爆发资产阶级革命，迅速成为当时欧洲最先进的国家。约翰·弥尔顿是当时英国最主要的诗人之一，其代表作长诗《失乐园》反映了那个时代人们敢于与权威抗争的精神。该长诗继承了古希腊和古罗马的史诗传统，结构宏伟壮观，文字在平淡朴实中呈现出恢宏大气之美。

18 世纪欧洲启蒙运动兴起，它是文艺复兴反封建、反教会运动的继续。这一时期，英国前期以古典主义诗人亚历山大·波普为代表，后期以浪漫主义前驱威廉·布莱克和苏格兰农民诗人罗伯特·彭斯为代表。约翰·沃尔夫冈·歌德是德国最伟大的诗人之一，也是德国古典文学和民间文学的杰出代表。在 60 年的创作生涯中，他写出了大量优秀的诗歌、戏剧和小说，使德国文学跃居当时欧洲文学的前列。其代表作《浮士德》是一部长达 12 111 行的诗剧，其以德国民间传说为题材，叙述了一个新兴资产阶级知识分子对现实不满，不断探索人生意义和社会理想的人生路程。

19 世纪，浪漫主义文学得到了辉煌的发展，英国最早的浪漫主义诗人是"湖畔派"诗人威·华兹华斯、塞缪尔·泰勒·柯勒律治和罗伯特·骚塞，他们的诗描写幽雅恬静的自然景物，写下层人民的日常生活，强调诗人的内心探索和感情的自然流露。英国第二代浪漫主义诗人乔治·戈登·拜伦、珀西·比希·雪莱和约翰·济慈继承了启蒙思想和民主思想，同情法国大革命，反对专制暴政，支持受压迫民族的解放斗争，把文学紧密地和现实联系在一起。拜伦的代表作为《恰尔德·哈罗尔德游记》和《唐璜》，雪莱的代表作为《解放了的普罗米修斯》，济慈的代表作为《夜莺颂》。这一时期俄罗斯浪漫主义文学的主要代表和现实主义文学的奠基人是亚历山大·谢尔盖耶维奇·普希金，马克西姆·高尔基称他为"一代的诗宗"。他的长篇叙事诗《叶甫盖尼·奥涅金》被别林斯基称为"俄罗斯生活的百科全书"，描写了当时俄罗斯贵族青年的苦闷、彷徨和追求，揭露和批判了贵族社会的腐败和丑恶。19 世纪中期，法国象征主义诗人夏尔·皮埃尔·波德莱尔、德国无产阶级第一位最卓越的诗人格奥尔格·维尔特、波兰爱国主义诗人亚当·密茨凯维奇、匈牙利民族诗人裴多菲·山陀尔、美国民主主义诗人沃尔特·惠特曼、俄罗斯批判现实主义诗人米哈伊尔·尤里耶维奇·莱蒙托夫、德国革命民主主义诗人海因里希·海涅相继出现在世界诗坛。

东方古典诗歌包括埃及、印度、日本、朝鲜等国的诗歌。《吉尔伽美什》是目前已知的世界最古老的英雄史诗，早于荷马史诗 1 000 多年，是一部关于苏美尔三大英雄之一吉尔伽美什的赞歌。《摩诃婆罗多》和《罗摩衍那》并称印度两大史诗。《罗摩衍那》被称为"最初的诗"，成书年代在公元前 4 世纪—公元 2 世纪之间。它们不仅在印度文学史上占据着崇高的地位，而且对整个南亚地区的文化和宗教都产生过广泛而深远的影响。《万叶集》是日本现存最早的诗歌总集，所收诗歌为公元 4 世纪—8 世纪中叶的长短和歌，约在公元 8 世纪后半叶由大伴家持整理完成。《万叶集》成书时，日本还没有自己的文字，全部诗歌都是借用汉字记录下来的。

6.4　中外现当代诗歌

6.4.1　概述

中国现当代诗歌主要是指从五四运动至今的白话诗歌作品。一般认为，从五四运动至 1949

年中华人民共和国成立，这一时期的诗歌称为现代诗歌，而从 1949 年一直到现在的诗歌称为当代诗歌。1920 年，胡适出版了我国第一部白话诗集《尝试集》，被视为中国新诗的奠基之作。当时用白话文写诗的还有刘半农、陈独秀、鲁迅等人，其中以郭沫若为代表的浪漫主义诗派成就最大，他开创了不拘一格的自由诗体式。创造社诗人成仿吾、田汉、穆木天、冯乃超等人，也都创作了许多具有浪漫主义诗风的诗歌。冰心、宗白华等人被称为"小诗派"，他们的诗歌凝练、含蓄、隽永，暗示是他们采用的主要艺术方法。被鲁迅誉为"中国最为杰出的抒情诗人"的冯至抒情诗成就较高，他的诗歌富于想象，语言自然流畅，善于委婉曲折地表达细腻真挚的感情。新月诗派代表人物徐志摩深受英国浪漫派诗人雪莱、拜伦、济慈等人影响，善于用细腻的文笔表现丰富复杂的情感。新月诗派的另一代表人物闻一多提出了新诗音乐美、绘画美、建筑美的"三美"理论，为新诗探索了一条新的道路。有"苦吟派"称号的臧克家直面社会和人生，以现实主义创作方法去描写农民苦难的生活和他们的命运。臧克家的《老马》《春鸟》《难民》等作品以其独特的艺术风格和深刻的社会内涵，成为中国现代诗歌中的名篇。以戴望舒、卞之琳、梁宗岱、何其芳为代表的现代诗派诗人注重抒发自己的内心世界，以诗境的朦胧美、语言的音乐美和诗体的散文美为主要特色。抗战时期最受欢迎的诗人是田间，他被誉为"时代的鼓手"，致力于探索新诗的民族化、大众化，以平朴的描述和激昂的呼唤形成了明快质朴的风格。艾青是抗战爆发后自由体新诗创作最有成就的诗人之一，他的诗歌充满了战斗的精神，传达出了时代的呼唤和人民的心声。

中华人民共和国成立后，广大诗人怀着极其真挚的热情讴歌社会主义新时代。诗歌的主旋律主要是歌颂新中国、歌颂中国共产党、歌颂人民当家作主的新生活，诗歌表现出豪放、明朗、欢快的风格。20 世纪五六十年代以郭小川、贺敬之等诗人为代表的"政治抒情诗"，以闻捷、李季、张志民、严阵等诗人为代表的"生活抒情诗"，以李瑛、公刘、顾工等诗人为代表的"军旅诗"，成为当时的诗歌主流。20 世纪八九十年代诗歌创作进入新时期，诗歌沿着现实主义和现代主义两条道路发展，出现了多元化的趋势，如舒婷、北岛、顾城、梁小斌等为代表的一批青年诗人具有探索精神和现代意识，开创了新诗潮诗歌——"朦胧诗"。

外国现当代诗歌主要为 20 世纪以来创作的诗歌。20 世纪初西方现实主义文学走向衰落，反传统的现代主义文学（又称现代派文学或先锋派文学）涌现，有后期象征主义、表现主义、未来主义、意识流小说、超现实主义等。英国诗人托马斯·斯特尔那斯·艾略特、爱尔兰诗人威廉·巴特勒·叶芝、法国诗人保尔·瓦雷里等都是后期象征主义代表，英国的托马斯·厄内斯特·休姆、美国的埃兹拉·庞德和艾米·洛威尔、苏联的谢尔盖·亚历山德罗维奇等都是意象派诗人，也属于后期象征主义。法国的纪尧姆阿波利奈尔是一位从浪漫主义转向未来主义的诗人。"苏联文学"是世界无产阶级文学的重要代表，70 多年的历程涌现了伊凡·亚历克塞维奇·蒲宁、弗拉基米尔·弗拉基米罗维奇·马雅可夫斯基、亚历山大·亚历山德罗维奇·勃洛克、叶塞宁、杰米扬·别德内等一大批诗人。现代东方诗歌创作影响较大的应该是印度诗人拉宾德拉纳特·泰戈尔，泰戈尔"由于他那至为敏锐、清新与优美的诗篇而广受赞誉，这些诗不但技巧高超，更因他亲用英文诠释，使得这些充满诗意的思想跨越文化界限，融入了西方文学的瑰丽殿堂，成为其不可或缺的一部分"，于 1913 年被瑞典文学院授予诺贝尔文学奖，成为第一个获得这项殊荣的亚洲作家。此外，黎巴嫩文坛骄子纪伯伦·哈利勒·纪伯伦作为哲理诗人和杰出画家，和泰戈尔一样是东方文学走向世界的先驱，他的作品既有理性思考的严肃与冷峻，又有咏叹调式的浪漫与抒情。他善于在平易中发掘隽永，在美妙的比喻中启示深刻的哲理。

6.4.2 现当代中外诗歌赏析

《乡愁》

余光中

小时候，
乡愁是一枚小小的邮票，
我在这头，
母亲在那头。

长大后，
乡愁是一张窄窄的船票，
我在这头，
新娘在那头。

后来啊，
乡愁是一方矮矮的坟墓，
我在外头，
母亲在里头。

而现在，
乡愁是一湾浅浅的海峡，
我在这头，
大陆在那头。

扫码看视频

【作品赏析】《乡愁》是诗人余光中所作的一首现代诗，诗歌表达了对故乡、对祖国恋恋不舍的情怀，更体现了诗人期待中华民族早日统一的美好愿望。全诗共四节。一方面，诗人以时间的变化组诗，小时候—长大后—后来—现在，即四个人生阶段；另一方面，诗人以空间上的阻隔作为这四个阶段共同的特征：小时候的母子分离—长大后的夫妻分离—后来的母子死别—现在的游子与故乡的分离。诗人为这人生的四个阶段各自找到一个表达乡愁的对应物：小时候的邮票—长大后的船票—后来的坟墓—现在的海峡。由此，这首诗以时空的隔离与变化来层层推进诗情的抒发，构思极为巧妙。邮票、船票、坟墓、海峡这些意象单纯、明朗、集中、强烈，诱发读者多方面的联想。这四个意象把本来非常抽象的"乡愁"物化、具体化，通过"托物寄情"取得了很好的艺术效果。这些意象和"这""那"这两个简单的指示代词连接在一起，巧妙地将彼此隔离的人、物、时间和空间，将愁绪的两端紧密融合。若有若无的距离和联系，给那些整日在相思、别离和相聚间奔波的人们一种强烈的共鸣，给人们一种难以言表的哀愁。诗歌以时间的次序为经，以两地的距离为纬，在平铺直舒中自有一种动人心魄的魅力，引起人们无限的哀愁和无尽的思念。诗歌在艺术上呈现出结构上的整饬美和韵律上的音乐美。同一位置上的词的重复和叠词的运用，在音乐上造成一种回旋往复、一唱三叹的旋律，给全诗营造了一种低回怅惘的氛围。

《朦胧中的祖国》

纪伯伦［黎巴嫩］

起来吧，黎明已经降临！
离开此地——这里我们无一友朋。
草芥也许不愿其花朵与蔷薇牡丹之类不同；
高洁的心又怎能与陈腐的心相近相亲！
听！这是黎明在呼唤，
来！踏着晨光前进。
沉沉黑夜已令我们屦足，
虽然它称黎明是其象征！

岁月华年已付于山谷，
幽谷间踯躅过忧思的幻影。
我们亲睹了深深的失望，
它似鸷枭盘旋在山梁上空。
我们从溪涧中取饮的是灾难，
我们从果浆中吸吮的是毒品。
我们曾把忍耐视作衣衫，
到头来衣衫被焚，只剩灰烬在身！
我们曾把柔顺当作靠枕，
酣梦中它却变为干草刺荆！

自古就被笼罩的祖国啊！
我们如何向您请求？又须通过哪条途径？
哪片荒原迷乱了您的去路？
哪座高山是阻隔的长城？我们当中谁是引路人？

祖国啊！您是沙漠蜃景——

还是追求着人的心中的希望？

您是心间飘忽的梦幻——

心儿觉醒梦幻消踪？

还是沉入黑暗之海前——

落日余晖中飞逝的彩云？

啊！思想的国度！崇拜真理和为美祈祷者的摇篮！

我们也曾骑马驾舟到处把您寻求——

您不在东方，不在西方；

不在南国，不在北疆；

不在天空，不在海洋；

不在平原，不在丘岗，

您在我们的灵魂中——是火，是光，

您在我的胸膛里——是我悸动的心脏！

【作品赏析】 纪伯伦曾说："整个地球都是我的祖国，全部人类都是我的乡亲。"所以，本诗中的"祖国"，并非一般意义上的某一个具体的国家，而是诗人理想境界中的"祖国"，因是幻境，所以"朦胧"。第一章是作者对处于沉沉黑夜中"祖国"深情的呼唤和呐喊，目的是让酣睡的人们觉醒，打碎那做了几千年的空梦，埋葬陈腐，走向高洁。第二章是对"祖国"苦难历史的回顾。无数先哲曾充满忧思地徘徊山泽，执着地探索"祖国"的前途和命运，但只有深深的失望，忍耐和柔顺换来的依然是灾难和灰烬。第一、二章是一位怀有强烈东方使命感的诗人发出的心声，是对尚未觉悟的东方同胞的殷殷厚望，突出的是东方性和民族性。第三章连用八个反诘句，表达了对"祖国"未来的探索和展望。是什么笼罩了"祖国"？谁引领我们前进？未来的"祖国"是沙漠蜃景，还是心中的希望？是飘忽的梦幻，还是飞逝的彩云？对未来看似迷惘实则对"人的心中的希望"充满信心。第四章给"朦胧中的祖国"以明确的定义："思想的国度！崇拜真理和为美祈祷者的摇篮！"第三、四章的着眼点是全世界、全人类，诗人心中的"理想国"是崇拜真理和为美祈祷者的摇篮，是思想的国度，是真、善、美和谐完美的理想境界。

本章小结

　　本章从诗歌的概念与特质谈起，重点讲述了中国的诗歌传统与中国诗歌所表现的主要思想内涵和经典名篇，也粗略介绍了外国诗歌的脉络和有代表性的诗歌，展示了古今中外的优秀诗人和名篇佳作。中国历来被誉为诗歌的国度，中国悠久的诗乐传统、灿若星河的诗人群体和浩如烟海的名篇佳作理应成为我们文化自信的基石。我们不应仅仅局限于教材，应涉猎更为广泛的诗歌海洋，含英咀华，为激荡人心的新时代谱写新的诗篇。

本章作业

一、填空题

诗歌的首要特征是_____。中国第一部诗歌总集是_____，它创作的基本手法是_____、_____、_____。中国古代诗歌史上出现了_____和_____两种创作风格。

二、多选题

但丁《神曲》思想内容的二重性是指（　　　　）。

A. 一方面但丁认识到统一意大利是拯救祖国的唯一途径；另一方面他所设想的统一方式却是空想的、错误的，他把希望寄托在好皇帝和人们的道德完善上。

B. 一方面主张信仰上帝，为天主、圣徒、苦行僧唱颂歌；另一方面对现实中的教会罪恶做了全面的揭发与批判。

C. 一方面歌颂禁欲主义的伦理道德观念；另一方面又肯定现实人生，赞美人性，表现了人文主义的思想意识。

D. 一方面采用中世纪文学的创体手法，如梦幻形式、象征手法、神秘主义描写；另一方面又显示出近代文学的创作特点，如写实手法、心理描写、运用意大利语写作，促进了意大利民族语言和民族意识的形成和发展。

三、简答题

意象是中国古典诗词的灵魂，试分析它是如何营造诗词意境的？

第 7 章　散文欣赏

本章主要介绍中外优秀的散文作品，通过对几个历史阶段有代表性的散文作品进行讲解，使学生了解中国及外国散文发展的历史，初步学会用文学的眼光鉴赏中外优秀散文作品。

学习目标：阅读古今中外优秀的散文作品，理解作品的思想内涵，探索作品的丰富意蕴，领悟作品的艺术魅力。学习了解相关的中国古代文化常识，丰富文化积累，为形成传统文化的底蕴打下扎实基础。

素养目标：培养学生鉴赏散文作品的浓厚兴趣，丰富其情感世界。引导学生养成健康高尚的审美情趣，提高其文学修养。

7.1　散文概述

在中外文学史中，散文是最为重要的文学体裁之一。中外散文的含义、范围有所不同，而中国古代和现当代的散文也大有不同。在中国古代，散文主要是与韵文、骈文相对的散体文章，包括以叙事为主的历史散文，也包括以说理为主的专题论文，还包括以抒情为主的辞赋和小品文等。也就是说，在中国古代，不论是文学作品还是非文学作品，包括经、史、子、传文学在内，除诗、词、曲之外，只要是不押韵、不排偶的散体文章，一律称为散文。中国现代散文是指除诗歌、戏剧、小说以外的文学作品，主要包括杂文、小品文、随笔、游记、传记、回忆录、见闻录、报告文学等。进入 21 世纪，随着文学种类的细化，传记、报告文学、杂文等已经发展为独具自身特色的文体，散文的范围逐渐缩小，现一般包括各种杂文、小品文、游记、随笔等，篇幅一般不长。

7.2 中国古典散文

中国古典散文是中国最早成熟起来的一种应用文体，古人用这种文体来占卜吉凶，叙述历史，记录身边发生的事情，抒发人生得意失意的情感，也用它来写信件、奏折、铭诔、悼词等。可以说，古典散文是应用最广泛的一种文体。

中国古代散文发端于殷商，成熟于战国。甲骨卜辞与殷商铭器是中国最早的记事文字，《尚书》与《春秋》是最早形成的不同的记事体例，而《左传》《国语》《战国策》等历史散文的出现，意味着中国叙事文学完全走向成熟。《左传》是中国第一部编年体史书，《国语》《战国策》都是最早的国别体史书，西汉司马迁的《史记》在上述历史散文的基础上独辟蹊径，开创了以人物为中心书写历史的创作手法，开启了秦以后我国古代官方正史的主要书写体例——纪传体，而《史记》也成为我国第一部纪传体通史。此后中国古代历史散文就以纪传体为主，也有个别历史散文采取编年体，比如北宋司马光的《资治通鉴》。司马迁的《史记》之后，最有代表的纪传体文学当数班固的《汉书》、范晔的《后汉书》与陈寿的《三国志》，这三部著作与《史记》一起，共同奠定了纪传体文学的主体范式，后人称之为"前四史"。尤其是《史记》的十二本纪、十表、八书、三十世家和七十列传，最先确立了纪传体史书的基本架构。

在叙事散文发展的过程中，另外一种更具文学性和艺术性的文学样式——赋体文学也在悄然兴起。南方楚国文化别样的美学特质孕育了一批优秀的文学家，屈原创作的楚辞系列作品浸润了宋玉、唐勒、景差等辞赋家，他们创作了很多优秀的散文作品。尤其是宋玉在屈原的影响下，用曲折委婉的文笔、肆意铺陈的手法以及篇末略含讽谏的隐衷，开了汉赋的先河。其重要作品如《高唐赋》《神女赋》《风赋》等都是旷世名篇，也是传诵后代的千古绝唱。另外，宋玉在文辞方面的发展，继承了屈原《九章》铺张扬厉的手法，同时也借鉴了《战国策》纵横开阖的气势，体现了由楚辞而至汉赋的一个过渡，文学史上称之为"骚体赋"。骚体赋的创作手法为后世诸多优秀文人所秉承。值得一提的是，骚体赋上承楚辞与《战国策》，下接汉大赋，为汉代宫廷大赋的形成提供了丰富的文学素材与玄妙的创作技巧。

西汉初期皇室与贵族多为楚人，他们在抒情写意时自觉不自觉都采用了楚辞所创立的文学样式，并借鉴了《战国策》的策士文风，形成了独具汉帝国特色的文学样式——汉赋。汉初的文学家如贾谊、枚乘等人大多兼具类似于战国纵横家的精神气质，行文肆意开合、收放自如，在精神风貌上秉承屈原的忧愤意识，而在内容上又有着自身的时代特色。贾谊的《吊屈原赋》在体制上对屈原的《九章》多有继承，而《鹏鸟赋》中所采用的主客问答的方式则是对《离骚》的学习。枚乘的《七发》在体例上更多沿袭了屈原的《招魂》，对饮食、歌舞、女色以及鸟兽等的铺排都是如出一辙。《七发》开创了汉赋的体质，标志着汉赋的成熟。

西汉最优秀的辞赋家是司马相如，他所创作的《子虚赋》与《上林赋》是汉代宫廷大赋中最具开拓意义和典范作用的文学成果，开创了汉代宫廷大赋的创作范式，成为后世宫廷赋作的滥觞之笔。《子虚赋》与《上林赋》两篇赋都是开篇由几段散文领起，中间若干段以韵文铺陈，篇末以散文收尾。整部作品波澜起伏、气脉贯通，排比句中间夹杂着长短句，在对景物进行描写时，不再像之前枚乘那样使用大量长句，取而代之的是多用短句，音节短促，令人应接不暇。司马相如之后，王褒、扬雄等一批辞赋家对汉大赋的创作进行了反思，一方面保留了司马相如的铺排夸饰；另一方面也深刻地认识到宫廷大赋劝百讽一的局限。尤其是扬雄，晚年对司马相如以及辞赋创作都做了犀利的批判，这对东汉辞赋创作的革新有着直接的影响。东汉初期，辞赋创作不再局限于宫廷，而把视野伸向了京都。早在西汉末期，扬雄就创作了《蜀都赋》，实开东汉京都大赋之先。而真正以帝京长安为题材，规模宏大、成就卓著、影响深远的当数班固创作的《两都赋》。《两都赋》在艺术表现上，成功吸收了司马相如赋和扬雄赋的优点，运用上下两篇相互对比的结构模式、主客问答的过渡形式等，更为重要的是班固在赋中不再像司马相如那样把规劝的内容仅限于文末的蜻蜓点水，而是融入辞赋的下篇，体现了较强的创新性，也为日渐僵化的汉大赋注入了新的生命活力。东汉中期的张衡创作的《二京赋》，在体制上完全是摹拟班固的《两都赋》，但在内容上也有创新。《二京赋》紧随《两都赋》，引领了京都题材文学的蓬勃发展。东汉后期，京都题材的赋由于摹拟之风盛行，创作陷入了机械化的简单套路，加之两次党锢之祸对士人的迫害，很多文人受到牵连，京都大赋渐趋衰落，宣情寓志的抒情小赋勃然兴起。

如果说西汉的正宗文学是宫廷大赋的话，那么能够代表东汉的文学样式就是抒情小赋了。东汉的抒情小赋最主要的功能是寄寓情感，代表作家是张衡。张衡的《归田赋》以其独特的笔法开创了赋作的新范式，成为散体抒情小赋的先驱。继张衡之后，东汉末年赵壹的《刺世疾邪赋》，三国西晋时期王粲的《登楼赋》、向秀的《思旧赋》、嵇康的《与山巨源绝交书》、刘伶的《酒德颂》、阮籍的《大人先生传》和陶渊明的《感士不遇赋》相继问世，使赋体文学焕发了新的生机。

继东汉之后，魏晋南北朝抒情小赋大量涌现，拓展了辞赋的表现领域与表现风格。这一时期的辞赋作家往往集诗人与赋家于一身，诗赋交相影响的深化催生了一种新的辞赋形式——骈文。骈文，也称"骈体文""骈俪文"或"骈偶文"，因其常用四字、六字句，故也称"四六文"或"骈四俪六"。骈文全篇以双句为主，讲究对仗的工整和声律的铿锵。魏晋文章追新逐丽，南朝重视文翰之风，文章更加讲究对偶、声律与藻饰，骈化过程加快，表现为"俪采百字之偶，争价一句之奇"，主要代表作品有曹植的《洛神赋》、江淹的《恨赋》《别赋》，以及庾信的《哀江南赋》。

骈文以其独特的艺术魅力在中国古代散文发展历程中占有一席之地。但是，骈文过于强调对仗、声律，在有些时候使作者不得不调整内容以适应音节，这非常不利于交流和创作。而且，在六朝后期，过分骈俪化的文章空有文辞，文风绮靡而缺乏思想内容，为世人所诟病。北朝开始，就有作家针对这种浮艳绮靡的文风进行批判和反思。隋代与唐代初期，也有很多文人力图纠正这种不良倾向，但真正改变六朝浮华文风取得硕果的是唐代中期一直到北宋，其间文学家通过自己的创作实践确立了散文的新的写作规范。他们不仅重视文章的形式格调，还注重文章的内容充实，于是唐宋以后的散文创作总体上能够做到文质并重，既摆脱了先秦两汉散文过于古奥质朴、缺少艺术特质的流弊，也有力匡扶了六朝以来骈文过分轻绮浮艳的风气。在此期间，成果最突出的是韩愈、柳宗元、欧阳修、王安石、曾巩、苏洵、苏轼、苏辙八位文学家，史称"唐宋八大家"。他们在散文著作中，既批判吸收了先秦两汉文章的精神内核，又全面吸收了六朝以来骈文的艺术形式，并且确立了儒学在文章创作中正宗的主导地位，对后世有着深远的影响。

　　唐宋散文之后，值得称道的是晚明时期兴盛起来的小品文。晚明时期的小品文独抒性灵，不落俗套，彰显了晚明个性解放的时代风貌，在文学史上具有重要的意义。谈艺论文，妙趣横生；点染山水，情意盎然；言近旨远，别有寄托，充分体现了晚明小品文的艺术特色。广义的小品文可以追溯到唐宋散文小品，尤其苏轼，更被认为是晚明小品的不祧之祖。但是，作为一种新的文学潮流，晚明小品文则是当时社会生活的产物，体现了新的审美风尚，开拓了古代散文创作的新视野。晚明小品文的杰出代表作家有王思任、李流芳、陈子龙、张岱等，其中成就最高的是张岱，代表作品有《湖心亭看雪》《柳敬亭说书》《西湖七月半》《自为墓志铭》等。

　　明亡之后，清军入关，开始了中国封建王朝最后的统治。清初文学散文创作成就最高的侯方域、汪琬和魏禧，被称为"清初三大家"。其中侯方域影响最大。清廷的高压文化专制主义，也导致很多晚明遗老遗少拒绝仕清。黄宗羲、顾炎武、王夫之史称"晚明三老"，他们主张散文创作回到"言道载道"的唐宋古文传统之上，重新确立唐宋古文创作风范，代表作有顾炎武的《形势论》、王夫之的《黄书》和黄宗羲的《明夷待访录》。清中叶方苞开创桐城派，以"义理说"为指导，姚鼐、刘大奎紧随其后，追求散文创作的雅致，与科举制文相类，在思想上有利于维护理学道统，受到朝野的尊奉，使桐城派成为清代影响最大的散文派别，代表作有方苞的《狱中杂记》、姚鼐的《登泰山记》等。之后阮元、陈维崧、袁枚、汪中等以骈文为寄托，抒写才情，形成与桐城派古文对立的另一流派，使沉寂于唐宋的骈文重新兴盛。几人中以汪中成就最高，代表作为千古名篇《哀盐船文》。乾嘉之后，国势日衰，鸦片战争之后，中国进入近代社会。这时，散文创作也发生转折，前期有龚自珍呼吁变革、追求个性解放的风格瑰奇的散文，如《病梅馆记》。近代后期资产阶级改良派梁启超开创了新体散文，开启了散文界的革命，为我国散文创作由文言向白话过渡架构了桥梁，对后来新文化运动散文的革新有直接的影响。

7.2.1　"铺才逦文，体物写志"——赋与骈文

归田赋

张　衡［东汉］

　　游都邑以永久，无明略以佐时；徒临川以羡鱼，俟河清乎未期。感蔡子之慷慨，从唐生以决疑。谅天道之微昧，追渔父以同嬉；超埃尘以遐逝，与世事乎长辞。

于是仲春令月，时和气清。原隰郁茂，百草滋荣。王雎鼓翼，仓庚哀鸣；交颈颉颃，关关嘤嘤。于焉逍遥，聊以娱情。

尔乃龙吟方泽，虎啸山丘。仰飞纤缴，俯钓长流；触矢而毙，贪饵吞钩；落云间之逸禽，悬渊沉之鲿鲤。

于时曜灵俄景，系以望舒。极般游之至乐，虽日夕而忘劬；感老氏之遗诫，将回驾乎蓬庐。弹五弦之妙指，咏周孔之图书；挥翰墨以奋藻，陈三皇之轨模。苟纵心于物外，安知荣辱之所如？

【作品赏析】 东汉末期，宦官与外戚轮替擅权，国势日衰。由于文人无法融入政治中心，以宫廷游猎题材为中心的供帝王和贵族把玩的大赋失去了其生存和发展的土壤，加之士人内心对黑暗的社会政治充满愤懑之情，表达个人情感特征的抒情小赋应运而生，《归田赋》就是在这样的背景下横空出世的。在整个两汉辞赋的发展史上，《归田赋》有非常重要的地位，尤其是文中充满闲适、恬淡意境的景物描写，对后来魏晋南北朝的抒情述志小赋都有着重要影响。

赋一开篇就笼罩着个人理想抱负与社会政治生活无法相容的气氛。对世事的失望到摆脱，使作者的视野发生转向，从而发现一个清新的世界。在张衡之前，士人调节自身心理冲突更多是从"三不朽"中选择，而张衡之后，士人多了一种选择，那就是皈依自然，从自然中体验生命的意蕴，暂时摆脱世俗的烦恼。张衡之后，陶渊明的《归去来兮辞》在其基础上进一步阐述了"归去"之后的情趣，为知识分子开辟了新的精神家园。

哀江南赋序

庾　信［南北朝］

粤以戊辰之年，建亥之月，大盗移国，金陵瓦解。余乃窜身荒谷，公私涂炭；华阳奔命，有去无归。中兴道销，穷于甲戌。三日哭于都亭，三年囚于别馆。天道周星，物极不反。傅燮之但悲身世，无处求生；袁安之每念王室，自然流涕。昔桓君山之志事，杜元凯之平生，并有著书，咸能自序。潘岳之文采，始述家风；陆机之辞赋，先陈世德。信年始二毛，即逢丧乱，藐是流离，至于暮齿。《燕歌》远别，悲不自胜；楚老相逢，泣将何及。畏南山之雨，忽践秦庭；让东海之滨，遂餐周粟。下亭漂泊，高桥羁旅。楚歌非取乐之方，鲁酒无忘忧之用。追为此赋，聊以记言，不无危苦之辞，唯以悲哀为主。

日暮途远，人间何世！将军一去，大树飘零；壮士不还，寒风萧瑟。荆璧睨柱，受连城而见欺；载书横阶，捧珠盘而不定。钟仪君子，入就南冠之囚；季孙行人，留守西河之馆。申包胥之顿地，碎之以首；蔡威公之泪尽，加之以血。钓台移柳，非玉关之可望；华亭鹤唳，岂河桥之可闻！

孙策以天下为三分，众才一旅；项籍用江东之子弟，人唯八千。遂乃分裂山河，宰割天下。岂有百万义师，一朝卷甲，芟夷斩伐，如草木焉！江淮无涯岸之阻，亭壁无藩篱之固。头会箕敛者，合纵缔交；锄耰棘矜者，因利乘便。将非江表王气，终于三百年乎？是知并吞六合，不免轵道之灾；混一车书，无救平阳之祸。呜呼！山岳崩颓，既履危亡之运；春秋迭代，必有去故之悲。天意人事，可以凄怆伤心者矣！况复舟楫路穷，星汉非乘槎可上；风飙道阻，蓬莱无可到之期。穷者欲达其言，劳者须歌其事。陆士衡闻而抚掌，是所甘心；张平子见而陋之，固其宜矣！

【作品赏析】 庾信是南北朝骈文创作成就最高的作家。早期供职南朝，晚年滞留西魏，历仕北朝的经历，让他把北方文风中的浑灏刚健之气与南朝文风的绮丽清浅之气融为一体，达到了穷极南北之盛的境界。《哀江南赋》是庾信最有名的代表作。赋前的序是一篇能独立成章的骈文，交代作赋的缘由，语言精丽，意绪苍凉，也是一篇传诵千古的佳作。庾信的性格，既缺少果敢决毅，又疏于自我解脱，滞留西魏之后，亡国之哀、羁旅之愁以及正统文人道德的自责，时刻萦绕于心头，却又无法找到任何出路，只能是强自慰解。《哀江南赋序》就是对作赋抒怀背景的交代。

7.2.2　史传文学

郑伯克段于鄢

左丘明［春秋］

初，郑武公娶于申，曰武姜，生庄公及共叔段。庄公寤生，惊姜氏，故名曰"寤生"，遂恶之。爱共叔段，欲立之。亟请于武公，公弗许。

及庄公即位，为之请制。公曰："制，岩邑也，虢叔死焉，他邑唯命。"请京，使居之，谓之京城大叔。

祭仲曰："都城过百雉，国之害也。先王之制，大都，不过参国之一；中，五之一；小，九之一。今京不度，非制也，君将不堪。"公曰："姜氏欲之，焉辟害？"对曰："姜氏何厌之有！不如早为之所，无使滋蔓！蔓，难图也。蔓草犹不可除，况君之宠弟乎？"公曰："多行不义必自毙，子姑待之。"

既而大叔命西鄙北鄙贰于己。公子吕曰："国不堪贰，君将若之何？欲与大叔，臣请事之；若弗与，则请除之，无生民心。"公曰："无庸，将自及。"大叔又收贰以为己邑，至于廪延。子封曰："可矣，厚将得众。"公曰："不义不昵，厚将崩。"

大叔完聚，缮甲兵，具卒乘，将袭郑。夫人将启之。公闻其期，曰："可矣。"命子封帅车二百乘以伐京。京叛大叔段，段入于鄢。公伐诸鄢。五月辛丑，大叔出奔共。

书曰："郑伯克段于鄢。"段不弟，故不言弟。如二君，故曰克。称郑伯，讥失教也。谓之郑志，不言出奔，难之也。

遂寘姜氏于城颍，而誓之曰："不及黄泉，无相见也！"既而悔之。颍考叔为颍谷封人，闻之，有献于公。公赐之食。食舍肉。公问之，对曰："小人有母，皆尝小人之食矣，未尝君之羹，请以遗之。"公曰："尔有母遗，繄我独无！"颍考叔曰："敢问何谓也？"公语之故，且告之悔。对曰："君何患焉！若阙地及泉，隧而相见，其谁曰不然？"公从之。公入而赋："大隧之中，其乐也融融。"姜出而赋："大隧之外，其乐也泄泄。"遂为母子如初。

君子曰：颍考叔，纯孝也，爱其母，施及庄公。《诗》曰："孝子不匮，永锡尔类。"其是之谓乎！

【作品赏析】《郑伯克段于鄢》是一篇脍炙人口的佳作，其精妙之处不仅在于对春秋时代统治阶级内部权力斗争的深刻揭示，更在于作者左丘明以朴实无华的笔触巧妙地展现了人物性格与事件发展的紧密关联。文章紧紧围绕兄弟、母子间的矛盾冲突展开，通过细腻的人物言行描绘，使郑庄公的阴险狡诈、姜氏的偏心溺爱及共叔段的贪得无厌等性格特征跃然纸上。

伯夷列传

司马迁［西汉］

夫学者载籍极博，犹考信于六艺。《诗》《书》虽缺，然虞、夏之文可知也。尧将逊位，让于虞舜，舜、禹之间，岳牧咸荐，乃试之于位，典职数十年，功用既兴，然后授政。示天下重器，王者大统，传天下若斯之难也。而说者曰，尧让天下于许由，许由不受，耻之逃隐。及夏之时，有卞随、务光者。此何以称焉？太史公曰：余登箕山，其上盖有许由冢云。孔子序列古之仁圣贤人，如吴太伯、伯夷之伦详矣。余以所闻由、光义至高，其文辞不少概见，何哉？孔子曰："伯夷、叔齐，不念旧恶，怨是用希。""求仁得仁，又何怨乎？"余悲伯夷之意，睹轶诗可异焉。其传曰：伯夷、叔齐，孤竹君之二子也。父欲立叔齐，及父卒，叔齐让伯夷。伯夷曰："父命也。"遂逃去。叔齐亦不肯立而逃之。国人立其中子。于是伯夷、叔齐闻西伯昌善养老，盍往归焉。及至，西伯卒，武王载木主，号为文王，东伐纣。伯夷、叔齐叩马而谏曰："父死不葬，爰及干戈，可谓孝乎？以臣弑君，可谓仁乎？"左右欲兵之。太公曰："此义人也。"扶而去之。武王已平殷乱，天下宗周，而伯夷、叔齐耻之，义不食周粟，隐于首阳山，采薇而食之。及饿且死，作歌。其辞曰："登彼西山兮，采其薇矣。以暴易暴兮，不知其非矣。神农、虞、夏忽焉没兮，我安适归矣？于嗟徂兮，命之衰矣！"遂饿死于首阳山。由此观之，怨邪非邪？或曰："天道无亲，常与善人。"若伯夷、叔齐，可谓善人者非邪？积仁洁行如此而饿死！且七十子之徒，仲尼独荐颜渊为好学。然回也屡空，糟糠不厌，而卒蚤夭。天之报施善人，其何如哉？盗跖日杀不辜，肝人之肉，暴戾恣睢，聚党数千人，横行天下，竟以寿终。是遵何德哉？此其尤大彰明较著者也。若至近世，操行不轨，专犯忌讳，而终身逸乐，富厚累世不绝。或择地而蹈之，时然后出言，行不由径，非公正不发愤，而遇祸灾者，不可胜数也。余甚惑焉，傥所谓天道，是邪非邪？子曰："道不同，不相为谋。"亦各从其志也。故曰："富贵如可求，虽执鞭之士，吾亦为之。如不可求，从吾所好。""岁寒，然后知松柏之后凋。"举世混浊，清士乃见，岂以其重若彼，其轻若此哉？

"君子疾没世而名不称焉。"贾子曰："贪夫徇财，烈士徇名，夸者死权，众庶冯生。"同明相照，同类相求。"云从龙，风从虎，圣人作而万物睹。"伯夷、叔齐虽贤，得夫子而名益彰。颜渊虽笃学，附骥尾而行益显。岩穴之士，趣舍有时，若此类名湮灭而不称，悲夫！闾巷之人，欲砥行立名者，非附青云之士，恶能施于后世哉？

【作品赏析】 司马迁的《史记》被鲁迅称为"史家之绝唱，无韵之离骚"，其中"无韵之离骚"暗合《屈原贾生列传》中对屈原作《离骚》的评价——"盖自怨生也"。《伯夷列传》通篇充满了怀疑和怨怼，与《离骚》中屈原上下求索的纵横驰骋一脉相承。《伯夷列传》作为七十二列传的第一篇，司马迁在其中倾注了他对人生、对历史、对天道的批判和反思，隐喻了他对时代的困惑，这是《伯夷列传》发人深省之处，也是理解《史记》精神旨归的一把钥匙。司马迁曾经在《报任少卿书》中交代作《史记》的意图在于"究天人之际，通古今之变，成一家之言"。

《伯夷列传》不是主要叙述伯夷、叔齐的故事，而是通过先写尧欲禅于许由、汤欲让于卞随之事在经典正史中失载，来反映史料可能具有可疑性，然后才述说伯夷、叔齐之事，这与其他七十一篇列传是不同的。可以说，在《伯夷列传》中，司马迁重点阐述了列传的取材和章法，该篇列传可以视为列传之总论。

7.2.3　唐宋文章与明代小品

送孟东野序

韩　愈［唐代］

大凡物不得其平则鸣。草木之无声，风挠之鸣；水之无声，风荡之鸣。其跃也或激之，其趋也或梗之，其沸也或炙之。金石之无声，或击之鸣。人之于言也亦然。有不得已者而后言，其歌也有思，其哭也有怀。凡出乎口而为声者，其皆有弗平者乎！

乐也者，郁于中而泄于外也，择其善鸣者而假之鸣。金、石、丝、竹、匏、土、革、木八者，物之善鸣者也。维天之于时也亦然，择其善鸣者而假之鸣。是故以鸟鸣春，以雷鸣夏，以虫鸣秋，以风鸣冬。四时之相推敚，其必有不得其平者乎！

其于人也亦然。人声之精者为言，文辞之于言，又其精也，尤择其善鸣者而假之鸣。其在唐、虞，咎陶、禹，其善鸣者也，而假以鸣。夔弗能以文辞鸣，又自假于《韶》以鸣。夏之时，五子以其歌鸣。伊尹鸣殷，周公鸣周。凡载于《诗》《书》六艺，皆鸣之善者也。周之衰，孔子之徒鸣之，其声大而远。《传》曰："天将以夫子为木铎。"其弗信矣乎！其末也，庄周以其荒唐之辞鸣。楚，大国也，其亡也以屈原鸣。臧孙辰、孟轲、荀卿，以道鸣者也。杨朱、墨翟、管夷吾、晏婴、老聃、申不害、韩非、慎到、田骈、邹衍、尸佼、孙武、张仪、苏秦之属，皆以其术鸣。秦之兴，李斯鸣之。汉之时，司马迁、相如、扬雄，最其善鸣者也。其下魏晋氏，鸣者不及于古，然亦未尝绝也。就其善者，其声清以浮，其节数以急，其辞淫以哀，其志弛以肆。其为言也，乱杂而无章，将天丑其德莫之顾耶？何为乎不鸣其善鸣者也？

唐之有天下，陈子昂、苏源明、元结、李白、杜甫、李观，皆以其所能鸣。其存而在下者，孟郊东野始以其诗鸣，其高出魏晋，不懈而及于古，其他浸淫乎汉氏矣。从吾游者，李翱、张籍其尤也。三子者之鸣信善矣，抑不知天将和其声，而使鸣国家之盛耶？抑将穷饿其身，思愁其心肠，而使自鸣其不幸耶？三子者之命，则悬乎天矣。其在上也奚以喜，其在下也奚以悲！东野之役于江南也，有若不释然者，故吾道其命于天者以解之。

【作品赏析】　韩愈是唐代古文运动的倡导者，为唐宋八大家之首。篇名中提到的孟东野是唐代著名诗人孟郊，他是韩愈文学主张的支持者。孟郊因怀才不遇半生潦倒，50岁时才被授为溧阳县尉。本文作于他上任之际，韩愈写此赠序对他加以赞扬和宽慰。全文针对孟郊"善鸣"而终生困顿的遭遇进行论述，表面上说这是由天意决定，其实是委婉含蓄地指斥当时的社会和统治者不重视人才，同时流露出对朝廷用人不当的感慨和不满。

贾谊论

苏　轼［宋代］

非才之难，所以自用者实难。惜乎！贾生，王者之佐，而不能自用其才也。

夫君子之所取者远，则必有所待；所就者大，则必有所忍。古之贤人，皆负可致之才，而卒不能行其万一者，未必皆其时君之罪，或者其自取也。

愚观贾生之论，如其所言，虽三代何以远过？得君如汉文，犹且以不用死。然则是天下无尧、舜，终不可有所为耶？仲尼圣人，历试于天下，苟非大无道之国，皆欲勉强扶持，庶几一日得行其道。将之荆，先之以冉有，申之以子夏。君子之欲得其君，如此其勤也。孟子去齐，三宿而后出昼，犹曰："王其庶几召我。"君子之不忍弃其君，如此其厚也。公孙丑问曰："夫子何为不豫？"孟子曰："方今天下，舍我其谁哉？而吾何为不豫？"君子之爱其身，如此其至也。夫如此而不用，然后知天下果不足与有为，而可以无憾矣。若贾生者，非汉文之不能用生，生之不能用汉文也。

夫绛侯亲握天子玺而授之文帝，灌婴连兵数十万，以决刘、吕之雌雄，又皆高帝之旧将，此其君臣相得之分，岂特父子骨肉手足哉？贾生，洛阳之少年。欲使其一朝之间，尽弃其旧而谋其新，亦已难矣。为贾生者，上得其君，下得其大臣，如绛、灌之属，优游浸渍而深交之，使天子不疑，大臣不忌，然后举天下而唯吾之所欲为，不过十年，可以得志。安有立谈之间，而遽为人"痛哭"哉！观其过湘为赋以吊屈原，萦纡郁闷，趯然有远举之志。其后以自伤哭泣，至于天绝。是亦不善处穷者也。夫谋之一不见用，则安知终不复用也？不知默默以待其变，而自残至此。呜呼！贾生志大而量小，才有余而识不足也。

古之人，有高世之才，必有遗俗之累。是故非聪明睿智不惑之主，则不能全其用。古今称符坚得王猛于草茅之中，一朝尽斥去其旧臣，而与之谋。彼其匹夫略有天下之半，其以此哉！愚深悲生之志，故备论之。亦使人君得如贾生之臣，则知其有狷介之操，一不见用，则忧伤病沮，不能复振。而为贾生者，亦谨其所发哉！

【作品赏析】　苏轼的散文成就集中于赋、诔、论等多种文体，而其中胜于前人、冠代独步的当数史论文，《贾谊论》就是其中的一篇。整篇文章一共五段，段落之间虚实并济，相得益彰。该篇援引史实详略得当，且可互相印证。苏轼的散文，非常注重语言结构，而其对历史人物的评述，更强调主观因素。苏轼能透过繁芜复杂的史料，洞察其背后深刻的内涵。

柳敬亭说书

张　岱〔明末清初〕

南京柳麻子，黧黑，满面疤瘤，悠悠忽忽，土木形骸。善说书，一日说书一回，定价一两，十日前先送书帕下定，常不得空。南京一时有两行情人，王月生、柳麻子是也。

余听其说景阳冈武松打虎白文，与本传大异。其描写刻画，微入毫发，然又找截干净，并不唠叨。哱夬声如巨钟，说至筋节处，叱咤叫喊，汹汹崩屋。武松到店沽酒，店内无人，蓦地一吼，店中空缸空甓皆瓮瓮有声。闲中著色，细微至此。

主人必屏息静坐，倾耳听之，彼方掉舌，稍见下人咕哔耳语，听者欠伸有倦色，辄不言，故不得强。每至丙夜，拭桌剪灯，素瓷静递，款款言之，其疾徐轻重，吞吐抑扬，入情入理，入筋入骨，摘世上说书之耳，而使之谛听，不怕其齰舌死也。

柳麻子貌奇丑，然其口角波俏，眼目流利，衣服恬静，直与王月生同其婉娈，故其行情正等。

【作品赏析】　张岱为明末清初文学家、史学家，其最擅长散文，著有《琅嬛文集》《陶庵梦忆》《西湖梦寻》《三不朽图赞》《夜航船》《白洋潮》等。此文以不足三百字的篇幅，勾勒出柳敬亭超奇的说书本领，以奇笔描奇人，可谓相得益彰。柳敬亭本是明末一位奇人，擅长说书，他曾幕居左良玉府中，明亡后以说书抒发亡国之痛。

7.3　现当代中外散文

新文化运动拉开了中国现代文学的帷幕，继梁启超新体散文、白话文革命之后的散文创作也呈现出全新的面貌。奠定中国现代散文基石的是"二周"（周树人、周作人）与胡适，鲁迅（周树人）的散文注重抒写心路历程，周作人开创的美文成为后人美文创作的范式。其中周作人散文成就最高，他不仅致力于理论研究，还倾心于创作实践，共有 24 部散文集问世。在经过胡适的开拓、鲁迅的探索和周作人的尝试后，现代散文创作逐渐兴盛，面向社会现实写作的文学研究会应运而生，叶圣陶、冰心主张"为人生"而文学，成为新文学现实主义潮流的滥觞。朱自清的叙事散文在简约朴素的风格中隐含着醇厚的情义，成为理性哲思散文的杰出代表。

20 世纪 30 年代，在写实文学、革命文学之外，还有一个不得不提的文学流派，文学史上称之为自由主义作家群体，代表人物有林语堂、梁实秋、老舍等，他们信奉个性自由，反对政治干预文学创作。林语堂与梁实秋的小品文备受称道，以幽默与闲适著称，体现出中国人宽容与理性的智慧，梁实秋代表作品有《雅舍小品》，林语堂代表作品有散文集《生活的艺术》。老舍的京味艺术也引领着京派散文的创作，代表作品有《茶馆》。

20 世纪 30 年代成立的一个文学社团左翼作家联盟，在当时乃至后来都产生深刻的影响，在散文创作中推出一种新文体——报告文学，其强调写实记录，用社会现实入题，关注下层，代表作有夏衍的《包身工》。

新中国成立后，20世纪50年代的散文创作延续左翼作家联盟的风格，把报告文学、通讯纪实等作为散文的主体，代表作有魏巍的《谁是最可爱的人》。20世纪60年代中期涌现出三位优秀的散文家，杨朔的散文《荔枝蜜》《茶花赋》，刘白羽的散文《长江三日》，还有秦牧的散文《社稷坛抒情》，都是极具时代特色的佳作。

党的十一届三中全会后，介绍陈景润数学研究的《哥德巴赫猜想》引起了一系列的轰动效应。之后散文创作日渐活跃，20世纪80年代晚期巴金的《随想录》问世，被称为文艺性史书。20世纪90年代以后，散文在文化多元化与经济市场化的大背景下绽放异彩，大致有两种派别：一是学者化的散文，如余秋雨的《文化苦旅》；二是作家化的散文，如史铁生的《我与地坛》等。

在外国，散文是一种独立的文学样式，与诗歌、戏剧和小说并列，《大英百科全书》中称之为"非小说性散文（literature nonfictional prose）"。与中国散文相比，外国散文具有个性厚重、情愫浓郁、充满思辨和风格絮淡的特点，受到广泛的关注和推崇，在外国文学史中占有重要地位。早在古希腊、古罗马时期，散文就随着当时语言文字的产生和人们交际活动的发展而兴起。公元前6世纪，希腊历史学家提尔泰奥斯和希罗多德以文字形式记载碑文，现已失传，但早期散文的用法和观念也已形成。公元前3世纪，古罗马编年史作家赫米拉以散文笔法用拉丁文叙述古罗马历史，现也已失传。公元前106年，古罗马政治家、演说家马尔库斯·图利乌斯·西塞罗诞生，他把古罗马散文创作推向了巅峰。他晚年的小品文如《论友谊》等文采斐然，句法严谨，音韵柔和，说理透彻，这些特点为后代的欧洲散文家所继承。

16世纪，随着欧洲封建制度内逐步形成的资本主义生产关系的发展，文艺复兴运动蓬勃兴起，散文创作领域兴起了一种"私文学"，倡导用书信、日记、忏悔录等形式创作带有掩饰性的自我表白与自我剖析作品，代表人物是法国的米歇尔·德·蒙田，他创立了散文随笔（essay）这种样式。接着，英国的弗朗西斯·培根发展了随笔体，开创英国近现代散文之先河，其作品内容质朴，充满格言警句，形式短小有序。

17世纪以后，散文创作相对沉寂，其间虽有众多理论性阐述，但优秀作品不多，更多是为附和启蒙运动而创作的各种非文学性抒情散文，主要代表是美国讽刺大家马克·吐温的笔记体散文。

20世纪，两次世界大战使人们对资本主义社会的现实更加不满。这一时期，现代主义文学思潮逐渐兴起，极具反叛性和挑战性。小品、游记、传记、历史短评等的发展，使散文避免了长篇大论，催生了一系列优秀的散文作品，突出的代表人物是美国的海伦·凯勒、法国的安德烈·纪德等。

7.3.1　幽默闲适风格的散文

说乡情

林语堂

金圣叹批《西厢》，列举"不亦乐乎"三十三事。其中一条，是久客还乡之人，舍舟登陆，行渐近，渐闻本乡土音，算为人生快事之一。我来台湾，不期然而然听见乡音，自是快活。电影戏剧，女招待不期然而说出闽南话。坐既定，隔座观客，又不期然说吾闽土音。既出院，两三位女子，打扮的是西装白衣红裙，在街中走路，又不期然而然，听他们用闽南话互相揶揄，这又是何世修来的福份。

台湾观光，自多名胜，乌来瀑布、石门水库、日月潭、玄奘骨，都可领略，引人入胜。独此故乡情味，不足为外省人道也。

少居漳州和坂仔之乡，高山峻岭，令人梦寐不忘。凡人幼年所闻歌调，所见景色，所食之味，所嗅花香，类皆沁人心脾，在血脉中循环，每每触景生情，不能自已。此詹森总统所以每一二月必回故乡，尝其放牛牧马生活也。吾少居田野，认为赤足走草坡，入涧淘小虾，乃人生最满意之一刹那。及长成，西装革履，束之、缚之、拘之、屈之，由是足趾之原形已经变状，天赋灵巧，已失效用。履之为甚，其可革乎？故每痒痒，思恢复其自由，明知残朴以为器，工匠之罪，但隔靴搔痒，仍是搔不着也。适人之适，而不自适其适，人世总是如此。奈何，奈何？

我们漳州民间，穷苦者什之一，富户劣绅亦什之一，大半耕者有其田。但是生活水准，教育普遍，自不如今日之台湾。由是，每每因乡语之魔力使我疑置故乡之时，又觉骇异二事。一、这些乡民忽然都识字了。而且个个国语讲得非常纯正。这不是做梦吗？又路上行人，男男女女，一切洋装，村装妇女，我所疑为漳州妇女的，又个个打扮的那样漂亮，红红绿绿，可喜娘儿一般，与吾乡小时所见不同。由是给我一种恍然隔绝人世可遇而不可求的美梦。

以国语说乡情，在我们大不容易。漳州话 B、G 两音，连注音字母也拼不出来。beh，bah，bat（要、肉、识）就不在汉字系统中。无已，权借国语，表出乡音。

乡情宰（怎）样好　让我说给你　民风还淳厚　原来是按尼（如此）　汉唐语如此　有的尚迷离　莫问东西晋　桃源人不知　父老皆伯叔　村妪尽姑姨　地上香瓜熟　枝上红荔枝　新笋园中剥　早起（上）食谙糜（粥）　胪胘莼羹好　呒值（不比）水（田）鸡低（甜）　查母（女人）真正水（美）　郎郎（人）都秀媚　今天戴草笠　明日装入时　脱去白花袍　后天又把锄　乀（黄）昏倒的困（睡）　击壤可吟诗

【作品赏析】 中国现代散文家，以幽默与闲适著称的，林语堂绝无仅有。要想把一个内涵丰富、饱含深情的话题充分演绎，从篇幅上讲起码也要千字以上方能尽兴。然而在林语堂笔下，区区九百字，乡情这个饱含情感的深刻话题便信手拈来，让人读来顿感情趣盎然。

7.3.2　体现求索与哲思的散文

匆　匆

朱自清

燕子去了，有再来的时候；杨柳枯了，有再青的时候；桃花谢了，有再开的时候。但是，聪明的，你告诉我，我们的日子为什么一去不复返呢？——是有人偷了他们罢：那是谁？又藏在何处呢？是他们自己逃走了罢：现在又到了哪里呢？

我不知道他们给了我多少日子；但我的手确乎是渐渐空虚了。在默默里算着，八千多日子已经从我手中溜去；像针尖上一滴水滴在大海里，我的日子滴在时间的流里，没有声音，也没有影子。我不禁头涔涔而泪潸潸了。

去的尽管去了，来的尽管来着；去来的中间，又怎样地匆匆呢？早上我起来的时候，小屋里射进两三方斜斜的太阳。太阳他有脚啊，轻轻悄悄地挪移了；我也茫茫然跟着旋转。于是——洗手的时候，日子从水盆里过去；吃饭的时候，日子从饭碗里过去；默默时，便从凝然的双眼前过去。我觉察他去的匆匆了，伸出手遮挽时，他又从遮挽着的手边过去，天黑时，我躺在床上，他便伶伶俐俐地从我身上跨过，从我脚边飞去了。等我睁开眼和太阳再见，这算又溜走了一日。我掩着面叹息。但是新来的日子的影儿又开始在叹息里闪过了。

在逃去如飞的日子里，在千门万户的世界里的我能做些什么呢？只有徘徊罢了，只有匆匆罢了；在八千多日的匆匆里，除徘徊外，又剩些什么呢？过去的日子如轻烟，被微风吹散了，如薄雾，被初阳蒸融了；我留着些什么痕迹呢？我何曾留着像游丝样的痕迹呢？我赤裸裸来到这世界，转眼间也将赤裸裸地回去罢？但不能平的，为什么偏要白白走这一遭啊？

你聪明的，告诉我，我们的日子为什么一去不复返呢？

【作品赏析】　朱自清是五四运动以来最有影响的散文家之一，其散文文字风格不一，但都注重写法上的"漂亮和缜密"，曾被誉为美文的典范。《匆匆》写于 1922 年 3 月，当时五四运动正处于低潮，作者感到徘徊和无助，不知前方道路如何，但仍然不愿蹉跎岁月，虽彷徨却仍希望有所作为。《匆匆》就是在这种背景下写成的，反映了作者当时苦闷的心境。

佩波安和西格温，四季的寓言

马克·吐温

一条冻了的小河旁边，有一个老人独自坐在他的帐篷里。那是残冬的时候，他的火几乎熄灭了。他显得很老，也很凄凉。他的头发已经因年老而发白了，他全身每个关节都在发抖。时光一天又一天地在孤寂中过去了，狂风把新下的雪刮得乱飞，他除此外，什么也没有听见。

有一天，他的火正要熄灭的时候，有一个漂亮的年轻人走过来，进了他的帐篷。他的两颊泛着青春的色，显得绯红，眼睛里闪着生气勃勃的光，嘴角上挂着微笑。他用轻快的脚步走着，他的额上套着一个香草编的草环，代替武士的额带，他手里带着一束鲜花。

"啊，我的孩子！"老人说，"我看见你真高兴。进来吧！你来把你冒险的经历和你去看过的稀奇地方都告诉我。我们一同来过夜吧。我把我的威力和功绩和我所能做到的事情告诉你。你也把你的本事告诉我，我们可以借此寻乐。"

于是他从他的袋子里掏出一个制造得很精巧的旧式烟斗来装上一些掺着某种叶子，把味道变温和了的烟叶，递给他的客人。这种礼节完结之后，他们就开始谈话了。

"我呵一口气，河水就不流了，"老人说，"水变成硬的，像透明的石头那么硬。"

"我呵一口气，"年轻人说，"平原上的花就开放了。"

"我甩动我的白发，"老人还嘴说，"地上就铺满了白雪。叶子听我吩咐，从树上落下来，我一呵气，就把它们吹走了。鸟儿从水面上起来，飞到遥远的地方。兽类也躲避我的呼吸，连地面也变得像火石那么硬。"

"我甩动我的卷发，"青年人接口说，"就有一阵一阵的温暖的雨水降落到地下。植物从地上冒出头来，像孩子们的眼睛似的，闪烁着快乐的光辉。我的声音，把鸟儿唤回来。我呼出的暖气使河水解冻。凡是我走过的地头都有音乐响遍丛林，整个自然界都欢腾起来。"

后来太阳终于上升了，温和的暖意笼罩着这片地方，老人住了嘴，一声不响了，知更鸟和蓝雀开始在帐篷顶上唱起歌来。小河开始从门口潺潺地流过，发育着的花草放出一股清香，随着春风轻柔地飘荡过来。

日光使这个青年人完全看清了那位款待他的老人的面目。他一眼向他望过去，才看出他那副"佩波安"的冷冰冰的容貌。他眼睛里开始淌下一道道的泪来。太阳增加温度的时候，他的身材就越来越小，不久就完全融化了。原来他烧营火的地方，什么也没有留下，只有一些"密斯科第"，这是一种带红边的小白花，是北方植物中最早的品种之一。

【作品赏析】 佩波安是春天，西格温是冬天，马克·吐温不仅是幽默讽刺大师，更是阐述哲理的巨匠。在这篇散文里，作者运用拟人和比喻的手法，通过描写冬天作为一个垂暮老人和春天作为一个阳光青年的对话，展示了大自然周而复始、生命循环演替的自然现象。

本章小结

本章介绍了中国古典散文、现当代散文和外国现当代散文，具体阐述了中国散文的历史沿革，简单介绍了外国现当代散文的基本特点。本章还选取了中国古代散文和中外现当代散文中较为典型、具有较高审美价值的经典作品，并对这些作品进行了解读和赏析。需要强调的是，中外不同的文化背景下，散文具有迥异的特点，这也体现出了中外文化源流的差异和历史背景的不同。相比而言，中国散文更注重对伦理教化的诠释和对家国情感的抒发，而外国散文则更侧重于对个人内心情感的揭示和哲理的思索。总体而言，不论是中国散文还是外国散文，都体现了人类的终极精神追求，反映了人类对自身命运和客观世界规律的思索和探究。

本章作业

简答题

1. 《归田赋》中作者想要归隐田园的原因是什么？用文中的话怎么说？

2. 作者写《哀江南赋》的原因是什么？

3. 伯夷、叔齐饿死首阳山的原因是什么？

4. 作者认为贾谊为什么没能成功施展自己的才华？你从中得到什么启示？

5. 结合《说乡情》，试分析林语堂的幽默风格。

第8章　小说欣赏

本章主要介绍中外古典小说作品及中外现当代小说作品，在对古今中外小说的欣赏中，让学生得到人生的启示和精神的陶冶，促进学生德智体美劳全面和谐发展。

学习目标： 了解神话、史传散文与小说的关系，熟悉小说的分类与特征。欣赏唐传奇、宋元话本、明清小说及现当代中外经典小说作品的经典片段。

素养目标： 通过对小说的情节结构、叙事方式、人物形象、表现方法、语言风格等方面的审美体验，培养学生的剖析能力和品味不同语言风格的能力，以及洞察作者揭示社会生活和表达情感主张的能力，从而提高学生的审美感受能力和审美评价能力。

8.1　小说概述

小说是以刻画人物形象为中心，通过完整的故事情节和环境描写来反映社会生活的文学体裁。人物、情节、环境是小说的三要素。情节一般包括开端、发展、高潮、结局四部分，有的还包括序幕、尾声。环境包括自然环境和社会环境。小说按照篇幅及容量可分为长篇、中篇、短篇和微型小说（小小说）。按照表现的内容，小说可分为神话、科幻、公案、传奇、武侠、言情、官场等。按照体裁，小说可分为章回体小说、日记体小说、书信体小说、自传体小说。按照语言形式，小说可分为文言小说和白话小说。关于小说的起源，观点不一。我们认为，小说起源于上古时期先民虚构想象的神话传说。

8.2　神话传说

神话描写的是超自然的神祇，传说描写的是人间的英雄。神话和传说是一个民族和国家的宝贵精神财富，在文学史上有着极其重要的地位，为后世的创作提供了丰富的题材。神话往往与远古时期的生活和历史紧密关联，因而成为研究人类早期社会的重要文献资料。人类最早的故事常常是从神话开始的，神话产生在史前的远古时代，它是人类没有能力对自然现象和社会现象做出符合实际的解释的产物。神话可以说是人类早期的不自觉的艺术创作，它往往借助想象和幻想把自然和客观世界拟人化。传说的产生晚于神话，传说是把神话故事社会化、历史化。神话是把神人化，传说是把人神化，这两者之间的界限有时又很难划分。

8.2.1　中国的神话与传说

中国古代神话零星散见于众多典籍之中，其中现存最早、保存最多的是《山海经》。中国的神话与传说可以说是小说发展的胚胎期，撰写中国小说史的人必从《山海经》写起，《山海经》是既有小说性又有其他文化性质的书籍。

扫码看视频

中国人耳熟能详的《精卫填海》《夸父逐日》《鲧禹治水》《黄帝擒蚩尤》等均出自《山海经》；《女娲补天》《后羿射日》《共工怒触不周山》则见于《淮南子》。此外，《女娲造人》见于汉代的《风俗通义》，《盘古开天辟地》见于《述异记》，《夸父逐日》《愚公移山》见于《列子》。《山海经》历来被大多数人认为"荒诞不经"，但它蕴含着丰富的神魔小说因素，对后世神魔小说的影响较大。

1.《精卫填海》选自《山海经·北山经》

又北二百里，曰发鸠之山，其上多柘木。有鸟焉，其状如乌；文首、白喙、赤足，名曰"精卫"，其鸣自诙。是炎帝之少女，名曰女娃。女娃游于东海，溺而不返，故为精卫。常衔西山之木石，以堙于东海。

2.《夸父逐日》选自《山海经·海外北经》

夸父与日逐走，入日。渴，欲得饮，饮于河、渭，河、渭不足，北饮大泽。未至，道渴而死。弃其杖，化为邓林。

3.《鲧禹治水》选自《山海经·海内经》

洪水滔天，鲧窃帝之息壤以堙洪水，不待帝命。帝令祝融杀鲧于羽郊。鲧复生禹，帝乃命禹卒布土以定九州。

4.《黄帝擒蚩尤》选自《山海经·大荒北经》

蚩尤作兵，伐黄帝。黄帝乃令应龙攻之冀州之野。应龙畜水。蚩尤请风伯雨师，纵大风雨。

黄帝乃下天女曰"魃"。雨止，遂杀蚩尤。

5.《女娲补天》选自《淮南子·览冥训》

往古之时，四极废，九州裂，天不兼覆，地不周载。火爁焱而不灭，水浩洋而不息。猛兽食颛民，鸷鸟攫老弱。于是女娲炼五色石以补苍天，断鳌足以立四极，杀黑龙以济冀州，积芦灰以止淫水。苍天补，四极正，淫水涸，冀州平，狡虫死，颛民生。

6.《后羿射日》选自《淮南子·本经训》

逮至尧之时，十日并出。焦禾稼，杀草木，而民无所食。猰貐、凿齿、九婴、大风、封豨、修蛇，皆为民害。尧乃使羿诛凿齿于畴华之野，杀九婴于凶水之上，缴大风于青邱之泽，上射十日而下杀猰貐，断修蛇于洞庭，擒封豨于桑林。万民皆喜，置尧以为天子。

7.《共工怒触不周山》选自《淮南子·天文训》

昔者共工与颛顼争为帝，怒而触不周之山，天柱折，地维绝。天倾西北，故日月星辰移焉；地不满东南，故水潦尘埃归焉。

8.2.2　外国神话

希腊神话包括神的故事和半神的英雄传说两部分。希腊神话产生于原始氏族社会，成长于古代希腊人民的集体生活之中，反映了"人类社会的童年"的生活状况。希腊神话始见于荷马史诗，以及赫西俄德的《神谱》，当时已形成以宙斯为首的奥林匹斯神族统治地位，已带有社会、阶级的烙印。宙斯是众神之王，宙斯的姐姐和妻子赫拉是天后，宙斯的兄弟波塞冬是海神，哈迪斯是冥神，宙斯、波塞冬和哈迪斯三兄弟共治宇宙，宙斯的另一位姐姐得墨忒尔是农神。宙斯的子女中，阿波罗是太阳神，阿波罗的孪生妹妹阿耳忒弥斯是女猎神、月神，宙斯和赫拉的儿子阿瑞斯是战神，雅典娜是智慧女神，阿佛洛狄忒是美神和爱神，狄俄尼索斯是酒神，赫淮斯托斯是火神、锻造神。古希腊人认为人类是普罗米修斯用隐藏着天神种子的泥土捏出来的。

英雄传说源于古希腊人追忆远古时期的社会生活，怀念自己部落中曾出现的杰出首领时，因崇拜而幻想最终对其加以神化。这些英雄身上体现了整个部落的荣誉、智慧和理想。

一直到罗马共和国末期，才有诗人开始模仿希腊神话编写自己的神话，他们继承了希腊神话的神族体系，只是把希腊神话中的诸神改了名字。如宙斯改为朱庇特，赫拉改为朱诺，阿佛洛狄忒改为维纳斯，阿瑞斯改为马尔斯，阿耳忒弥斯改为狄安娜，雅典娜改为米诺娃，赫淮斯托斯改为伏尔肯，只有阿波罗的名字没有改。因此后人常常将二者合称为古希腊罗马神话。

《神谱》(节选)

赫西俄德［古希腊］

瑞亚被迫嫁给克洛诺斯为妻，为他生下了出色的子女：赫斯提亚、德墨特尔、脚穿金鞋的赫拉、冷酷无情住在地下的强大的哈迪斯、震动大地轰隆作响的波塞冬和人类与诸神之父英明的宙斯——其雷声能够震动广阔的地面。每个孩子一出世，伟大的克洛诺斯便将之吞食，以防其他某一骄傲的天空之神成为众神之王；因为克洛诺斯从群星点缀的乌兰诺斯和地神该亚那里得知，尽管他很强大，但注定要为自己的一个儿子所推翻。克洛诺斯因此提高警惕，注意观察，把自己的孩子吞到肚里。其妻瑞亚为此事悲痛不已。诸神和人类之父宙斯将要出世时，瑞亚恳求自己亲爱的父母——头戴星冠的乌兰诺斯和地神该亚，替她想个办法，以便把这个亲爱的孩子的出世瞒过，让他将来推翻强大狡猾的克洛诺斯，为天神乌兰诺斯和被吞食的孩子们报仇。他们俩爽快地听从了爱女的建议，把关于克洛诺斯及其勇敢儿子注定要发生的一切告诉了她。在她快要生下最小的儿子、强大的宙斯时，他们把她送到吕克托斯——克里特岛上的一个富庶的村社。广阔的大地从瑞亚手里接过宙斯，在广大的克里特抚养他长大。在黑夜的掩护下，地神首先带着他迅速来到吕克托斯，抱着他在森林茂密的埃该昂山中找到一处偏僻的秘密地下洞穴，将他藏在这里。之后，瑞亚把一块大石头裹在襁褓中，送给强大的统治者、天神之子、诸神之前王克洛诺斯。他接过襁褓，吞进腹中。这个倒霉的家伙！他不知道吞下去是石块，他的儿子存活下来，既没有被消灭，也没有受到威胁。这个儿子不久就要凭强力打败他，剥夺他的一切尊荣，取而代之成为众神之王。

那以后，这位王子的气力和体格迅速增长。随着时间的推移，狡猾强大的克洛诺斯被大地女神的巧妙提议所蒙骗，重新抚养这个儿子，被这个儿子用计谋和武力所征服，他首先吐出了那块最后吞下的石头。宙斯将这块石头安放在道路宽广的大地上，帕耳那索斯幽谷中风景优美的皮托，以后给凡人作为信物和奇迹。宙斯释放了天神之子他父亲的兄弟们，这些神曾被他父亲愚蠢地捆绑起来，现在他解开了他们身上可怕的绳索。他们不忘感谢他的好意，赠给他闪电和霹雳；而此前，庞大的地神曾把它们藏匿。宙斯倚靠它们统治着神灵和凡人。

8.3　中国古典小说

鲁迅在他的《中国小说的历史变迁》中谈道："至于小说，我以为倒是起于休息的。人在劳动时，既用歌吟以自娱，借它忘却劳苦了，则到休息时，亦必要寻一种事情以消遣闲暇。这种事情，就是彼此谈论故事，而这谈论故事，正就是小说的起源。"由此可见，小说产生之初就具有娱乐性质。《汉书·艺文志》小说类序中说："小说家者流，盖出于稗官。街谈巷语，道听途说者之所造也。"就是说小说是古时稗官采集一般小民所谈的小话，用来考察国之民情和地方风俗的一种文体。鲁迅称唐代以前的小说为"古小说"，以区别于唐代传奇。魏晋南北朝的志人志怪小说应是中国小说的萌芽。以刘义庆的《世说新语》为代表的志人小说和以干宝的《搜神记》为代表的志怪小说是这时期小说的代表。志怪小说强调事物的"真实"而非艺术的真实，其作者不像后来的作者借非人类的故事来反映人世间事，而是确信"阴阳残殊途，人鬼乃皆实有"，就是所谓"万有神教"。唐传奇的兴起，标志着古代短篇文言小说创作趋于成熟。尤其是开元、天宝以后，有人把小说也放在科考前的行卷里去，而且竟也可以得名，由此原先看不起写传奇的文人也纷纷开始写传奇小说，使传奇小说盛极一时。唐文人写传奇是有意识地进行小说创作，作品的现实性较强，有些还能深刻地反映社会矛盾，同时，作品的艺术性有了很大的提高，出现了沈既济的《枕中记》、陈鸿的《长恨歌传》、白行简的《李娃传》、蒋防的《霍小玉传》、元稹的《莺莺传》、李公佐的《南柯太守传》、李朝威的《柳毅传》等一大批优秀作品。因宋代理学盛行，士大夫认为传奇非含有教训，便不足道，宋代小说渐渐失去光彩。而普通百姓是要娱乐的，于是平民的小说——话本繁盛起来，这对古代短篇白话小说的成熟是一大贡献。明清时期章回体长篇小说产生，印刷技术的进步又促进了小说创作的繁荣，因而打破了正统文学一统天下的局面，具有难以取代的社会价值，代表作品有元末明初罗贯中的《三国演义》、施耐庵的《水浒传》，明代吴承恩的《西游记》、许仲琳的《封神演义》，清代蒲松龄的《聊斋志异》、吴敬梓的《儒林外史》、李汝珍的《镜花缘》、李宝喜的《官场现形记》、吴趼人的《二十年目睹之怪现状》、曾朴的《孽海花》、刘鹗的《老残游记》、石玉昆的《三侠五义》、曹雪芹的《红楼梦》等。

8.3.1　公案与侠义小说

《龙图公案》第四十九回　割牛舌

安遇时［明代］

　　话说包公守开封府时，有姓刘名全者，住在城东小羊村，务农为业。一日，耕田回来，复后再去，但见耕牛满口带血，气喘而行。刘全详看一番。乃知牛舌为人割去。全写状告于包公道：

　　告为杀命事：农靠耕，耕靠牛，牛无舌，耕不得，遭割去，如杀命。乞追上告。

　　包公看了状词，因细思之，遂问刘全："你与邻里何人有仇？"全无言对，但告："望相公作主。"包公以钱五百贯与他，令归家将牛宰杀，以肉分卖四邻，若取得肉钱，可将此钱添买牛耕作。刘全不敢受，包公必要与之，全受之而去。包公随即具榜张挂：倘有私宰耕牛，有人捕捉者，官给赏钱三百贯。刘全归家，遂令一屠开剥其牛，将肉分卖与邻里。其东邻有卜安者，与刘全有旧仇，扯住刘全道："今府衙前有榜，赏钱三百贯给捕捉私宰耕牛者不误。你今敢宰杀么？"随即缚住刘全，要同去见包公，按下不题。

　　却说包公，是夜睡至三更得一梦，忽见一巡官带领一女子乘鞍，手持一刀，有千个口，道是丑生人，言讫不见。觉来思量，竟不得明。次日早间升厅问事，值卜安来诉刘全杀牛之事。包公思念夜来之梦，与此事恰相符合。巡官想是卜字，女子乘鞍乃是安字，持刀割也，千个口舌也，丑生牛也。卜安与刘全必有冤仇，前日割牛舌者必此人也，故今日来诉刘全杀牛。随即将卜安入狱根勘，狱吏取出刑具，置于卜安面前道："从实招认，免受苦楚。"卜安惧怕，不得已招认，因与刘全借柴薪不肯，因致此恨，于七月十三日晚，见刘全牛在坡中吃草，遂将牛舌割了。狱吏审实，次日呈于包公，遂将卜安依律断决，长枷号令一个月，批道：审得卜安，乃刘全之仇人也。挟仇害无知之物，心则何忍；割舌伤有用之畜，情则更恶。教宰牛而旋禁，略施巧术；分卖肉而来首，自谓中机。岂知令行禁违，情有深意。正是使心用心，反累其身。姑念乡愚，杖惩枷傲。

批完，众皆服包公神见。

【作品赏析】《龙图公案》是中国第一部短篇公案小说集。它的题材或来自民间传说，或采自史料，或吸收曲艺精华，或取自时事近作，内容大都是包公明断谋财害命、仗势凌人及奸盗诈骗等案。本章所选文本着力刻画包公断案的神奇与公正，塑造了一个刚直正义的清官形象，故事情节较为生动曲折。

《三侠五义》第四十四回（节选）

石玉昆［清代］

王马二人先到了开封府，见了展爷、公孙先生，便将此事说明。公孙策尚未开言。展爷忙问道："这军官是何形色？"王马二人将脸盘儿身量儿说了一番。展爷听了大喜，道："如此说来，别是他罢？"对着公孙先生伸出大指。公孙策道："既如此，少时此案解来，先在外班房等候，悄悄叫展兄看看。若要不是那人，也就罢了。倘若是那人冒名，展兄不妨直呼其名，使他不好改口。"众人听了，俱各称善。

王马二人又找了包兴，来到书房，回禀了包公，深赞张大的品貌，行事豪侠。包公听了，虽不是寄柬留刀之人，或者由这人身上也可以追出那人的下落，心中也自暗暗忖度。王马又将公孙策先生叫南侠偷看，也回明了。包公点了点头，二人出来。

不多时，此案解到，俱在外班房等候。王马二人先换了衣服，前往班房，见放着帘子。随后展爷已到，便掀起帘缝一瞧，不由得满心欢喜，对着王马二人悄悄道："果然是他。妙极，妙极！"王马二人连忙问道："此人是谁？"展爷道："贤弟休问。等我进去呼出姓名，二位便知。二位贤弟即随我进来。劣兄给你们彼此一引见，他也不能改口了。"王马二人领命。

展爷一掀帘子，进来道："小弟打量是谁？原来是卢方兄到了。久违呀，久违！"说着，王马二人进来。展爷给引见道："二位贤弟不认得么？此位便是陷空岛卢家庄，号称钻天鼠名卢方的卢大员外。二位贤弟快来见礼。"王马急速上前。展爷又向卢方道："卢兄，这便是开封府四义士之中的王朝马汉两位老弟。"三个人彼此执手作揖。卢方到了此时，也不能说我是张大，不是姓卢的。人家连家乡住处俱各说明，还隐瞒甚么呢？

卢方反倒问展爷道："足下何人？为何知道卢方的贱名。"展爷道："小弟名唤展昭。曾在茉花村芦花荡为邓彪之事，小弟见过尊兄，终日渴想至甚。不想今日幸会。"卢方听了，方才知道便是号称御猫的南侠。他见展爷人品气度和蔼之甚，毫无自满之意，便想起五弟任意胡为，全是自寻苦恼，不觉暗暗感叹。面上却陪着笑道："原来是展老爷。就是这二位老爷，方才在庙上多承垂青睐顾，我卢方感之不尽。"三人听了，不觉哈哈大笑道："卢兄太外道了，何得以老爷相呼？显见得我等不堪为弟了。"卢方道："三位老爷太言重了。一来三位现居皇家护卫之职，二来卢方刻下乃人命重犯，何敢以兄弟相称？岂不是太不知自量了么？"展爷道："卢兄过于能言了。"王马二人道："此处不是讲话的所在，请卢兄到后面一叙。"卢方道："犯人尚未过堂，如何敢蒙此厚待？断难从命。"展爷道："卢兄放心，全在小弟等身上。请到后面，还有众人等着要与老兄会面。"卢方不能推辞，只得随着三人来到后面公厅，早见张赵公孙三位降阶相迎。展爷便一一引见，欢若平生。

来到屋内，大家让卢方上坐。卢方断断不肯，总以犯人自居，理当侍立，能縠不罚跪，足见高情。大家那里肯依。还是楞爷赵虎道："彼此见了，放着话不说，且自闹这些个虚套子。卢大哥，你是远来，你就上面坐。"说着，把卢方拉至首座。卢方见此光景，只得从权坐下。王朝道："还是四弟爽快。再者卢兄从此甚么犯人咧，老爷咧，也要免免才好，省得闹得人怪肉麻的。"卢方道："既是众位兄台抬爱，拿我卢某当个人看待。我卢方便从命了。"左右伴当献茶已毕。还是卢方先提起花神庙之事。王马二人道："我等俱在相爷台前回明。小弟二人便是证见。凡事有理，断不能难为我兄。"只见公孙先生和展爷，彼此告过失陪，出了公所，往书房去了。

【作品赏析】《三侠五义》是古典长篇侠义公案小说的经典之作，堪称中国武侠小说的开山鼻祖。同时，它作为中国第一部真正意义上的武侠小说，对中国近代评书曲艺、武侠小说乃至文学艺术的内容都产生了深远的影响。《三侠五义》叙写北宋仁宗年间，包拯在众位侠义之士的帮助下审奇案、平冤狱，以及众侠义之士除暴安良、行侠仗义的故事。书中塑造了一位铁面无私、不畏权势的清官形象，充分体现了底层人民的愿望，在一定程度上暴露了封建统治的黑暗，表现了人民群众的斗争精神。书中穿插了大量侠客路见不平、拔刀相助的正义行为，表现出他们侠之大者、为国为民的本质。本章所选文本刻画了以展昭为首的侠士群像，他们仗义疏财、急公好义、重诺轻生、为国为民，人物描写鲜活，个性鲜明。

8.3.2　演义与神魔小说

《西游记》第二十七回（节选）

吴承恩［明代］

三藏一见，连忙跳起身来，合掌当胸道："女菩萨，你府上在何处住？是甚人家？有甚愿心，来此斋僧？"——分明是个妖精，那长老也不认得。——那妖精见唐僧问他来历，他立地就起个虚情，花言巧语，来赚哄道："师父，此山叫做蛇回兽怕的白虎岭，正西下面是我家。我父母在堂，看经好善，广斋方上远近僧人，只因无子，求福作福，生了奴奴，欲扳门第，配嫁他人，又恐老来无倚，只得将奴招了一个女婿，养老送终。"三藏闻言道："女菩萨，你语言差了。圣经云：'父母在，不远游，游必有方。'你既有父母在堂，又与你招了女婿，——有愿心，教你男子还便也罢，怎么自家在山行走？又没个侍儿随从，这个是不遵妇道了。"那女子笑吟吟，忙陪俏语道："师父，我丈夫在山北凹里，带几个客子锄田。这是奴奴煮的午饭，送与那些人吃的。只为五黄六月，无人使唤，父母又年老，所以亲身来送。忽遇三位远来，却思父母好善，故将此饭斋僧，如不弃嫌，愿表芹献。"三藏道："善哉，善哉！我有徒弟摘果子去了，就来，我不敢吃。假如我和尚吃了你饭，你丈夫晓得，骂你，却不罪坐贫僧也？"那女子见唐僧不肯吃，却又满面春生道："师父啊，我父母斋僧，还是小可，我丈夫更是个善人，一生好的是修桥补路，爱老怜贫。但听见说这饭送与师父吃了，他与我夫妻情上，比寻常更是不同。"三藏也只是不吃，旁边子恼坏了八戒。那呆子努着嘴，口里埋怨道："天下和尚也无数，不曾像我这个老和尚罢软！现成的饭，三分儿倒不吃，只等那猴子来，做四分才吃！"他不容分说，一嘴把个罐子拱倒，就要动口。

只见那行者自南山顶上，摘了几个桃子，托着钵盂，一筋斗，点将回来。睁火眼金睛观看，认得那女子是个妖精，放下钵盂，掣铁棒当头就打。唬得个长老用手扯住道："悟空！你走将来打谁？"行者道："师父，你面前这个女子，莫当做个好人。他是个妖精，要来骗你哩。"三藏道："你这猴头，当时倒也有些眼力，今日如何乱道！这女菩萨有此善心，将这饭要斋我等，你怎么说他是个妖精？"行者笑道："师父，你那里认得！老孙在水帘洞里做妖魔时，若想人肉吃，便是这等：或变金银，或变庄台，或变醉人，或变女色。有那等痴心的爱上我，我就迷他到洞里，尽意随心，或蒸或煮受用。吃不了，还要晒干了防天阴哩！师父，我若来迟，你定入他套子，遭他毒手！"那唐僧那里肯信，只说是个好人。

【作品赏析】 《西游记》为明代小说家吴承恩所著，取材于《大唐西域记》和民间传说、元杂剧。宋代《大唐三藏取经诗话》是西游记故事见于文字的雏形，其中，唐僧就是以玄奘法师为原型的。《西游记》深刻地描绘了当时的社会现实，是魔幻现实主义的开山之作。作品先写了孙悟空出世，然后遇见了唐僧、猪八戒、沙和尚三人，主要描写了孙悟空、猪八戒、沙和尚三人保护唐僧西行取经，唐僧从投胎到取经受了九九八十一难，一路降妖伏魔、九九归一，终于到达西天见到如来佛祖，最终五圣成真的故事。本选段内容为唐僧师徒四人为取真经行至白虎岭前，在白虎岭住着一个尸魔白骨精。为了吃唐僧肉，白骨精先后变化为村姑、妇人，全被孙悟空识破。但唐僧却不辨人妖，反而责怪孙悟空恣意行凶，连伤母女两命，违反戒律。第三次，白骨精变成白发老公公又被孙悟空识破，唐僧写下贬书，将孙悟空赶回了花果山。文本生动塑造了孙悟空除恶务尽、英勇善战、机智勇敢、坚持正义、仁义忠诚、敢作敢为、身手不凡、斩妖除魔的英雄形象。

8.3.3　世情与爱情小说

《儒林外史》第五回（节选）

吴敬梓［清代］

一晚，赵氏出去了一会儿，不见进来。王氏问丫鬟道："赵家的那里去了？"丫鬟道："新娘每夜摆个香桌在天井里，哭求天地。他仍要替奶奶，保佑奶奶就好。今夜看见奶奶病重，所以早些出去拜求。"王氏听了，似信不信。次日晚间，赵氏又哭着讲这些话。王氏道："何不向你爷说，明日我若死了，就把你扶正做个填房？"赵氏忙请爷进来，把奶奶的话说了。严致和听了这一番话，连三说道："既然如此，明日清早就要请二位舅爷说定此事，才有凭据。"王氏摇手道："这个也随你们怎样做去。"

严致和就叫人极早请了舅爷来，看了药方，商议再请名医。说罢，让进房内坐着。严致和把王氏如此这般意思说了，又道："老舅可亲自问声令妹。"两人走到床前，王氏已是不能言语了，把手指着孩子，点了一点头。两位舅爷看了，把脸木丧着，不则一声。须臾，让到书房里用饭，彼此不提这话。吃罢，又请到一间密屋里。严致和说起王氏病重，吊下泪来，道："你令妹自到舍下二十年，真是弟的内助！如今丢了我，怎生是好？前日还向我说，岳父、岳母的坟也要修理。他自己积的一点东西，留与二位老舅，做个遗念。"因把小厮都叫出去，开了一张橱，拿出两封银子来，每位一百两，递与二位："老舅休嫌轻意！"二位双手来接。严致和又道："却是不可多心。将来要备祭桌，破费钱财，都是我这里备齐，请老舅来行礼。明日还拿轿子接两位舅奶奶来，令妹还有些首饰，留为遗念。"交毕，仍旧出来坐着。

外边有人来候，严致和去陪客人去了。回来见二位舅爷哭得眼红红的。王仁道："方才同家兄在这里说，舍妹真是女中丈夫，可谓王门有幸。方才这一番话，恐怕老妹丈胸中，也没有这样道理，还要恍恍忽忽，疑惑不清，枉为男子。"王德道："你不知道，你这一位如夫人关系你家三代。舍妹没了，你若另娶一人，磨害死了我的外甥，老伯、老伯母在天不安，就是先父母也不安了。"王仁拍着桌子道："我们念书的人，全在纲常上做工夫，就是做文章，代孔子说话，也不过是这个理。你若不依，我们就不上门了！"严致和道："恐怕寒族多话。"两位道："有我两人做主。但这事须要大做。妹丈，你再出几两银子，明日只做我两人出的，备十几席，将三党亲都请到了，趁舍妹眼见，你两口子同拜天地祖宗，立为正室，谁人再敢放屁！"严致和又拿出五十两银子来交与，二位义形于色去了。

【作品赏析】《儒林外史》以写实主义描绘各类人士面对"功名富贵"的不同表现，一方面真实地揭示了人性被腐蚀的过程和原因，从而对当时吏治的腐败、科举的弊端、礼教的虚伪等进行了深刻的批判和嘲讽，另一方面热情地歌颂了少数人物以坚持自我的方式所做的对于人性的守护，从而寄寓了作者的理想。作品对白话文的运用已趋纯熟自如，对人物性格的刻画也颇为深入细腻，采用了高超的讽刺手法，代表着中国古代讽刺小说的高峰。所选文本中的主人公严监生为"中国四大吝啬鬼"之一。通过扶正侧室赵氏这一情节，作品嘲讽了时人假称仁义道德，实则利欲熏心的流弊。

《红楼梦》第三十二回（节选）

曹雪芹［清代］

正说着，有人来回说："兴隆街的大爷来了，老爷叫二爷出去会。"宝玉听了，便知是贾雨村来了，心中好不自在。袭人忙去拿衣服。宝玉一面蹬着靴子，一面抱怨道："有老爷和他坐着就罢了，回回定要见我。"史湘云一边摇着扇子，笑道："自然你能会宾接客，老爷才叫你出去呢。"宝玉道："那里是老爷，都是他自己要请我去见的。"湘云笑道："主雅客来勤，自然你有些警他的好处，他才只要会你。"宝玉道："罢，罢，我也不敢称雅，俗中又俗的一个俗人，并不愿同这些人往来。"

湘云笑道："还是这个情性不改。如今大了，你就不愿读书去考举人进士的，也该常常的会会这些为官做宰的人们，谈谈讲讲些仕途经济的学问，也好将来应酬事务，日后也有个朋友。没见你成年家只在我们队里搅些什么！"宝玉听了道："姑娘请别的姊妹屋里坐坐，我这里仔细污了你知经济学问的。"袭人道："云姑娘快别说这话。上回也是宝姑娘也说过一回，他也不管人脸上过的去过不去，他就咳了一声，拿起脚来走了。这里宝姑娘的话也没说完，见他走了，登时羞的脸通红，说又不是，不说又不是。幸而是宝姑娘，那要是林姑娘，不知又闹到怎么样，哭的怎么样呢。提起这个话来，真真的宝姑娘叫人敬重，自己讪了一会子去了。我倒过不去，只当他恼了。谁知过后还是照旧一样，真真有涵养，心地宽大。谁知这一个反倒同他生分了。那林姑娘见你赌气不理他，你得赔多少不是呢。"宝玉道："林姑娘从来说过这些混账话不曾？若他也说过这些混账话，我早和他生分了。"袭人和湘云都点头笑道："这原是混账话。"

原来林黛玉知道史湘云在这里，宝玉又赶来，一定说麒麟的原故。因此心下忖度着，近日宝玉弄来的外传野史，多半才子佳人都因小巧玩物上撮合，或有鸳鸯，或有凤凰，或玉环金珮，或鲛帕鸾绦，皆由小物而遂终身。今忽见宝玉亦有麒麟，便恐借此生隙，同史湘云也做出那些风流佳事来。因而悄悄走来，见机行事，以察二人之意。不想刚走来，正听见史湘云说经济一事，宝玉又说："林妹妹不说这样混账话，若说这话，我也和他生分了。"

林黛玉听了这话，不觉又喜又惊，又悲又叹。所喜者，果然自己眼力不错，素日认他是个知己，果然是个知己。所惊者，他在人前一片私心称扬于我，其亲热厚密，竟不避嫌疑。所叹者，你既为我之知己，自然我亦可为你之知己矣，既你我为知己，则又何必有金玉之论哉；既有金玉之论，亦该你我有之，则又何必来一宝钗哉！所悲者，父母早逝，虽有铭心刻骨之言，无人为我主张。况近日每觉神思恍惚，病已渐成，医者更云气弱血亏，恐致劳怯之症。你我虽为知己，但恐自不能久待；你纵为我知己，奈我薄命何！想到此间，不禁滚下泪来。

【作品赏析】《红楼梦》原名《石头记》，是章回体长篇小说，被视为中国古典长篇小说四大名著之首。《红楼梦》是一部具有高度思想性和艺术性的伟大作品，它系统展现了中国封建社会的文化、制度，对封建社会的各个方面进行了深刻的批判，并且提出了朦胧的带有初步民主主义性质的理想和主张。这些理想和主张正是当时正在滋长的资本主义经济萌芽因素的曲折反映。

选段中黛玉与宝玉性情相投、真心相爱，但贾府里的"金玉良缘"之说，给宝黛的爱情历程增加了相当的复杂性与曲折性，同时也是对宝黛爱情的极大考验。而来自史湘云的麒麟之说，不但再次丰富了宝黛爱情的情节，也让黛玉完全明白了宝玉对她一心一意的真情。文本重在展示林黛玉的内心活动——她为自己素日没有错认宝玉为知己，为宝玉能在人前亲热厚密、不避嫌疑地称赞她而惊喜。文本将林黛玉的心理活动描摹得十分丰富生动，人物个性跃然纸上，呼之欲出。

8.4 外国古典小说

神话传说同样是外国小说的源头，英雄史诗是外国小说的雏形。《伊索寓言》是世界上最早的寓言故事集，相传由公元前6世纪古希腊的奴隶伊索所作，其中大多是动物的故事，作者赋予它们以人的语言和思想，每则寓言都要阐明一种道理或观点，发人深省。文艺复兴时期意大利乔万尼·薄伽丘的《十日谈》是欧洲文学史上第一部现实主义作品，它揭露、批判了罗马教会的腐败和僧侣的伪善、堕落、贪婪，肯定了人的本性，强调追求现世幸福的权利，提出人与人平等的思想。法国弗朗索瓦·拉伯雷的《巨人传》是欧洲第一部长篇小说，是人文主义精神的具体表现。西班牙塞万提斯·萨维德拉的《堂吉诃德》体现了 16 世纪西班牙文学的最高成就。18 世纪欧洲启蒙主义小说代表作品有英国丹尼尔·笛福的《鲁宾逊漂流记》，乔纳森·斯威夫特的《格列佛游记》；法国让 – 雅克·维克多·卢梭的《爱弥儿》《忏悔录》；德国歌德的《少年维特之烦恼》，埃贡·席勒的《强盗》等。19 世纪浪漫主义小说代表作品有法国维克多·雨果的《悲惨世界》《巴黎圣母院》《笑面人》，亚历山大·仲马的《基督山伯爵》《三个火枪手》，乔治·桑的《魔沼》《安吉堡的磨工》；英国简·奥斯丁的《傲慢与偏见》《理智与感伤》《爱玛》，艾米莉·勃朗特的《呼啸山庄》；俄国伊凡·谢尔盖耶维奇·屠格涅夫的《罗亭》《贵族之家》《前夜》，普希金的《上尉的女儿》等。19 世纪批判现实主义小说代表作品有法国居斯塔夫·福楼拜的《包法利夫人》，奥诺雷·德·巴尔扎克的《人间喜剧》，马里 - 亨利·贝尔（笔名司汤达）的《红与黑》，居伊·德·莫泊桑的《羊脂球》；英国查尔斯·狄更斯的《艰难时世》《双城记》《大卫·科波菲尔》，夏洛蒂·勃朗特的《简·爱》，托马斯·哈代的《德伯家的苔丝》《无名的裘德》；美国纳撒尼尔·霍桑的《红字》，哈丽叶特·比切·斯托的《汤姆叔叔的小屋》，马克·吐温的《汤姆·索亚历险记》；俄国尼古莱·瓦西里耶维奇·果戈理的《死魂灵》，尼古拉·加夫里诺维奇·车尔尼雪夫斯基的《怎么办？》，列夫·尼古拉耶维奇·托尔斯泰的《安娜·卡列尼娜》《复活》，安东·巴甫洛维奇·契诃夫的《变色龙》等。东方文学有日本紫式部的《源氏物语》，阿拉伯的《天方夜谭》。

8.5　现当代中外小说

8.5.1　概述

中国现当代小说是 1919 年新文化运动至 1949 年中华人民共和国成立时期的现代小说和 1949 年至今的当代小说的合称。中国现代小说继承了古典小说创作的优良传统，借鉴西方小说创作的宝贵经验，随着新文化运动而产生和发展，具有鲜明的现实主义色彩。鲁迅在五四运动爆发前夕，创作出中国现代文学的第一篇白话小说《狂人日记》，继而完成《呐喊》和《彷徨》两部小说集，被称为"现代小说之父"。此后王统照的《沉思》，丁玲的《莎菲女士的日记》、叶圣陶的《倪焕之》等相继问世，丰富和繁荣了新文学小说创作。1930 年中国左翼作家联盟成立，一批左翼作家和小说出现于文坛，其中茅盾的《子夜》《林家铺子》《春蚕》就是当时的代表作。20 世纪 30 年代，现代小说领域先后涌现出一批优秀作品，如沈从文的《边城》，巴金的《家》《春》《秋》，老舍的《四世同堂》《骆驼祥子》，钱钟书的《围城》等。延安解放区出现了赵树理的《小二黑结婚》《李有才板话》，丁玲的《太阳照在桑干河上》，周立波的《暴风骤雨》，孙犁的《荷花淀》等优秀革命文学作品。抗日战争时期，在上海的张爱玲也写出了《金锁记》《倾城之恋》等作品。中华人民共和国成立后，当代小说创作掀起一个高潮，代表作品有杜鹏程的《保卫延安》，杨沫的《青春之歌》，曲波的《林海雪原》，吴强的《红日》，欧阳山的《三家巷》等。之后文坛上先后出现了"反思小说""改革小说""寻根小说""市井乡土小说""先锋小说""新写实小说"等。20 世纪 90 年代，中国小说更是进入了多元化并存的阶段，"新生代小说"成为这一时期的代名词。

进入 20 世纪，西方文学可谓异彩纷呈，现实主义渐渐衰退，相继出现了表现主义、超现实主义、意识流、存在主义等流派。现实主义代表作品有美国欧内斯特·米勒尔·海明威的《老人与海》《永别了，武器》，德国埃里希·玛利亚·雷马克的《西线无战事》；社会主义文学代表作品有高尔基的《母亲》，米哈依尔·肖洛霍夫的《静静的顿河》，尼古拉·阿列克谢耶维奇·奥斯特洛夫斯基的《钢铁是怎样炼成的》；表现主义代表作品有奥地利弗兰兹·卡夫卡的《变形记》；意识流代表作品有爱尔兰詹姆斯·乔伊斯的《尤利西斯》；法国超现实主义代表作品有路易·阿拉贡的《共产党人》；存在主义代表作品有法国阿尔贝·加缪的《局外人》等。魔幻现实主义是 20 世纪 50 年代在拉丁美洲兴盛起来的一种文学流派，此后成为拉美小说创作的主流，代表作品有哥伦比亚的加西亚·马尔克斯的《百年孤独》。

8.5.2　中国现当代小说作品赏析

《围城》（第三章节选）

钱钟书

鸿渐道："董先生不愧系出名门！今天听到不少掌故。"

慎明把夹鼻眼镜按一下，咳声嗽，说："方先生，你那时候问我什么一句话？"

鸿渐糊涂道："什么时候？"

"苏小姐还没来的时候，"——鸿渐记不起——"你好像问我研究什么哲学问题，对不对？"对这个照例的问题，褚慎明有个刻板的回答，那时候因为苏小姐还没来，所以他留到现在表演。

"对，对。"

"这句话严格分析起来，有点毛病。哲学家碰见问题，第一步研究问题：这成不成问题，不成问题的是假问题 pesudo question，不用解决，也不可解决。假使成问题呢，第二步研究解决，相传的解决正确不正确，要不要修正。你的意思恐怕不是问我研究什么问题，而是问我研究什么问题的解决。"

方鸿渐惊奇，董斜川厌倦，苏小姐迷惑，赵辛楣大声道："妙，分析得真精细，了不得！了不得！鸿渐兄，你虽然研究哲学，今天也甘拜下风了，听了这样好的议论，大家得干一杯。"

鸿渐经不起辛楣苦劝，勉强喝了两口，说："辛楣兄，我只在哲学系混了一年，看了几本指定参考书。在褚先生前面只能虚心领教做学生。"

褚慎明道："岂敢，岂敢！听方先生的话好像把一个个哲学家为单位，来看他们的著作。这只算研究哲学家，至多是研究哲学史，算不得研究哲学。充乎其量，不过做个哲学教授，不能成为哲学家。我喜欢用自己的头脑，不喜欢用人家的头脑来思想。科学文学的书我都看，可是非万不得已决不看哲学书。现在许多号称哲学家的人，并非真研究哲学，只研究些哲学上的人物文献。严格讲起来，他们不该叫哲学家 philosophers，该叫'哲学家学家'philophilosophers。"

鸿渐说："philophilosophers 这个字很妙，是不是先生用自己头脑想出来的？"

"这个字是有人在什么书上看见了告诉 Bertie，Bertie 告诉我的。"

"谁是 Bertie？"

"就是罗素了。"

世界有名的哲学家，新袭勋爵，而褚慎明跟他亲狎得叫他乳名，连董斜川都美服了，便说："你跟罗素很熟？"

"还够得上朋友，承他瞧得起，请我帮他解答许多问题。"天知道褚慎明并没吹牛，罗素确问过他什么时候到英国，有什么计划，茶里要搁几块糖这一类非他自己不能解决的问题——"方先生，你对数理逻辑用过功没有？"

"我知道这东西太难了，从没学过。"

"这话有语病，你没学过，怎会'知道'它难呢？你的意思是：'听说这东西太难了。'"

辛楣正要说"鸿渐兄输了，罚一杯"，苏小姐为鸿渐不服气道："褚先生可真精明厉害哪！吓得我口都不敢开了。"

慎明说："不开口没有用，心里的思想照样的混乱不合逻辑，这病根还没有去掉。"

苏小姐撅嘴道："你太可怕了！我们心里的自由你都要剥夺了。我瞧你就没本领钻到人心里去。"

褚慎明有生以来，美貌少女跟他讲"心"，今天是第一次。他非常激动，夹鼻眼镜泼剌一声直掉在牛奶杯子里，溅得衣服上桌布上都是奶，苏小姐胳膊上也沾润了几滴。大家忍不住笑。赵辛楣捺电铃叫跑堂来收拾。苏小姐不敢皱眉，轻快地拿手帕抹去手臂上的飞沫。褚慎明红着脸，把眼镜擦干，幸而没破，可是他不肯戴上，怕看清了大家脸上逗留的余笑。

董斜川道："好，好，虽然'马前泼水'，居然'破镜重圆'，慎明兄将来的婚姻一定离合悲欢，大有可观。"

辛楣道："大家干一杯，预敬我们大哲学家未来的好太太。方先生，半杯也喝半杯。"——辛楣不知道大哲学家从来没有娶过好太太，苏格拉底的太太就是泼妇，褚慎明的好朋友罗素也离了好几次婚。

鸿渐果然说道："希望褚先生别像罗素那样的三四次离婚。"

慎明板着脸道："这就是你所学的哲学！"苏小姐道："鸿渐，我看你醉了，眼睛都红了。"斜川笑得前仰后合。辛楣嚷道："岂有此理！说这种话非罚一杯不可！"本来敬一杯，鸿渐只需喝一两口，现在罚一杯，鸿渐自知理屈，挨了下去，渐渐觉得另有一个自己离开了身子在说话。

慎明道："关于 Bertie 结婚离婚的事，我也和他谈过。他引一句英国古话，说结婚仿佛金漆的鸟笼，笼子外面的鸟想住进去，笼内的鸟想飞出来；所以结而离，离而结，没有了局。"

苏小姐道："法国也有这么一句话。不过，不说是鸟笼，说是被围困的城堡 fortress eassiegee，城外的人想冲进去，城里的人想逃出来。鸿渐，是不是？"鸿渐摇头表示不知道。

辛楣道："这不用问，你还会错吗！"

【作品赏析】《围城》是中国现代文学史上一部风格独特的讽刺小说。作者在小说中刻画了一大批 20 世纪三四十年代的知识分子形象。他们游离于当时的抗日烽火之外，虽然都是留学归来，受到了西方文化的熏陶，但他们没有远大的理想，又缺乏同传统势力和思想斗争的勇气，结果甚至无法把握自己的生活。选文以幽默睿智的口吻，不动声色地嘲讽了这类人物。像主人公方鸿渐，"冷若冰霜、艳若桃李"的苏文纨，庸俗贪财的学术骗子李梅亭，柔顺之下深藏心机的孙柔嘉……作者以机智的幽默和温情的讽刺，剖析了这群人个性与道德上的弱点，揭示了他们的精神困境，所以有人评论《围城》是"现代的《儒林外史》"。另外，作者通过对方鸿渐经历的叙述，传达出自己对于生活的思考。要理解这层意蕴，需要首先了解"围城"的含义，作品在人物的对话中做了提示。

本章小结

本章重点介绍了小说的要素、特征与类型，通过古今中外小说作品的呈现与赏析，来展示小说这一艺术形式的独特魅力。需要注意的是，不同文化背景与历史阶段产生的小说差异较大。中国传统小说注重人物行动、语言和细节的描写，在矛盾冲突中展示人物形象，但人物性格单一，缺少变化，缺乏主体感。西方小说则多注重人物的心理描写，强调挖掘人物内心的潜意识，善于写出丰满、变化、主体感强的人物。中国小说较西方小说情节更加曲折，故事更为完整。情节曲折、故事完整是中国小说独特的艺术传统。魏晋南北朝的志人志怪小说就具有曲折生动的特点。唐传奇中许多名篇的布局异常宏伟、严谨而巧妙，故事情节发展富有戏剧性。明清的长篇小说内容参差错落，波澜起伏，结构缜密，浑然一体。西方小说于情节方面出众的作品虽也不少，但终不能与中国小说相比较。中国小说语言简练生动，西方小说内容丰富翔实。中国小说吸收了民间艺人的语言，同时继承了古代散文的优良传统，常常寥寥数语便能勾勒出事件、人物。西方小说中包含着作者广博的知识，涉及社会许多方面，因而内容丰富翔实，人们可以从中获得许多领域的知识。在进行赏析的时候，我们应理解这些差异的存在，而不应武断地进行孰高孰低的评判。

本章作业

一、填空题

小说根据篇幅可以划分为＿＿＿＿＿＿、＿＿＿＿＿＿、＿＿＿＿＿＿和＿＿＿＿＿＿。小说三要素是＿＿＿＿＿＿、＿＿＿＿＿＿、＿＿＿＿＿＿，小说情节发展的四个阶段是＿＿＿＿＿＿、＿＿＿＿＿＿、＿＿＿＿＿＿、＿＿＿＿＿＿。

二、选择题

下列不属于 19 世纪批判现实主义小说代表作品的是（　　　）。

A. 法国司汤达的《红与黑》　　　　　B. 英国狄更斯的《艰难时世》

C. 美国霍桑的《红字》　　　　　　　D. 德国歌德的《少年维特之烦恼》

三、简答题

《儒林外史》的严监生与法国作家巴尔扎克笔下的葛朗台都是著名的吝啬鬼形象，请选取精彩片段分析作者是如何刻画这两个人物这一性格的。

第 9 章　戏剧欣赏

　　本章主要介绍中外戏剧的起源、特征及经典作品，通过对戏剧语言、戏剧人物、戏剧冲突的品鉴，使学生学会欣赏戏剧的方法，提高个人的欣赏水平。

　　学习目标：让学生了解戏剧的基本常识，掌握戏剧文学的基本特点。

　　素养目标：让学生能够通过台词、情节冲突等方面分析人物形象，探索作品的主题；赏析经典剧作片段，阐发个人对作品的理解，体悟戏剧的审美特质；理解中国悠久的戏剧史，提升文化自信。

9.1　戏剧概述

　　戏剧是一门综合艺术，由演员在舞台上将特定的故事或情境，以语言、动作、歌唱等方式表演出来。其表现形式多样，常见的有话剧、歌剧、舞剧等。在不同文化背景下产生的戏剧形式也不尽相同，比如西方戏剧、中国传统戏曲与傩戏、印度梵剧等。

　　戏剧的基本元素有演员、故事情境、舞台背景和观众。此外，道具、灯光、音效、服装、化妆、导演等要素也极其重要。诸上所有元素互相作用、统一表现，以实现其综合的艺术效果与独特的艺术魅力。

　　优秀的戏剧作品离不开缜密精良的剧本。剧本是为戏剧表演所创作的脚本，是戏剧艺术的文学基础。剧本由戏剧语言铺衍而成，包括台词和舞台说明。台词即剧中人物所说的话，包括对白、独白、旁白等。剧本通过台词推动情节发展，表现人物性格。因此，台词要能充分地体现剧中人物的个性、身份与感情，要通俗自然、简练明确，表达要口语化，适合舞台表演。舞台说明或称舞台提示，是剧本里的一些说明性文字。舞台说明包括剧中人物表，剧情发生的时间、地点、服装、道具、布景以及人物的表情、动作，上下场等，这些文字对刻画人物性格和推动戏剧情节发展有一定的作用。这部分内容要求写得简练、扼要、明确。这部分内容一般出现在每一幕的开端、结尾和对话中间，一般用括号括起来。

人们对戏剧的本质有诸多看法，有人认为戏剧与其他文学艺术形式同为对生活的模仿，有人认为观众是戏剧的必要条件与本质所在，有人认为戏剧的本质即主体为克服环境阻碍所产生的"意志冲突"与激变，还有人认为戏剧是剧场环境中人的行为的选择试验……凡此种种，众说纷纭。

就总体而言，戏剧有以下特征。

综合性：所谓"以歌舞演故事也"，戏剧除文学因素外，还涉及音乐伴奏、歌舞表演，集舞台美术、服装、化妆等于一体。

舞台性：从古希腊、古罗马的露天剧场、圆形剧场到东方的戏棚、戏台、戏亭、勾栏，再到今天的"黑箱""小剧场"，所有的戏剧无不依托于剧场与舞台，由于舞台演出条件的限制，衍生出戏剧文学中著名的"三一律"，成为戏剧独有的特质。

冲突性：与其他叙事文学相同，戏剧也以情节的跌宕与波折取胜，正是"有戏"才有"戏"，《锁麟囊》中的柳暗花明，《牡丹亭》中的超越生死，《长生殿》中的天上人间，无不扣击一代代观众的心扉。

戏剧的分类方法很多：按容量大小，戏剧可分为多幕剧、独幕剧和小品；按表现形式，可分为话剧、歌剧、诗剧、舞剧、戏曲等；按题材，可分为神话剧、历史剧、传奇剧、市民剧、社会剧、家庭剧、科学幻想剧等；按戏剧冲突的性质及效果，可分为悲剧、喜剧和正剧。悲剧冲突的实质为"历史的必然要求和这个要求的实际上不可能实现"，其审美价值为"将人生的有价值的东西毁灭给人看"。喜剧的审美价值为"将那无价值的撕破给人看"。正剧是将悲剧和喜剧"调解成为一个新的整体的较深刻的方式"。

9.2　中国古典戏剧概述

中国古典戏剧与古希腊的悲喜剧、印度的梵剧并称为世界三大古典戏剧。中国古典戏剧有着悠久的历史传统、深厚的人文积淀与丰富的艺术内涵，在世界戏剧舞台上占有重要的地位，其特有的美学观念与抽象的表现手法至今仍闪耀着灿烂夺目的光辉。

中国古典戏剧发轫于秦汉，萌芽于南北朝，历经唐宋两代的丰富和完善，勃兴于金元，于明清全盛繁荣，沿袭至今，百家争艳，蔚为大观。

就中国古典戏剧的缘起而言有巫觋、俳优、歌舞、傀儡、外来、民间诸说，而中国古典戏剧的发展可助我们沿波讨源，一窥端倪。先民日常生活中的傩戏、巫戏直接来源于宗教祭祀与巫蛊活动；秦汉的百戏带有鲜明的俳优与民间歌舞杂艺的痕迹；南北朝的《代面》《踏摇娘》《钵头》参军戏、《樊哙排君难》等剧目承百戏余脉；唐代目连戏等似乎受到印度梵剧与西域文化的影响；

宋金时期的各类杂剧、参军戏、散乐、院本、曲子则受惠于民间的讲唱文学等艺术形式；而元代的杂剧、明清的传奇，乃至现当代的各类戏曲日趋典雅庄重，正统文学的方法、思想、技巧充盈其间。所以上述说法都是可以接受的。

目前，除"国粹"京剧外，广为大众喜闻乐见的剧种还有评剧、晋剧、豫剧、曲剧、越剧、川剧、吕剧、沪剧、粤剧、汉剧、昆曲、秦腔、梆子、潮剧、评弹、黄梅戏、二人转、皮影戏、二人台等。

9.2.1　元杂剧《窦娥冤》作品赏析

《感天动地窦娥冤》（第四折）

关汉卿〔元代〕

〔窦天章冠带引丑张千祗从上，诗云〕独立空堂思黯然，高峰月出满林烟，非关有事人难睡，自是惊魂夜不眠。老夫窦天章是也。自离了我那端云孩儿，可早十六年光景。老夫自到京师，一举及第，官拜参知政事。只因老夫廉能清正，节操坚刚，谢圣恩可怜，加老夫两淮提刑肃政廉访使之职，随处审囚刷卷，体察滥官污吏，容老夫先斩后奏。老夫一喜一悲，喜啊，老夫身居台省，职掌刑名，势剑金牌，威权万里；悲啊，有端云孩儿，七岁上与了蔡婆婆为儿媳妇，老夫自得官之后，使人往楚州问蔡婆婆家，他邻里街坊道，自当年蔡婆婆不知搬在那里去了，至今音信皆无。老夫为端云孩儿，啼哭的眼目昏花，忧愁的须发斑白。今日来到这淮南地面，不知这楚州为何三年不雨？老夫今在这州厅安歇。张千，说与那州中大小属官，今日免参，明日早见。〔张千向古门云〕一应大小属官，今日免参，明日早见。〔窦天章云〕张千，说与那六房吏典，但有合刷照文卷，都将来，待老夫灯下看几宗波。〔张千送文卷科，窦天章云〕张千，你与我掌上灯，你每都辛苦了，自去歇息罢。我唤你便来，不唤你休来。〔张千点灯，同祗从下。窦天章云〕我将这文卷看几宗咱。一起犯人窦娥，将毒药致死公公。我才看头一宗文卷，就与老夫同姓，这药死公公的罪名，犯在十恶不赦，俺同姓之人，也有不畏法度的。这是问结了的文书，不看他罢。我将这文卷压在底下，别看一宗咱。〔做打呵欠科，云〕不觉的一阵昏沉上来，皆因老夫年纪高大，鞍马劳困之故，待我搭伏定书案，歇息些儿咱。〔做睡科，魂旦上，唱〕

【双调·新水令】我每日哭啼啼守住望乡台，急煎煎把仇人等待，慢腾腾昏地里走，足律律旋风中来，则被这雾锁云埋，撺掇的鬼魂快。

〔魂旦望科，云〕门神户尉不放我进去。我是廉访使窦天章女孩儿，因我屈死，父亲不知，特来托一梦与他咱。〔唱〕

【沉醉东风】我是那提刑的女孩，须不比现世的妖怪。怎不容我到灯影前，却拦截在门程外？〔做叫科，云〕我那爷爷呵，〔唱〕枉自有势剑金牌，把俺这屈死三年的腐骨骸，怎脱离无边苦海！

〔做入见哭科，窦天章亦哭科，云〕端云孩儿，你在那里来？〔魂旦虚下〕〔窦天章做醒科，云〕好是奇怪也，老夫才合眼去，梦见端云孩儿恰便似来我跟前一般，如今在那里？我且再看这文卷咱。〔魂旦上，做弄灯科〕〔窦天章云〕奇怪，我正要看文卷，怎生这灯忽明忽灭的！张千也睡着了，我自己剔灯咱。〔做剔灯，魂旦翻文卷科，窦天章云〕我剔的这灯明了也。再看几宗文卷。一起犯人窦娥药死公公。〔做疑怪科，云〕这一宗文卷，我为头看过，压在文卷底下，怎生又在这上头？这几时问结了的，还压在底下，我别看一宗文卷波。〔魂旦再弄灯科，窦天章云〕怎么，这灯又是半明半暗的，我再剔这灯咱。〔做剔灯，魂旦再翻文卷科，窦天章云〕我剔的这灯明了，我另拿一宗文卷看咱。一起犯人窦娥药死公公。呸！好是奇怪！我才将这文书分明压在底下，刚剔了这灯，怎生又翻在面上？莫不是楚州后厅里有鬼么？便无鬼啊，这桩事必有冤枉。将这文卷再压在底下，待我另看一宗如何？〔魂旦又弄灯科，窦天章云〕怎生这灯又不明了？敢有鬼弄这灯？我再剔一剔去。〔做剔灯科，魂旦上，做撞见科，窦天章举剑击桌科，云〕呸！我说有鬼！兀那鬼魂，老夫是朝廷钦差带牌走马肃政廉访使，你向前来，一剑挥之两段。张千，亏你也睡的着，快起来，有鬼有鬼。兀的不吓杀老夫也。〔魂旦唱〕

【乔牌儿】则见他疑心儿胡乱猜，听了我这哭声儿转惊骇。哎，你个窦天章直恁的威风大，且受你孩儿窦娥这一拜。

〔窦天章云〕兀那鬼魂，你道窦天章是你父亲，受你孩儿窦娥拜，你敢错认了也！我的女儿叫做端云，七岁上与了蔡婆婆为儿媳妇。你是窦娥，名字差了，怎生是我女孩儿？〔魂旦云〕父亲，你将我与了蔡婆婆家，改名做窦娥了也。〔窦天章云〕你便是端云孩儿，我不问你别的，这药死公公，是你不是？〔魂旦云〕是你孩儿来。〔窦天章云〕嗏声，你这小妮子，老夫为你啼哭的眼也花了，忧愁的头也白了，你划地犯了十恶大罪，受了典刑。我今日官居台省，职掌刑名，来此两淮审囚刷卷，体察滥官污吏，你是我亲生之女，老夫将你治不的，怎治他人？我当初将你嫁与他家啊，要你三从四德；三从者，在家从父，出嫁从夫，夫死从子。四德者，事公姑，敬夫主，和妯娌，睦街坊。今三从四德全无，划地犯了十恶大罪。我窦家三辈无犯法之男，五世无再婚之女，到今日被你辱没祖宗世德，又连累我的清名。你快与我细吐真情，不要虚言支对，若说的有半厘差错，牒发你城隍祠内，着你永世不得人身，罚在阴山，永为饿鬼。〔魂旦云〕父亲停嗔息怒，暂罢狼虎之威，听你孩儿慢慢地说一遍咱。我三岁上亡了母亲，七岁上离了父亲，你将我送与蔡婆婆做儿媳妇。至十七岁与夫配合，才得两年，不幸儿夫亡化，和俺婆婆守寡。这山阳县南门外有个赛卢医，他少俺婆婆二十两银子。俺婆婆去取讨，被他赚到郊外，要将婆婆勒死，不想撞见张驴儿父子两个，救了俺婆婆性命。那张驴儿知道我家有个守寡的媳妇，便道："你婆儿媳妇既无丈夫，不若招我父子两个。"俺婆婆初也不肯，那张驴儿道："你若不肯，我依旧勒死你。"俺婆婆惧怕，不得已含糊许了。只得将他父子两个领到家中，养他过世。有张驴儿数次调戏你女孩儿，我坚执不从。那一日俺婆婆身子不快，想羊肚儿汤吃，你孩儿安排了汤。适值张驴儿父子两个问病，道："将汤来我尝一尝。"说："汤便好，只少些盐醋。"赚的我去取盐醋，他就暗地里下了毒药，实指望药杀俺婆婆，要强逼我成亲。不想俺婆婆偶然发呕，不要汤吃，却让与老张吃，随即七窍血药死了。张驴儿便道："窦娥药死了俺老子，你要官休要私休？"我便道："怎生是官休？怎生是私休？"他道："要官休，告到官司，你与俺老子偿命。若私休，你便与我做老婆。"你孩儿便道："好马不鞴双鞍，烈女不更二夫，我至死不与你做媳妇，我情愿和你见官去。"他将你孩儿拖到官中，受尽三推六问，吊拷绷扒，便打死孩儿也不肯认。怎当州官见你孩儿不认，便要拷打俺婆婆；我怕婆婆年老，受刑不起，只得屈招了。因此押赴法场，将我典刑。你孩儿对天发下三桩誓愿：第一桩要丈二白练挂在旗枪上，若系冤枉，刀过头落，一腔热血休滴在地下，都飞在白练上；第二桩，现今三伏天道，下三尺瑞雪，遮掩你孩儿尸首；第三桩，着他楚州大旱三年。果然血飞上白练，六月下雪，三年不雨，都是为你孩儿来。〔诗云〕不告官司只告天，心中怨气口难言，防他老母遭刑宪，情愿无辞认罪愆。三尺琼花骸骨掩，一腔鲜血练旗悬，岂独霜飞邹衍屈，今朝方表窦娥冤。〔唱〕

【雁儿落】你看这文卷曾道来不道来，则我这冤枉要忍耐如何耐？我不肯顺他人，倒着我赴法场；我不肯辱祖上，倒把我残生坏。

【得胜令】呀，今日个搭伏定摄魂台，一灵儿怨哀哀。父亲也，你现掌着刑名事，亲蒙圣主差。端详这文册，那厮乱纲常当合败。便万剐了乔才，还道报冤仇不畅怀。

〔窦天章做泣科，云〕哎，我屈死的儿也，则被你痛杀我也！我且问你：这楚州三年不雨，可真个是为你来？〔魂旦云〕是为你孩儿来。〔窦天章云〕有这等事！到来朝我与你做主。〔诗云〕白头亲苦痛哀哉，屈杀了你个青春女孩，只恐怕天明了你且回去，到来日我将文卷改正明白。

〔魂旦暂下〕〔窦天章云〕呀，天色明了也。张千，我昨日看几宗文卷，中间有一鬼魂来诉冤枉。我唤你好几次，你再也不应，直恁的好睡那。〔张千云〕我小人两个鼻子孔一夜不曾闭，并不听见女鬼诉什么冤状，也不曾听见相公呼唤。〔窦天章做叱科，云〕退，今早升厅坐衙，张千，喝撺厢者。〔张千做吆喝科，云〕在衙人马平安，抬书案。〔禀云〕州官见。〔外扮州官入参科〕

〔张千云〕该房吏典见。〔丑扮吏入参见科〕〔窦天章问云〕你这楚州一郡，三年不雨，是为着何来？〔州官云〕这个是天道亢旱，楚州百姓之灾，小官等不知其罪。〔窦天章做怒科，云〕你等不知罪么！那山阳县有用毒药谋死公公犯妇窦娥，他问斩之时，曾发愿道："若是果有冤枉，着你楚州三年不雨，寸草不生。"可有这件事来？〔州官云〕这罪是前升任桃州守问成的，现有文卷。〔窦天章云〕这等糊突的官，也着他升去！你是继他任的，三年之中，可曾祭这冤妇么？

〔州官云〕此犯系十恶大罪，元不曾有祠，所以不曾祭得。〔窦天章云〕昔日汉朝有一孝妇守寡，其姑自缢身死，其姑女告孝妇杀姑。东海太守将孝妇斩了。只为一妇含冤，致令三年不雨。后于公治狱，仿佛见孝妇抱卷哭于厅前，于公将文卷改正，亲祭孝妇之墓，天乃大雨。今日你楚州大旱，岂不正与此事相类？张千，分付该房金牌下山阳县，着拘张驴儿、赛卢医、蔡婆婆一起人犯，火速解审，毋得违误片刻者。〔张千云〕理会的。〔下〕〔丑扮解子，押张驴儿、蔡婆婆，同张千上，禀云〕山阳县解到审犯听点。〔窦天章云〕张驴儿。〔张驴儿云〕有。〔窦天章云〕蔡婆婆。〔蔡婆婆云〕有。〔窦天章云〕怎么赛卢医是紧要人犯不到？〔解子云〕赛卢医三年前在逃，一面着广捕批缉拿去了，待获日解审。〔窦天章云〕张驴儿，那蔡婆婆是你的后母么？〔张驴儿云〕母亲好冒认的？委实是。〔窦天章云〕这药死你父亲的毒药，卷上不见有合药的人，是那个的毒药？

〔张驴儿云〕是窦娥自合就的毒药。〔窦天章云〕这毒药必有一个卖药的医铺，想窦娥是个少年寡妇，那里讨这药来？张驴儿，敢是你合的毒药么？〔张驴儿云〕若是小人合的毒药，不药别人，倒药死自家老子？〔窦天章云〕我那屈死的儿嗻，这一节是紧要公案，你不自来折辩，怎得一个明白，你如今冤魂却在那里？〔魂旦上，云〕张驴儿，这药不是你合的，是那个合的？〔张驴儿做怕科，云〕有鬼有鬼，撮盐入水，太上老君，急急如律令，敕。〔魂旦云〕张驴儿，你当日下毒药在羊肚儿汤里，本意药死俺婆婆，要逼勒我做浑家，不想俺婆婆不吃，让与你父亲吃，被药死了，你今日还敢赖哩！〔唱〕

【川拨棹】猛见了你这吃敲材，我只问你这毒药从何处来？你本意待暗里栽排，要逼勒我和谐，倒把你亲爷毒害，怎教咱替你耽罪责！

〔魂旦做打张驴儿科〕〔张驴儿做避科，云〕太上老君，急急如律令，敕。大人说这毒药必有个卖药的医铺，若寻得这卖药的人来，和小人折对，死也无词。〔丑扮解子解赛卢医上，云〕山阳县续解到犯人一名赛卢医。〔张千喝云〕当面。〔窦天章云〕你三年前要勒死蔡婆婆，赖他银子，这事怎么说？〔赛卢医叩头科，云〕小的要赖蔡婆婆银子的情是有的，当被两个汉子救了，那婆婆并不曾死。〔窦天章云〕这两个汉子你认的他叫做什么名姓？〔赛卢医云〕小的认便认的，慌忙之际，可不曾问的他名姓。〔窦天章云〕现有一个在阶下，你去认来。〔赛卢医做下认科，云〕这个是蔡婆婆。〔指张驴儿云〕想必这毒药事发了。〔上云〕是这一个，容小的诉禀：当日要勒死蔡婆婆时，正遇见他爷儿两个，救了那婆婆去。过得几日，他到小的铺中讨服毒药，小的是念佛吃斋人，不敢做昧心的事，说道："铺中只有官料药，并无什么毒药。"他就睁着眼道："你昨日在郊外要勒死蔡婆婆，我拖你见官去。"小的一生最怕的是见官，只得将一服毒药与了他去。小的见他生相是个恶的，一定拿这药去药死了人，久后败露，必然连累，小的一向逃在涿州地方，卖些老鼠药。刚刚是老鼠被药杀了好几个，药死人的药，其实再也不曾合。〔魂旦唱〕

【七弟兄】你只为赖财，放乖，要当灾。〔带云〕这毒药呵，〔唱〕原来是你赛卢医出卖张驴儿买，没来由填做我犯由牌，到今日官去衙门在。

〔窦天章云〕带那蔡婆婆上来。我看你也六十外人了，家中又是有钱钞的，如何又嫁了老张，做出这等事来？〔蔡婆婆云〕老妇人因为他爷儿两个救了我的性命，收留他在家养膳过世；那张驴儿常说要将他老子接脚进来，老妇人并不曾许他。〔窦天章云〕这等说，你那媳妇就不该认做药死公公了。〔魂旦云〕当日问官要打俺婆婆，我怕他年老受刑不起，因此咱认做药死公公，委实是屈招个！〔唱〕

【梅花酒】你道是咱不该，这招状供写的明白。本一点孝顺的心怀，倒做了惹祸的胚胎。我只道官吏每还复勘，怎将咱屈斩首在长街！第一要素旗枪鲜血洒，第二要三尺雪将死尸埋，第三要三年旱示天灾，咱誓愿委实大。

【收江南】呀，这的是衙门从古向南开，就中无个不冤哉。痛杀我娇姿弱体闭泉台，早三年以外，则落的悠悠流恨似长淮。

〔窦天章云〕端云儿也，你这冤枉我已尽知，你且回去。待我将这一起人犯，并原问官吏，另行定罪，改日做个水陆道场，超度你生天便了。〔魂旦拜科，唱〕

【鸳鸯煞尾】从今后把金牌势剑从头摆，将滥官污吏都杀坏，与天子分忧，万民除害。〔云〕

我可忘了一件，爹爹，俺婆婆年纪高大，无人侍养，你可收恤家中，替你孩儿尽养生送死之礼，我便九泉之下，可也瞑目。〔窦天章云〕好孝顺的儿也。〔魂旦唱〕嘱付你爹爹，收养我奶奶，可怜他无妇无儿谁管顾年衰迈。再将那文卷舒开，〔带云〕爹爹，也把我窦娥名下，〔唱〕屈死的于伏罪名儿改。〔下〕

〔窦天章云〕唤那蔡婆婆上来。你可认得我么？〔蔡婆婆云〕老妇人眼花了，不认的。〔窦天章云〕我便是窦天章。适才的鬼魂，便是我屈死的女孩儿端云。你这一行人，听我下断：张驴儿毒杀亲爷，奸占寡妇，合拟凌迟，押付市曹中，钉上木驴，剐一百二十刀处死。升任州守桃杌，并该房吏典，刑名违错，各杖一百，永不叙用。赛卢医不合赖钱勒死平民，又不合修合毒药，致伤人命，发烟瘴地面，永远充军。蔡婆婆我家收养，窦娥罪改正明白。〔词云〕莫道我念亡女与他灭罪消愆，也只可怜见楚州郡大旱三年。昔于公曾表白东海孝妇，果然是感召得灵雨如泉。岂可便推诿道天灾代有，竟不想人之意感应通天。今日个将文卷重行改正，方显的王家法不使民冤。

【作品赏析】

关汉卿诸多公案剧中，《感天动地窦娥冤》为其中杰出者之一，也是元杂剧里脍炙人口的悲剧。王国维在《宋元戏曲史》中说道："其最有悲剧之性质者，则如关汉卿之《窦娥冤》，纪君祥之《赵氏孤儿》，剧中虽有恶人交构其间，而其蹈汤赴火者，仍出于其主人翁之意志，即列之于世界大悲剧中，亦无愧色也。"

该剧与汉代以来民间流传的"东海孝妇"故事类似，但在关汉卿笔下却更具深意。该剧抨击了元代黑暗的社会现实，将中国古典戏剧的悲剧精神推至顶峰。剧中的窦娥形象具备非常典型的悲剧性，本已命运多舛的窦娥与婆婆二人相依为命，却不想蔡婆引狼入室。泼皮张驴儿垂涎窦娥美色，意欲逼迫窦娥成婚。张驴儿被窦娥严词拒绝，便设计毒杀蔡婆，阴差阳错之下，张父喝下掺毒的羊肚汤，毒毙身亡。张驴儿以此相胁迫，但窦娥自信清白，与其对簿公堂。哪料楚州太守桃杌残民以逞，严刑毒打窦娥婆媳，窦娥为免婆婆遭受皮肉之苦，只得含冤招认。窦娥恪守封建道德，却终为宣扬封建道德与伪善的黑暗社会所吞噬，这不啻为对现实强烈的控诉与抨击。法场之上，原本柔弱的窦娥再也无法平抑内心的愤恨，她詈天骂地，并发下三桩奇愿：血溅白练、六月飞雪、亢旱三年。窦娥遇害后阴风怒号，黄云蔽日，大雪漫道，异象昭示了窦娥的冤屈，也将全剧的悲剧气氛推至极致。本章所选的乃是剧中的第四折，窦娥的父亲窦天章已官居两淮提刑肃政廉访使，成为可"随处审囚刷卷，体察滥官污吏"手握重权的台阁大臣。窦娥的冤魂至父亲书案前再三提醒警示，终使窦天章重审此案，使真相大白，窦娥终得平反，恶人终得惩罚。这一情节安排虽使为窦娥不平的读者得到一丝慰藉，但细思之则更凸显了该剧的悲剧意义——有着窦娥一样遭遇的底层大众的悲剧命运在当时的黑暗现实中是无法逆转的。窦娥申冤一靠窦氏父女的亲情与窦父手中的权力，设若二人没有这层关系，窦父不是位高权重的台阁大臣，则结局何如？窦娥申冤二靠冤魂显灵这样虚无缥缈的情节来完成，正义的伸张只能寄托于虚幻的想象，这正体现了对当时社会的无奈与彻底绝望。

舍生取义

9.2.2　明传奇《牡丹亭》作品赏析

《牡丹亭》第十出　惊梦

汤显祖〔明代〕

【绕池游】〔旦上〕梦回莺啭，乱煞年光遍。人立小庭深院。〔贴〕炷尽沉烟，抛残绣线，恁今春关情似去年？〔乌夜啼〕〔旦〕"晓来望断梅关，宿妆残。〔贴〕你侧着宜春髻子恰凭阑。〔旦〕翦不断，理还乱，闷无端。〔贴〕已分付催花莺燕借春看。"〔旦〕春香，可曾叫人扫除花径？〔贴〕分付了。〔旦〕取镜台衣服来。〔贴取镜台衣服上〕"云髻罢梳还对镜，罗衣欲换更添香。"镜台衣服在此。

【步步娇】〔旦〕袅晴丝吹来闲庭院，摇漾春如线。停半晌、整花钿。没揣菱花，偷人半面，迤逗的彩云偏。〔行介〕步香闺怎便把全身现！〔贴〕今日穿插的好。

【醉扶归】〔旦〕你道翠生生出落的裙衫儿茜，艳晶晶花簪八宝填，可知我常一生儿爱好是天然。恰三春好处无人见。不提防沉鱼落雁鸟惊喧，则怕的羞花闭月花愁颤。〔贴〕早茶时了，请行。〔行介〕你看："画廊金粉半零星，池馆苍苔一片青。踏草怕泥新绣袜，惜花疼煞小金铃。"〔旦〕不到园林，怎知春色如许！

【皂罗袍】原来姹紫嫣红开遍，似这般都付与断井颓垣。良辰美景奈何天，赏心乐事谁家院！恁般景致，我老爷和奶奶再不提起。〔合〕朝飞暮卷，云霞翠轩；雨丝风片，烟波画船——锦屏人忒看的这韶光贱！〔贴〕是花都放了，那牡丹还早。

【好姐姐】〔旦〕遍青山啼红了杜鹃，荼蘼外烟丝醉软。春香啊，牡丹虽好，他春归怎占的先！〔贴〕成对儿莺燕啊。〔合〕闲凝眄，生生燕语明如翦，呖呖莺歌溜的圆。〔旦〕去罢。〔贴〕这园子委是观之不足也。〔旦〕提他怎的！〔行介〕

【隔尾】观之不足由他缱，便赏遍了十二亭台是枉然。到不如兴尽回家闲过遣。〔作到介〕〔贴〕"开我西阁门，展我东阁床。瓶插映山紫，炉添沉水香。"小姐，你歇息片时，俺瞧老夫人去也。〔下〕〔旦叹介〕"默地游春转，小试宜春面。"春啊，得和你两留连，春去如何遣？咳，恁般天气，好困人也。春香那里？〔作左右瞧介〕〔又低首沉吟介〕天呵，春色恼人，信有之乎！常观诗词乐府，古之女子，因春感情，遇秋成恨，诚不谬矣。吾今年已二八，未逢折桂之夫；忽慕春情，怎得蟾宫之客？昔日韩夫人得遇于郎，张生偶逢崔氏，曾有《题红记》《崔徽传》二书。此佳人才子，前以密约偷期，后皆得成秦晋。〔长叹介〕吾生于宦族，长在名门。年已及笄，不得早成佳配，诚为虚度青春，光阴如过隙耳。〔泪介〕可惜妾身颜色如花，岂料命如一叶乎！

【山坡羊】没乱里春情难遣，蓦地里怀人幽怨。则为俺生小婵娟，拣名门一例、一例里神仙眷。甚良缘，把青春抛的远！俺的睡情谁见？则索因循腼腆。想幽梦谁边，和春光暗流传？迁延，这衷怀那处言！淹煎，泼残生，除问天！身子困乏了，且自隐几而眠。〔睡介〕〔梦生介〕〔生持柳枝上〕"莺逢日暖歌声滑，人遇风情笑口开。一径落花随水入，今朝阮肇到天台。"小生顺路儿跟着杜小姐回来，怎生不见？〔回看介〕呀，小姐，小姐！〔旦作惊起介〕〔相见介〕〔生〕小生那一处不寻访小姐来，却在这里！〔旦作斜视不语介〕〔生〕恰好花园内，折取垂柳半枝。

姐姐，你既淹通书史，可作诗以赏此柳枝乎？〔旦作惊喜，欲言又止介〕〔背想〕这生素昧平生，何因到此？〔生笑介〕小姐，咱爱杀你哩！

【山桃红】则为你如花美眷，似水流年，是答儿闲寻遍。在幽闺自怜。小姐，和你那答儿讲话去。〔旦作含笑不行〕〔生作牵衣介〕〔旦低问〕那边去？〔生〕转过这芍药栏前，紧靠着湖山石边。〔旦低问〕秀才，去怎的？〔生低答〕和你把领扣松，衣带宽，袖梢儿揾着牙儿苫也，则待你忍耐温存一晌眠。〔旦作羞〕〔生前抱〕〔旦推介〕〔合〕是那处曾相见，相看俨然，早难道这好处相逢无一言？〔生强抱旦下〕〔末扮花神束发冠，红衣插花上〕"催花御史惜花天，检点春工又一年。蘸客伤心红雨下，勾人悬梦采云边。"吾乃掌管南安府后花园花神是也。因杜知府小姐丽娘，与柳梦梅秀才，后日有姻缘之分。杜小姐游春感伤，致使柳秀才入梦。咱花神专掌惜玉怜香，竟来保护他，要他云雨十分欢幸也。

【鲍老催】〔末〕单则是混阳蒸变，看他似虫儿般蠢动把风情扇。一般儿娇凝翠绽魂儿颤。这是景上缘，想内成，因中见。呀，淫邪展污了花台殿。咱待拈片落花儿惊醒他。〔向鬼门丢花介〕他梦酣春透了怎留连？拈花闪碎的红如片。秀才才到的半梦儿；梦毕之时，好送杜小姐仍归香阁。吾神去也。〔下〕

【山桃红】〔生、旦携手上〕〔生〕这一霎天留人便，草借花眠。小姐可好？〔旦低头介〕

〔生〕则把云鬟点，红松翠偏。小姐休忘了啊，见了你紧相偎，慢厮连，恨不得肉儿般团成片也，逗的个日下胭脂雨上鲜。〔旦〕秀才，你可去啊？〔合〕是那处曾相见，相看俨然，早难道这好处相逢无一言？〔生〕姐姐，你身子乏了，将息，将息。〔送旦依前作睡介〕〔轻扣旦介〕姐姐，俺去了。〔作回顾介〕姐姐，你可十分将息，我再来瞧你那。"行来春色三分雨，睡去巫山一片云。"〔下〕〔旦作惊醒，低叫介〕秀才，秀才，你去了也？〔又作痴睡介〕〔老旦上〕"夫婿坐黄堂，娇娃立绣窗。怪他裙衩上，花鸟绣双双。"孩儿，孩儿，你为甚瞌睡在此？〔旦作醒，叫秀才介〕咳也。〔老旦〕孩儿怎的来？〔旦作惊起介〕奶奶到此！〔老旦〕我儿，何不做些针指，或观玩书史，舒展情怀？因何昼寝于此？〔旦〕孩儿适在花园中闲玩，忽值春暄恼人，故此回房。无可消遣，不觉困倦少息。有失迎接，望母亲恕儿之罪。〔老旦〕孩儿，这后花园中冷静，少去闲行。〔旦〕领母亲严命。〔老旦〕孩儿，学堂看书去。〔旦〕先生不在，且自消停。〔老旦叹介〕女孩儿长成，自有许多情态，且自由他。正是："宛转随儿女，辛勤做老娘。"〔下〕〔旦长叹介〕〔看老旦下介〕哎也，天那，今日杜丽娘有些侥幸也。偶到后花园中，百花开遍，睹景伤情。没兴而回，昼眠香阁。忽见一生，年可弱冠，丰姿俊妍。于园中折得柳丝一枝，笑对奴家说："姐姐既淹通书史，何不将柳枝题赏一篇？"那时待要应他一声，心中自忖，素昧平生，不知名姓，何得轻与交言。正如此想间，只见那生向前说了几句伤心话儿，将奴搂抱去牡丹亭畔，芍药阑边，共成云雨之欢。两情和合，真个是千般爱惜，万种温存。欢毕之时，又送我睡眠，几声"将息"。正待自送那生出门，忽值母亲来到，唤醒将来。我一身冷汗，乃是南柯一梦。忙身参礼母亲，又被母亲絮了许多闲话。奴家口虽无言答应，心内思想梦中之事，何曾放怀。行坐不宁，自觉如有所失。娘呵，你教我学堂看书去，知他看那一种书消闷也。〔作掩泪介〕

【绵搭絮】雨香云片，才到梦儿边。无奈高堂，唤醒纱窗睡不便。泼新鲜冷汗粘煎，闪的俺心悠步躯，意软鬌偏。不争多费尽神情，坐起谁忺？则待去眠。〔贴上〕"晚妆销粉印，春润费香篝。"小姐，薰了被窝睡罢。

【尾声】〔旦〕困春心游赏倦，也不索香薰绣被眠。天呵，有心情那梦儿还去不远。

春望逍遥出画堂，（张说）间梅遮柳不胜芳。（罗隐）

可知刘阮逢人处？（许浑）回首东风一断肠。（韦庄）

【作品赏析】

《牡丹亭》为明代文学大家汤显祖"临川四梦"中最为得意之作，"吾一生四梦，得意处唯在《牡丹》"。故事梗概如下。南安太守杜宝之女名丽娘，才貌端妍，由《关雎》而伤春寻春，从花园回来后，在昏昏睡梦中见一书生持半枝垂柳前来求爱，两人在牡丹亭畔幽会。杜丽娘从此愁闷消瘦，一病不起。她在弥留之际要求母亲把她葬在花园的梅树下，嘱咐丫鬟春香将其自画像藏在太湖石底。三年后，柳梦梅赴京应试，借宿梅花庵观中，在太湖石下拾得杜丽娘画像，发现杜丽娘就是他曾经梦中见到的佳人。杜丽娘魂游后园，和柳梦梅再度幽会。柳梦梅掘墓开棺，杜丽娘起死回生，两人结为夫妻，前往临安。杜丽娘的老师陈最良看到杜丽娘的坟墓被发掘，就告发柳梦梅盗墓之罪。柳梦梅在临安应试后，受杜丽娘之托，送家信传报还魂喜讯，结果被杜宝囚禁。发榜后，柳梦梅由阶下囚一变而为状元，但杜宝拒不承认女儿的婚事，强迫她离异。纠纷闹到皇帝面前，经皇帝裁决后杜丽娘和柳梦梅终成眷属。作品通过杜丽娘和柳梦梅生死不渝的爱情，歌颂了男女青年在追求自由幸福的爱情生活上所进行的不屈不挠的斗争，表达了挣脱封建牢笼、粉碎宋明理学枷锁、追求个性解放、向往理想生活的朦胧愿望。

所选"惊梦"一出，通过长期幽居深闺的杜丽娘对美好春色的观赏，以及对春光短暂的感叹，表现出她对大自然的热爱和青春意识的觉醒，以及对自己美好青春被耽误的不满，反映了在宋明理学等封建礼教桎梏下青年女子的苦闷。文本情景交融、生动细腻地描摹了深闺中女子的苦闷和青春觉醒后的烦恼。满眼望去，姹紫嫣红、美景良辰，主人公心里却由乍见时的惊喜渐变为淡淡的幽怨与莫名的惆怅，进而"理还乱，闷无端""春色恼人""年已及笄，不得早成佳配"，感慨虚度青春的苦闷。与春天的亲密接触，让杜丽娘重新认识了自己——春一样绚丽的自己，也唤醒了她对爱情的渴望。春闷、幽怨无处排遣，青春与爱情的渴望在现实中无法实现，只好从"幽梦"中寻求。这为主人公一往情深，为情而死，等待梦中人等情节做了绝佳的注脚和铺垫。

扫码看视频

9.3 外国戏剧

9.3.1 概述

西方的戏剧起源于伯罗奔尼撒半岛。古希腊丰饶的水土、悠久的历史、绵亘的酒神文化与诗剧传统为整个西方戏剧体系的诞生提供了土壤，而古罗马秉承古希腊余脉，将古希腊的戏剧精神继续发扬，并进一步完善了戏剧的理论。

古希腊戏剧主要包括悲剧与喜剧，其代表作品有埃斯库罗斯的《奥瑞斯忒亚》三部曲，索福克勒斯的《俄狄浦斯王》，欧里庇得斯的《美狄亚》，阿里斯托芬的《阿卡奈人》《骑士》《和平》《鸟》《蛙》等。

与古希腊、古罗马戏剧齐名的是古印度戏剧，从公元前后到12世纪为古典梵剧时期，主要剧作家有首陀罗迦、迦梨陀娑、毗舍佉达多等。具有代表性的作品有首陀罗迦的《小泥车》，迦梨陀娑的三部梵剧——《摩罗维迦和火友王》《优哩婆湿》《沙恭达罗》，戒日王的《龙喜记》，薄婆菩提的《茉莉和青春》等。

文艺复兴时期，莎士比亚冲破了中世纪西方戏剧创作的喑哑，其历史剧、喜剧、悲剧都达到了前所未有的高度，《哈姆雷特》《麦克白》《雅典的泰门》《安东尼与克莉奥佩特拉》成为戏剧史上令人仰止的高峰。

17世纪古典主义戏剧兴起，皮埃尔·高乃依的《熙德》、让·拉辛的《安德罗玛克》是这一时期悲剧的代表作，让·巴蒂斯特·波克兰（笔名莫里哀）的喜剧作品《伪君子》《吝啬鬼》中的达尔杜弗与阿巴贡成为其类型人物的代名词。

18世纪，加隆·德·博马舍的《费加罗的婚姻》、卡洛·哥尔多尼的《女店主》、席勒的《阴谋与爱情》成为启蒙运动中戏剧的代表作。

19世纪，雨果的《艾那尼》代表了这一时期浪漫主义戏剧的成果，而"现代戏剧之父"享利克·易卜生的《玩偶之家》《人民公敌》等作品则被认为是北欧现实主义的扛鼎之作。

9.3.2　外国戏剧作品赏析

《俄狄浦斯王》（片段）

索福克勒斯［古希腊］

［传报人自宫中上。

传报人：我邦最受尊敬的长老们啊，你们将听见多么惨的事情，将看见多么惨的景象，你们将是多么忧虑，如果你们效忠你们的种族，依然关心拉布达科斯的家室。我认为即使是伊斯忒耳和法息斯河也洗不干净这个家，它既隐藏着一些灾祸，又要把另一些暴露在光天化日之下，这些都不是无心，而是有意做出来的。自己招来的苦难总是最使人痛心啊！

歌队长：我们先前知道的苦难也并不是不可悲啊！此外，你还有什么苦难要说？

传报人：我的话可以一下子说完，一下子听完：高贵的伊俄卡斯忒已经死了。

歌队长：不幸的人啊！她是怎么死的？

传报人：她自杀了。这件事最惨痛的地方你们感觉不到，因为你们没有亲眼看见。我记得多少，告诉你多少。她发了疯，穿过门廊，双手抓着头发，直向她的新床跑去；她进了卧房，砰地关上门，呼唤那早已死去的拉伊俄斯的名字，想念她早年生的儿子，说拉伊俄斯死在他手中，留下做母亲的给他的儿子生一些不幸的儿女。她为她的床榻而悲叹，她多么不幸，在那上面生了两种人，给丈夫生丈夫，给儿子生儿女。她后来是怎样死的，我就不知道了；因为俄狄浦斯大喊大叫冲进宫去，我们没法看完她的悲剧，而转眼望着他横冲直闯。他跑来跑去，叫我们给他一把剑，还问哪里去找他的妻子，又说不是妻子，是母亲，他和他儿女共有的母亲。他在疯狂中得到了一位天神的指点；因为我们这些靠近他的人都没有给他指路。好像有谁在引导，他大叫一声，朝着那双扇门冲去，把弄弯了的门杠从承孔里一下推开，冲进了卧房。我们随即看见王后在里面吊着，脖子缠在那摆动的绳上。国王看见了，发出可怕的喊声，多么可怜！他随即解开那活套。等那不幸的人躺在地上时，我们就看见那可怕的景象：国王从她袍子上摘下两只她佩戴着的金别针，举起来朝着自己的眼珠刺去，并且这样嚷道："你们再也看不见我所受的灾难，我所造的罪恶了！你们看够了你们不应当看的人，不认识我想认识的人；你们从此黑暗无光！"他这样悲叹的时候，屡次举起金别针朝着眼睛狠狠刺去；每刺一下，那血红的眼珠里流出的血便打湿了他的胡子，那血不是一滴滴地滴，而是许多黑的血点，雹子般一齐降下。这场祸事是两个人惹出来的，不止一人受难，而是夫妻共同受难。他们旧时代的幸福在从前倒是真正的幸福；但如今，悲哀、毁灭、死亡、耻辱和一切有名称的灾难都落到他们身上了。

　　歌队长：现在那不幸的人的痛苦是不是已经缓和一点了？

　　传报人：他大声叫人把宫门打开，让全体忒拜人看看他父亲的凶手，他母亲的——我不便说那不干净的话；他愿出外流亡，不愿留下，免得这个家在他的诅咒之下有了灾祸。可是他没有力气，没有人带领；那样的苦恼不是人所能忍受的。他会给你看的；现在宫门打开了，你立刻可以看见那样一个景象，即使是不喜欢看的人也会发生怜悯之情的。

　　〔众侍从带领俄狄浦斯自宫中上。

　　歌队：（哀歌）这苦难啊，叫人看了害怕！我所看见的最可怕的苦难啊！可怜的人呀，是什么疯狂缠绕着你？是哪一位神跳得比最远的跳跃还要远，落到了你这不幸的生命上？哎呀，哎呀，不幸的人啊！我想问你许多事，打听许多事，观察许多事，可是我不能望你一眼；你吓得我发抖啊！

　　俄狄浦斯：哎呀呀，我多么不幸啊！我这不幸的人哪里去呢？我的声音轻飘飘地飞到哪里去了？命运啊，你跳到哪里去了？

　　歌队长：跳到可怕的灾难中去了，不可叫人听见，不可叫人看见。

　　俄狄浦斯：（第一曲首节）黑暗之云啊，你真可怕，你来势凶猛，无法抵抗，是太顺的风把你吹来的。哎呀，哎呀！这些刺伤了我，这些灾难的回忆伤了我。

　　歌队：你这做了可怕的事的人啊，你怎么忍心弄瞎了自己的眼睛？是哪一位天神怂恿你的？

　　俄狄浦斯：（第二曲首节）是阿波罗，朋友们，是阿波罗使这些凶恶的，凶恶的灾难实现的；但是刺瞎了这两只眼睛的不是别人的手，而是我自己的，我多么不幸啊！什么东西看来都没有趣味，又何必看呢？

　　歌队：事情正像你所说的。

　　俄狄浦斯：朋友们，还有什么可看的，什么可爱的，还有什么问候使我听了高兴呢？朋友们，快把我这完全毁了的，最该诅咒的，最为天神所憎恨的人带出，带出境外吧！

歌队：你的感觉和你的命运同样可怜，但愿我从来不知道你这人。

俄狄浦斯：（第二曲次节）那在牧场上把我脚上残忍的铁镣解下的人，那把我从凶杀里救活的人——不论他是谁——真是该死，因为他做的是一件不使人感激的事。假如我那时候死了，也不至于使我和我的朋友们这样痛苦了。

歌队：但愿如此！

俄狄浦斯：那么我不至于成为杀父的凶手，不至于被人称为我母亲的丈夫；但如今，我是天神所弃绝的人，是不清洁的母亲的儿子，并且是，哎呀，我父亲的共同播种的人。如果还有什么更严重的灾难，也应该归俄狄浦斯忍受啊。

歌队：我不能说你的意见对；你最好死去，胜过瞎着眼睛活着。（哀歌完）

俄狄浦斯：别说这件事做得不妙，别劝告我了。假如我到冥土的时候还看得见，不知当用什么样的眼睛去看我父亲和我不幸的母亲，既然我曾对他们做出死有余辜的罪行。我看着这些生出的儿女顺眼吗？不，不顺眼；就连这城堡，这望楼，神们的神圣的偶像，我看着也不顺眼；因为我，忒拜城最高贵而又最不幸的人，已经丧失了观看的权利了；我曾命令所有的人把那不清洁的人赶出去，即使他是天神所宣布的罪人，拉伊俄斯的儿子。我既然暴露了这样的污点，还能集中眼光看这些人吗？不，不能；如果有方法可以闭塞耳中的听觉，我一定把这可怜的身体封起来，使我不闻不见；当心神不为忧愁所扰乱时是多么舒畅啊！唉，喀泰戎，你为什么收容我？为什么不把我捉来杀了，免得我在人们面前暴露我的身世？波吕玻斯啊，科任托斯啊，还有你这被称为我祖先的古老的家啊，你们把我抚养成人，皮肤多么好看，下面却有毒疮在溃烂啊！我现在被发现是个卑贱的人，是卑贱的人所生。你们三条道路和幽谷啊，像树林和三岔路口的窄路啊，你们从我手中吸饮了我父亲的血，也就是我的血，你们还记得我当着你们做了些什么事，来这里以后又做了些什么事吗？婚礼啊，婚礼啊，你生了我，生了之后，又给你的孩子生孩子，你造成了父亲，哥哥，儿子，以及新娘，妻子，母亲的乱伦关系，人间最可耻的事。不应当做的事就不应当拿来讲。看在天神面上，快把我藏在远处，或是把我杀死，或是把我丢到海里，你们不会在那里再看见我了。来呀，牵一牵这可怜的人吧；答应我，别害怕，因为我的罪除了自己担当而外，别人是不会沾染的。

歌队长：克瑞翁来得巧，正好满足你的要求，不论你要他给你家做什么事，或者给你什么劝告，如今只有他代你做这地方的保护人。

俄狄浦斯：唉，我对他说什么好呢？我怎能合理地要求他相信我呢？我先前太对不住他了。

［克瑞翁自观众右方上。

克瑞翁：俄狄浦斯，我不是来讥笑你的，也不是来责备你过去的罪过的。（向众侍从）尽管你们不再重视凡人的子孙，也得尊敬我们的主宰赫利俄斯的养育万物之光，为此，不要把这一种为大地、圣雨和阳光所厌恶的污染，赤裸地摆出来。快把他带进宫去！只有亲属才能看、才能听亲属的苦难，这样才合乎宗教上的规矩。

俄狄浦斯：你既然带着最高贵的精神来到我这最坏的人这里，使我的忧虑冰释了，请看在天神面上，答应我一件事，我是为你好，不是为我好而请求啊。

克瑞翁：你对我有什么请求？

俄狄浦斯：赶快把我扔出境外，扔到那没有人向我问好的地方去。

克瑞翁：告诉你吧，如果我不想先问神怎么办，我早就这样做了。

俄狄浦斯：他的神示早就明白地宣布了，要把那杀父的，那不洁的人毁了，我自己就是那人哩。

克瑞翁：神示虽然这样说的，但是在目前的情况下，最好还是去问问怎样办。

俄狄浦斯：你愿去为我这么不幸的人问问吗？

克瑞翁：我愿意去；你现在要相信神的话。

俄狄浦斯：是的；我还要吩咐你，恳求你把屋里的人埋了，你愿意怎样埋就怎样埋；你会为你姐姐正当地尽这礼仪的。当我在世的时候，不要逼迫我住在我的祖城里，还是让我住在山上吧，那里是因我而著名的喀泰戎，我父母在世的时候曾指定那座山作为我的坟墓，我正好按照要杀我的人的意思死去。但是我有这么一点把握：疾病或别的什么都害不死我；若不是还有奇灾异难，我不会从死亡里被人救活。我的命运要到哪里，就让它到哪里吧。提起我的儿女，克瑞翁，请不必关心我的儿子们；他们是男人，不论在什么地方，都不会缺少衣食；但是我那两个不幸的，可怜的女儿——她们从来没有看见我把自己的食桌支在一边，不陪她们吃饭；凡是我吃的东西，她们都有份——请你照应她们；请特别让我抚摸着她们悲叹我的灾难。答应吧，亲王，精神高贵的人！只要我抚摸着她们，我就会认为她们依然是我的，正像我没有瞎眼的时候一样（二侍从进宫，随即带领安提戈涅和伊斯墨涅自宫中上）。啊，这是怎么回事？看在天神的面上，告诉我，我听见的是不是我亲爱的女儿们的哭声？是不是克瑞翁怜悯我，把我的宝贝——我的女儿们送来了？我说得对吗？

克瑞翁：你说得对；这是我安排的，我知道你从前喜欢她们，现在也喜欢她们。

俄狄浦斯：愿你有福！为了报答你把她们送来，愿天神保佑你远胜过他保佑我。（向二女孩）孩儿们，你们在哪里，快到这里来，到你们的同胞手里来，是这双手使你们父亲先前明亮的眼睛变瞎的，啊，孩儿们，这双手是那没有认清楚人，没有了解情况，就通过生身母亲成为你们父亲的人的。我看不见你们了；想起你们日后辛酸的生活——人们会叫你们过那样的生活——我就为你们痛苦。你们能参加什么社会生活，能参加什么节日典礼呢？你们看不见热闹，会哭着回家。等你们到了结婚年龄，孩儿们，有谁来冒挨骂的危险呢？那种辱骂对我的子女和你们的子女都是有害的。什么耻辱你们少得了呢？"你们的父亲杀了他的父亲，把种子撒在生身母亲那里，从自己出生的地方生了你们。"你们会这样挨骂的；谁还会娶你们呢？啊，孩儿们，没有人会；显然你们命中注定不结婚，不生育，憔悴而死。墨诺叩斯的儿子啊，你既是她们唯一的父亲——因为我们，她们的父母，两人都完了——就别坐视她们不管，你的甥女，在外流浪，没衣没食，没有丈夫，别使她们像我一样受难。看她们这样年轻，孤苦伶仃——在你面前，就不同了——你得可怜她们。啊，高贵的人，同我握手，表示答应吧！（向二女孩）我的孩儿，假如你们已经懂事了，我一定给你们出许多主意；但是我现在只教你们这样祷告，说机会让你们住在哪里，你们就愿住在哪里，希望你们的生活比你们父亲的快乐。

克瑞翁：你已经哭够了；进宫去吧。

俄狄浦斯：我得服从，尽管心里不痛快。

克瑞翁：万事都要合时宜才好。

俄狄浦斯：你知道不知道我要在什么条件下才进去？

克瑞翁：你说吧，我听了就会知道。

俄狄浦斯：就是把我送出境外。

克瑞翁：你向我请求的事要天神才能答应。

俄狄浦斯：神们最恨我。

克瑞翁：那么你很快就可以满足你的心愿。

俄狄浦斯：你答应了吗？

克瑞翁：不喜欢做的事我不喜欢白说。

俄狄浦斯：现在带我走吧。

克瑞翁：走吧，放了孩子们！

俄狄浦斯：不要从我怀抱中把她们抢走！

克瑞翁：别想占有一切；你所占有的东西没有一生跟着你。

［众侍从带领俄狄浦斯进宫，克瑞翁、二女孩和传报人随入。

歌队长：忒拜本邦的居民啊，请看，这就是俄狄浦斯，他道破了那著名的谜语，成为最伟大的人；哪一位公民不曾带着美慕的眼光注视他的好运？他现在却落到可怕的灾难的波浪中了！因此，当我们等着瞧那最末的日子的时候，不要说一个凡人是幸福的，在他还没有跨过生命的界限，还没有得到痛苦的解脱之前。

［歌队长自观众右方退场。

【作品赏析】

古希腊的人们坚信有不可抗拒的力量在主宰命运，于是古希腊悲剧中的主人公以及神或英雄，他们往往与不可改变的命运进行着积极的抗争，最终大都以失败告终，但人和命运抗争所放出的光芒是伟大和耀眼的。悲剧《俄狄浦斯王》就是一部古希腊悲剧的代表作，也是对命运悲剧的经典诠释。俄狄浦斯是一个典型的悲剧性人物，他优秀的个人品质、坚强的意志与不可抗拒的命运之间亦构成了激烈的矛盾冲突。剧中，俄狄浦斯是集智慧、仁德、坚强意志于一体的人格的化身，而命运被描述成一种残酷无情的、不可预知的、强大的异己力量，它总在俄狄浦斯行动之前设下重重陷阱，使其步入罪恶的深渊，俄狄浦斯无论怎样抗争，终将惨败。

9.4 中国现当代戏剧

9.4.1 概述

1919年，胡适的独幕剧《终身大事》开新剧之先河。此后，田汉的《获虎之夜》《名优之死》、郭沫若的《三个叛逆的女性》、熊佛西的《一片爱国心》、欧阳予倩的《泼妇》、丁西林的《一只马蜂》等一批优秀剧目诞生。其中欧阳予倩、洪深、田汉被公认为中国话剧的奠基人。1928 年洪深提议将英文 drama 译为话剧，以区别已陈腐的"新剧"，中国话剧从此定名。

20 世纪 30 年代，青年剧作家曹禺的著名剧作《雷雨》《日出》《原野》问世。延安话剧鲁迅艺术学院集体创作，贺敬之、丁毅执笔的优秀多幕剧《白毛女》成为左翼话剧的代表。

中华人民共和国成立后，优秀剧目大量涌现，有老舍的《龙须沟》《茶馆》、郭沫若的《蔡文姬》、田汉的《关汉卿》、陈其通的《万水千山》、任德耀的《马兰花》等。1962 年后出现了《霓虹灯下的哨兵》《年青的一代》等优秀剧目。

创作于 20 世纪 70 年代与 80 年代之交的《西安事变》《陈毅出山》《陈毅市长》等作品实现了话剧中领袖人物由"概念化"向"现实化"的转变。

改革开放以后，话剧的"散文化"和"叙事成分"有所增加，实现了戏剧时空的自由转换，并广泛运用象征、隐喻、荒诞变形等手法，如《车站》《野人》《WM》《一个死者对生者的访问》等的出现，形成了探索剧的潮流。而 20 世纪 80 年代末到 20 世纪 90 年代，《狗儿爷涅槃》《中国梦》《鸟人》《商鞅》等作品显示了探索剧的成熟。

9.4.2 中国现当代戏剧作品赏析

《天下第一楼》片段

何冀平

[传来福顺的应酬声："孟四爷，您来了！"这一声喊，如同号令。福聚德的伙计们从四面八方跑上，各自站在自己的位置上。修鼎新上。与孟四爷寒暄。

孟四爷：我们的座儿呢？

常贵：（擦干泪，格外精神地迎上来）楼上六号雅座。您瞅，门上雕着六子拜弥陀，今个儿正初六，四爷六六大顺，八面来风！几位爷，请！[常贵引几位上楼，把他们送进单间，退出侧身站在门口。

常贵：几位爷吃着、喝着，我唱唱菜单几位听听：酱鸭心、卤鸭胗、芥末鸭掌、鸭四宝、烧鸭舌、烩鸭腰、清炒鸭肠、鸭茸包。这是用鸭身上的舌、心、肝、胗、胰、肠、脯、掌十样东西做的鸭子菜，学名"全鸭席"，几位爷，想吃点什么？

孟四爷：好口才，你看着办吧。

常贵：好嘞，慢等。（下楼他一向不踩楼阶，下到最后一阶时，腿突然一软，打个趔趄，正好被刚进门的王子西扶住）

王子西：（扶住）常贵，怎么磕磕绊绊的？

常贵：（笑笑）没事。（下）

王子西：福顺，早上常家小五儿找他爹干吗？

福顺：（靠近王，轻声地）小五儿想到瑞蚨祥学徒，人家不要。

王子西：为什么？

福顺说他爸爸是堂子。

王子西：常贵可不是一般的堂子，上到总统，下到哥儿大爷，谁不知道福聚德的常贵。

常贵：（托四凉盘上）来了——（又转身向着厨房方向）粉皮拉薄，剁窄，横切一刀，多放花椒油！（上楼）

修鼎新：（望着常贵，感慨地）常贵是那份酸的。

王子西：你说什么？

唐茂昌上，身后跟着罗大头。

罗大头：（喋喋不休）我是老掌柜那辈的烤炉，他当二柜的时候就瞅不上我，瞅不起我就是瞅不起您，瞅不起老掌柜……

唐茂昌：（打断）行了，这一道你就缠着我。

罗大头：您不到柜上来，不知柜上事，他哪来那么多钱买房子买地？他还想买济南府前门楼子哪！

唐茂昌：你先回去。（罗下）孟四爷来了吗？

王子西：（殷勤地）楼上六号。

唐上楼，常贵小心地拦住他。

常贵：大爷，我在福聚德干了多半辈子，今天要走了。

唐茂昌：到哪儿去？

常贵：二爷要我到天津分号去。

唐茂昌：（不关心这些）去吧，到哪儿都是福聚德。

常贵：（小心地）常贵在柜上几十年，没跟您张过嘴，今天有件事求大爷。

唐茂昌：说吧，说吧。

常贵：我就一个儿子叫小五儿，他想到瑞蚨祥当个学徒，烦大爷亲口跟孟四爷说一声。

唐茂昌：就这事啊，行了。（上楼）

常贵：谢谢大爷。（人仿佛年轻了）福顺，撤荤盘子，上手巾把儿，准备走热菜。（似乎想起什么，快步走到六号雅座门外）几位爷吃着，喝着，我念个喜歌给几位爷下酒（王子西惊异地抬头望着常贵）。

常贵：（面色绯红，声音有点发颤，清了清嗓）吃的是禄，穿的是福，八大酒楼全都在京都。福聚德，赛明珠，挂炉烤鸭天下美名殊。皮儿脆，入嘴酥，肥不腻，瘦不枯，千卷万卷吃不足！全鸭席，胜珍馐，三十元，有价目，食落您老自己肚，胜过起大屋。您看厅堂敞，楼上楼下好比游姑苏。更有美酒赛甘露，请君饮过，添丁添财添寿又添福——

　［雅座里响起喝彩声和稀稀落落的掌声。门帘里递出一杯酒。

常贵：（恭敬地接过酒）谢谢孟四爷！常贵平时不喝酒，今天四爷赏的，我一定干了（一饮而尽。烈酒下喉脸更红了，他抖擞了一下精神）。酒过一巡了，鸭子上炉。（下）

王子西：这个喜歌儿，就他添儿子那年唱过一回，今儿可是反常。福顺瑞蚨祥东家在里边坐着，这不明摆着吗。

［唐茂昌、孟四爷自单间出。

唐茂昌：票是明晚上的，在庆乐，您可得来。

孟四爷：我准来，我带几位顺天时报馆的，叫他们写文章捧捧您。

唐茂昌：那太好了。您快入席，别送了。

常贵：（托着菜盘，小声提醒）大爷——

唐茂昌：（想起）噢，四爷，我这儿的堂头有个儿子想到您柜上学徒，您给说一声。

孟四爷：哟，不是我驳您的面子，这事怕不成。

唐茂昌：常贵您认识啊。

孟四爷：不是认不认识，柜上老规矩，"五子行"的子弟不能在店里当伙计。

唐茂昌：怎么呢？

孟四爷：您想啊，二月二，五月五，八月十五年三十，柜上必搭大棚叫伙计们坐席吃八碗，到时候都是大饭庄子走堂会，要是他老子在下边伺候，他怎么在上头坐啊。

唐茂昌：有理，有理。您入席吧，明儿见。

［常贵失神地摇晃了一下。

王子西：小心菜！

［唐茂盛上。

唐茂昌：茂盛，我正要找你。（把唐茂盛拉到一旁）

［门外吵吵闹闹的人声，夹杂着外国话和狗叫。福顺慌张上。

福顺：二掌柜，洋人来了。

王子西：又不是没见过，慌什么？

福顺：他们都长得一个样，我怎么下账啊？

王子西：前门进，后门出，一人先交一块美金。

福顺：我还不会洋文哪。

王子西：叫常头啊。

［一些洋人涌进店堂，叫着："duck！"

常贵：（迎上去）Hello，please up! Don't carry the dog!（请上楼！不要把狗带进来！）

洋人：Why?

常贵：这是饭馆的规矩，这儿有店规。

洋人：（斜瞥着常贵）中国的狗怎么能进来？

常贵：没有过，我们福聚德向来对中国人、外国人一个样。

洋人：你就是中国的狗，跟在人后边跑。（边说边学，其他洋人开怀大笑）

常贵：（压抑着的羞辱突然爆发）我是堂子，是伺候人的，可我是人，您不能瞧不起人！

洋人：（大笑）人，dog！（一巴掌打在常贵脸上）

[洋人们涌上楼去。常贵直挺挺地站着。

王子西：常头，打坏没有？

常贵：我，该打。该让人瞧不起，臭跑堂的……

王子西：福顺，你去应酬。

常贵：（猛地推开福顺）我看他们还怎么打?!（噔噔噔地上楼去）

唐茂盛：他想做福聚德的主，没门儿！抹了他，咱把买卖收回来。

唐茂昌：我是想收回来，可也得找个碴儿啊。

[常贵自楼上下。

常贵：（面无血色，声音嘶哑）楼上鸭子两只，荷叶饼三十，高苏二斤，白酒——（突然，手往前一伸，人栽倒在桌子上）

修鼎新：常头，常贵！快，叫掌柜的！

[卢孟实急上，大家围着常贵呼唤着。

卢孟实：这是中风，人要不行。

修鼎新：他伸着五个手指头是什么意思？

王子西：一定有话说，快叫，叫！

[众人呼叫，因有客座，声音不敢太大。

常贵：（艰难地张开嘴，气息微微）白，白酒五两——（说完头无力地垂在桌子上）

福顺：常——

卢孟实：（捂住福顺的嘴）别哭。子西，叫辆车赶紧送医院。

唐茂盛：常贵我不要了，给我换福顺吧。

卢孟实：这会儿救人要紧！

[人们抬常贵下。

唐茂昌：卢掌柜，你打算怎么打发常贵？

卢孟实：有病给治，人死好好发送。

唐茂盛：你对伙计倒不错，可用的都是我们的钱。

卢孟实：我当掌柜的，不在伙计们身上打主意。

唐茂盛：那你就在我们身上打主意？

卢孟实：（不示弱）这话什么意思？

唐茂盛：福聚德日进百金，这么多钱都到哪儿去了？别以为我们不知道！

唐茂昌：先父临终没把买卖交给我们弟兄，而托付给了你，你可得对得起他老人家。卢孟实！

卢孟实：问心无愧。

唐茂盛：你说，福聚德是你的买卖，这大楼的事都得你做主，有这事没有？

卢孟实：（平静地）有。

唐茂昌：这儿的钱、账、买卖一概不许我们过问，这话你说过没有？

卢孟实：说过。

唐茂盛：凡事不问我们的意思，你一个人独断专行，这事你干过没有？

卢孟实：全是这么干的。

唐茂盛：你到底安的什么心哪？

卢孟实：我看你们兄弟不是经营买卖的人，怕耽误了先人留下的这份产业。

唐茂盛：说得多好听，耽误不耽误，你干吗操这么大的心？

卢孟实：我愿意操心。这楼是我看着起的，福聚德的名声是我干出来的，店规是我定的，这些人是我一手调理的。这里的一个算盘珠子，一根草棍儿都是我置的，我不能糟践了它们！

唐茂昌：卢掌柜，话是这么说，可你别忘了，这份买卖他姓唐！福聚德到什么时候，我们也是掌柜的！买卖我们要收回来了。

〔克五领着一帮人，气势汹汹地涌进店里。其中几个就是前半晌来吃饭的男人。

克五：五爷我又来了。

卢孟实：干什么？

克五：侦缉队！你这儿有人私藏大烟。

卢孟实：克五，说话要有凭据。

克五：（指指鼻子）这就是。

队长：（指挥手下）搜！

〔侦缉队的人把福聚德弄得一片狼藉。克五等拉罗大头上。

克五：（拿着一包烟土）瞅瞅，藏酒坛子里了！

卢孟实：（气得说不出话）你，你就这么不争气！

罗大头：掌柜的，四两都不到，克五他成心！

队长：哼，下九流的玩意儿，捆好拉出去示众。

〔克五等人把大罗手脚对捆在一起。

一男人：嘿，借你们秤杆儿用用。

卢孟实：……（恍然间，父亲当年受辱的情景，仿佛重现，不由人摇晃了一下）等等！罗大头是个烤炉的厨子，不是烟贩子。我愿意作证，福聚德愿保！

队长：（斜视着卢）谁能保你呀？

〔伙计们把眼光望向唐家兄弟，可是他们不说话。停顿。

队长：谁是掌柜的？

唐兄弟：（指卢孟实）他——

队长：掌柜的，跟我们去侦缉队聊聊吧？

罗大头：（大叫）福聚德早把我辞了，没别人的事！

卢孟实：（亲手给大罗解开绳子）大罗，我不辞你，好好烤你的鸭子，正经做人。（罗大头愣住了）

玉雏儿：（急上！扑向卢）孟实！

卢孟实：（笑笑拍拍玉雏儿的肩膀）刚才委屈你了。（抬起头，看着他亲手起的大楼）这"轿子"我到了儿没坐上。（解下腰带那块轿形玉佩，轻易地扔出窗外，昂然地随侦缉队下）

罗大头：（突然痛哭失声）掌柜的……我对不起你！

克五：（跳上太师椅）从今往后，五爷还是你们的常客。常贵，赶紧伺候着！大爷我吃一只，带一只，鸭架桩给我送家去！

——幕落尾声

[福聚德店堂。唐茂昌坐在太师椅上。

唐茂昌：卢孟实走了，买卖我们收回来了。往后我和二爷掌柜，子西还是二柜，子西呢？

[王子西匆匆上，手里托着一个小蒲包。

王子西：（知道自己晚了，随机应变）热萝卜丝饼，刚出锅的，我给二位买早点去了。

唐茂昌：这些年，我们受卢孟实的气……

[福子上。

福子：大爷，场面我都带来了，就这么一句"尾声儿"，他们老吹不好。

唐茂昌：后边练去。（继续）我们受气……

[一幕时那个警察上。

警察：（边上边喊）挂旗，挂旗！

王子西：又挂什么旗？

警察：换什么掌柜的，挂什么旗，您交钱吧。

王子西：（接旗端详）我说你们有准儿没准儿？

警察：嗨，跟您这儿一样，甭管张三、李四谁当掌柜的，也得烤鸭子，不论皇上、总统、长毛、大帅，谁来也得吃鸭子，这就叫江山易改，本性难移。没的说，给包一只吧。（拿了鸭子，喊着"挂旗"下）

[玉雏儿上。

玉雏儿：（旁若无人）福顺，箱子套好了，别掉下来。

唐茂盛：玉雏儿，卢孟实回家怎没带着你呀？

玉雏儿：（恬静地）他家里有老婆。（朝门外）抬上来！

[几个脚夫抬着两块硬木漆金的对联上。

玉雏儿：孟实说，他这辈子该干的都干了，就差门口这副对子，临走打好了，请给挂上。唐茂昌：（看）"好一座危楼，谁是主人谁是客。只三间老屋，半宜明月半宜风。"[脚夫们把对联挂好。

修鼎新：（心领神知）"好一座危楼，谁是主人谁是客。只三间老屋，半宜明月半宜风"……差个横批："没有不散的宴席。"

（唐茂昌感到有点不大对劲儿，刚要说什么）

（幕后"尾声儿"曲起，这是熟悉的京剧结束曲，一吹打起来，戏就该收场了）。

（大幕徐徐落下，把一切关在幕内，只剩下那副对联）——全剧终

【作品赏析】

话剧《天下第一楼》讲述的是这样一个故事。烤鸭老字号"福聚德"名噪京师，老掌柜因年迈多病已退居内室，店业全仗二柜王子西协助两位少掌柜惨淡经营。怎奈两位少爷各有所好，无心经营，王子西几次向老掌柜推荐卢孟实来操持店业。老掌柜临终留下一句遗言：快请卢孟实！生性聪慧的卢孟实也是"五子行"出身，他立誓要干出一番事业来。面对势如累卵的"福聚德"，他绞尽了脑汁。行里人虽有矛盾，但有卢孟实和常贵从中周旋，化解了一些明争暗斗，生意遂内和外顺。光阴荏苒，一晃十年过去，"福聚德"再次名噪京师。此时，唐家的两位少爷在流言蜚语的怂恿下，与卢孟实争起了东主财权。卢孟实临离开之前只留下一副对子：好一座危楼，谁是主人谁是客？只三间老屋，半宜明月半宜风。横批：没有不散的宴席。该剧对博大精深的中华饮食文化的描绘可谓淋漓尽致，令各路老饕垂涎，在琳琅满目的菜肴与扑面而来的馨香中融汇了主人公的奋斗历程与人生感悟。相映成趣的是剧本透过京派文化与礼俗礼仪的描摹，揭示了当时国民的性格弱点、封建传统与礼俗的弊端及中外文化的冲突。

本章小结

本章介绍了戏剧的定义、要素、特征及分类等问题，阐述了中外戏剧的历史沿革，介绍了古典戏剧与现当代戏剧中较有代表性、有较强审美意义的优秀作品，并沿波讨源，指出了理解和鉴赏这些佳作的关键。需要注意的是，不同文化背景下的戏剧文化与精神也存在一定差异，相比较而言，中国的传统戏剧更注重戏剧冲突与作品的传奇性，而古希腊戏剧及其后继者多注重人物命运、内心世界。当然，无论东方还是西方，戏剧都反映了人类的精神追求，以及对自身命运与外部环境关系的关注和思考。

本章作业

一、填空题

戏剧是一门＿＿＿＿＿＿艺术，由演员在＿＿＿＿＿＿上将特定的故事或情境，以语言、动作、歌唱等方式表演出来。

二、简答题

1. 按照戏剧冲突的性质，戏剧可分为哪些类型？

2.《窦娥冤》是中国古代悲剧的杰出代表，如何理解窦娥魂魄申冤，最终平反昭雪、大仇得报的情节安排？

第 10 章　中外电影艺术

本章主要介绍电影艺术的特征及其经典作品，通过对中外经典电影作品的介绍，使学生了解中外电影艺术的发展历程和主要成就。

学习目标： 让学生了解电影艺术的基本常识及发展脉络。

素养目标： 让学生了解电影作品所反映的历史现象、社会生活和人生百态，重温历史、认识社会、体悟人生；以中华人民共和国成立以来的优秀国产电影作品为窗口，展示中华民族伟大复兴和社会主义建设的非凡成就，提升学生的民族自豪感。

10.1　电影艺术概述

电影艺术沿袭戏剧，是一种现代艺术。它主要根据"视觉暂留"原理，运用照相与录音的方式把外界事物的声音与影像记录在胶片及其他媒介上，通过放映影像同时还原声音的方法，在银幕或屏幕上再现活动影像、体现同步音效，来表现剧本的内容。作为综合艺术，电影艺术容纳了文学、摄影、绘画、音乐、舞蹈、雕塑、建筑等多种艺术形式，又具有其艺术特质。区别于戏剧，电影艺术突破了由舞台表演的时间与空间限制产生的三一律，可以更为广阔地延展时空的维度。电影艺术还可以运用蒙太奇等艺术性极强的组接技巧，因而具有涵盖与超越其他艺术形式的表现手段，能给人们前所未有的艺术体验——在银幕与屏幕里，电影作品所塑造的音画结合的、逼真的具体形象，真切地反映了社会生活的原貌，可以使人们更广阔、更真实地感受生活与幻想之美。

从作品的主题来看，电影作品可以分为历史片、科幻与魔幻片、体育片、战争片、西部片等；从作品传递的情绪来看，电影作品可分为动作片、冒险片、喜剧片、剧情片、玄幻片、恐怖片、推理片、爱情片、惊悚片等；从表现形式来看，电影作品又包括动画片、传记片、纪录片、实验电影（即先锋电影）、歌舞片、短片等。

电影艺术虽然是一门年轻的艺术，但亦如百花争艳，流派纷呈，有德国表现主义、形式主义、印象主义、超现实主义、新写实主义、法国新浪潮、真实电影、第三电影、巴西新电影、德国新电影、直接电影等。

10.2 中国电影艺术介绍

1905 年，中国第一部电影戏曲片京剧《定军山》诞生，是为中国电影艺术之发端。随后，商务印书馆"活动电影部"的出现，代表了中国制片业的开始。紧随其后，"亚细亚影戏公司""幻仙""中国""上海""新亚"等电影公司如雨后春笋般诞生，凭借戏剧舞台表演的经验，这些公司将中国戏曲和文明戏搬上银幕。除此之外，它们也拍摄了剧情短片和长片，对电影这种初创艺术作了最初步的探索和尝试。1913 年，亚细亚影戏公司在上海拍摄了中国第一部无声短故事片《难夫难妻》，开中国家庭伦理剧之先河。而《孤儿救祖记》等关注社会改造的进步电影则在 20 世纪 20 年代开始出现。1931 年，明星影片公司摄制电影《歌女红牡丹》，这是中国第一部有声电影。1935 年，在莫斯科国际电影节上，由蔡楚生导演的《渔光曲》获"荣誉奖"，成为中国第一部获得国际大奖的影片。伴随抗日救亡的时代旋律，中国电影人没有忘记自己的社会责任，拍摄了《狂流》《中华儿女》等鼓舞斗志、弘扬爱国主义的影片。抗日战争胜利后，《八千里路云和月》《一江春水向东流》等影片针砭时弊，深刻揭示社会矛盾，形成现实主义的创作潮流。与此同时，新的技术不断融合到电影的创作中来。1941 年，中国第一部长动画片《铁扇公主》完成，公映后受到好评；1948 年，由费穆导演、梅兰芳主演、华艺影片公司出品的戏曲片《生死恨》成为中国首部彩色电影，再创中国电影之最。

中华人民共和国成立后的 17 年间，《白毛女》《林家铺子》等大批优秀作品产生，塑造了大批具有鲜明特征并深入人心的银幕形象。1956 年拍摄的《祝福》是中国第一部彩色故事片，而中国第一部彩色宽银幕故事片则是 1959 年拍摄的《老兵新传》。值得一提的是，1962 年诞生的中国第一部彩色立体宽银幕故事片——《魔术师的奇遇》，是中国 3D 电影的肇始。1953 年，中国第一部彩色舞台纪录片《梁山伯与祝英台》由上海电影制片厂摄制。1956 年，木偶片《神笔》获意大利第八届威尼斯国际儿童电影节儿童文娱片一等奖，这是中国美术片第一次在国际上获奖。而剪纸片《猪八戒吃西瓜》的出现则为世界美术影片又增添了一个新品种。

20 世纪 70 年代末至 20 世纪 80 年代，中国电影走出低潮，《小花》《人到中年》等大批优秀影片问世。而进入 20 世纪 90 年代，《开国大典》《大决战》等重大革命历史题材影片，《焦裕禄》《凤凰琴》等现实题材影片占据银幕，表明中国电影艺术的彻底复苏。

新旧世纪交替之际，中国电影伴随着体制的改革，其艺术质量和形式都有新的突破。这一时期既有《孔繁森》《离开雷锋的日子》《喜莲》《那山那人那狗》等主旋律和传统作品，也出现了《甲方乙方》《不见不散》等贺岁片、喜剧片形式的优秀商业化作品。《邓小平》《可可西里》《台湾往事》等作品赢得社会效益和经济效益的双丰收，而《英雄》《神话》等国产大片与国际大片争鸣，并一再创造中国电影的票房奇迹。

10.3 外国电影艺术介绍

1895 年 12 月 28 日，法国卢米埃尔兄弟制作的影片《火车进站》公开放映，这是世界上第一次电影公映，这一天成为电影诞生的纪念日，兄弟俩还创作了《工厂的大门》《水浇园丁》《出港的船》等影片。乔治·梅里爱发明了"叠印""模型"、溶入溶出、淡入淡出的组接方法，以及"移动摄影"的手法，这些特技的运用使电影具有了突破时空束缚的无限可能性。

1903 年，美国的埃德温·鲍特在《一个美国消防队员的生活》中，第一次用时空转换的运动关系来进行电影叙事。1903 年，鲍特拍摄了《火车大劫案》，这部影片成为西部片的鼻祖。大卫·格里菲斯是电影艺术史上伟大的艺术家，他发明了现代的剪辑观念，于 1915 年拍摄完成《一个国家的诞生》。查理·卓别林是默片时代喜剧的代表，其作品具有很高的艺术成就。他独特的人物造型、夸张的形体动作和富有表现力的面部表情将博大的人道主义、感动心灵的力量传递给观众，其喜剧作品被称为"带泪的微笑"。他的作品有《淘金记》《城市之光》《摩登时代》《大独裁者》等。

第一次世界大战后，苏联电影工作者列夫·库里肖夫、谢尔盖·爱森斯坦、伍瑟沃罗德·普多夫金等把蒙太奇发展成为一套完整的电影理论体系，首次提出了"电影艺术的基础是蒙太奇"，电影作品《母亲》成为这一理论的诠释。罗伯特·弗拉哈迪被公认为"纪录片之父"和第一位伟大的写实主义者，他的代表作纪录片《北方的纳努克》，是世界电影史上第一部真正意义的纪录片。

1927 年，美国华纳兄弟影业公司和贝尔试验室合作制作的影片《爵士歌王》是第一部有声电影，电影从此成为一门具有独特表现形式的视听艺术。1935 年，世界上第一部彩色故事片《浮华世界》在美国出现。1941 年的《公民凯恩》反映了美国激烈的社会矛盾，在艺术手法和电影语言上的创新，人物和主题的复杂而丰富，使其不同于以往的影片，因而被称为"好莱坞的陌生人"。《公民凯恩》是美国现代电影的鼻祖，被认为是能与《战舰波将金号》相媲美的有史以来最伟大的电影杰作之一。

扫码看视频

第二次世界大战后新现实主义在意大利兴起，主要作品有罗伯特·罗西里尼的《罗马，不设防的城市》，维托里奥·德·西卡的《偷自行车的人》《擦鞋童》《风烛泪》，卢奇诺·维斯康蒂的《沉沦》等。20 世纪 50 年代，法国新浪潮和左岸派进入人们的视野，如弗朗索瓦·特吕弗的《四百击》、让-吕克·戈达尔的《筋疲力尽》、阿仑·雷乃的《广岛之恋》《去年在马里昂巴德》、享利·柯

比的《长别离》、马格丽特·杜拉斯的《音乐》《印度之歌》等。20 世纪 60 年代新德国电影运动兴起，其中赖纳·维尔纳·法斯宾德的《玛丽娅·布劳恩的婚姻》和沃尔克·施隆多夫的《铁皮鼓》是这一运动的代表作品。

英国具有代表性的电影艺术家有劳伦·奥利弗，其作品有改编自莎士比亚戏剧并自导自演的《哈姆雷特》。而阿尔弗雷德·希区柯克是著名的"悬念大师"，他的影片大多是犯罪题材，以人的紧张、焦虑、恐惧等为表现主题，他的作品有《蝴蝶梦》《精神病患者》《群鸟》等。大卫·里恩以文学戏剧式电影著称，他的《相见恨晚》《孤星血泪》享有盛誉。20 世纪 50 年代开始，《桂河大桥》《阿拉伯的劳伦斯》等巨片相继问世，这些影片场面壮观雄伟，具有史诗般的风格。

瑞典的英格玛·伯格曼是典型的"作者电影"的代表人物，集编、导于一身，其影片带有鲜明的个人风格，深刻地探讨了诸如人生的孤独与痛苦，上帝是否存在，生与死、善与恶的关系等这些属于哲学范畴的问题，堪称"电影哲学家"。其代表作有《第七封印》《野草莓》《呼喊与细语》《芬尼与亚历山大》。与伯格曼相似，克日什托夫·基耶斯洛夫斯基也是一位哲学气质相当浓厚的电影大师，主要作品有《两生花》《十诫》和"三色"三部曲等。

20 世纪七八十年代，在动荡不安的政治背景下，美国人陷落在精神的废墟之中，颓废而叛逆。阿瑟·佩恩的《邦妮和克莱德》表达和宣泄了美国年轻一代精神世界中的茫然和灰暗，标志着新好莱坞电影的诞生。新好莱坞电影主要分为四种类型：犯罪片，代表作有弗朗西斯·福特·科波拉的《教父》、马丁·斯科塞斯的《出租车司机》；越战片，代表作有史蒂文·迈克尔·西米诺的《猎鹿人》、科波拉的《现代启示录》；科幻片，代表作有史蒂文·斯皮尔伯格的《大白鲨》《第三类接触》《E.T. 外星人》《侏罗纪公园》，乔治·卢卡斯的《星球大战》；家庭伦理片，代表作有《克莱默夫妇》《金色池塘》《母女情深》《雨人》等。

西班牙的奥古斯汀阿莫多瓦则是 20 世纪 80 年代以来崛起的新锐导演。他的影片具有强烈的现代意识和艺术风格，构思新颖，造型新奇，带有荒诞、幽默的色彩。

本章小结

本章介绍了影视艺术的概念、分类与流派，展示了中外电影艺术的发展历程和主要成就。作为融合多种艺术门类的综合艺术形式，电影给人们带来了前所未有的艺术冲击和更丰富的艺术体验。作为时下最受人们瞩目的艺术形式之一，电影的热度空前高涨，作品层出不穷，这更需要我们将众多电影作品纳入积极健康的审美视野中去接受和欣赏，领略这光与影之美。

本章作业

一、填空题

电影艺术是依据"＿＿＿＿＿＿"原理，运用照相与录音的方式把外界事物的声音与影像记录在胶片及其他媒介上，通过放映影像同时还原声音的方法，在银幕或屏幕上再现活动影像、体现同步音效，来表现剧本的内容。

二、简答题

中华人民共和国成立后，我国电影史上第一部彩色立体故事片是什么？

音乐

欣赏部分

第 11 章　音乐常识

本章主要介绍音乐的起源、表现手段、如何识谱及表情记号，通过介绍音乐知识，使学生熟悉并掌握音乐的表现特点，提高学生的识谱能力，以更好地理解音乐语言。

学习目标：学习音乐的基础知识，理解音乐语言并提高识谱能力。

素养目标：提高学生的感性素质，培养学生对美丑好坏的评价能力，加强学生遇到问题的自控能力，塑造他们健康的性格。

11.1　音乐的起源

人类社会从什么时候开始有了音乐，已无法考证。谈到音乐的起源，首先应了解音乐的概念，它是用有组织的乐音来表达人们的思想情感、反映现实生活的一门艺术，它最基本的要素是节奏和旋律。我们生活在大自然中，都听到过打雷声、下雨声、鸟叫声、虫鸣声……这些声音是否就是音乐的起源？关于音乐的起源，众说纷纭，古今中外的学者们已进行了研究，形成了劳动说、鸟鸣说、语言说等。无论哪一种说法，归根结底也离不开人们在赖以生存的自然环境和在物质生产实践活动中的启发。

11.1.1　劳动说

我们知道，人类最早是用语言来表达自己的思想感情的，在感到语言不能充分表达时，就自然地要用呼喊或歌唱来表达。一些社会学学者、人类学学者通过对人类早期生存习惯活动的研究，为我们勾画了这样一幅生动的图景：在原始森林里，一大群腰间围着兽皮，手里拿着棍棒、石块、弓箭的原始人，冲向一头掉进沟里的古象。展现在我们面前的是物种间的生存斗争。不管古象的长牙有多厉害，人多力量大，古象终于被打伤倒下了。人们要把这个战利品抬出深沟，它太重了，怎么办呢？这时，有一个领头人会发出声来，好像说"用力呀！"，大家会模仿他的声音，似乎在回答"一起拉"。他再喊，大家再拉，一呼一应，一强一弱，这种强弱间隔的声音节律，正合着大家的动作节奏。就是说，原始人在捕捉野兽时，用齐声呐喊和敲击木石等来增强劳动效果，来协调人们的动作并震慑猎物，用有规律的节奏统一步伐来凝聚力量。古人云："言之不足，故嗟叹之，嗟叹之不足，故咏歌之。"在群居生活中，这种情况很普遍。因此，在为生存而进行的劳动中，原始人为了协调劳动动作，便不时地按照一定的拍子呼喊。他们拿着类似弓箭、木石等的劳动工具发出有节奏的响声，而这种呼喊的声音和劳动工具发出的响声也就是最早的音乐。原始音乐大多是适应劳动生产的需要，并伴随劳动而产生的。用历史唯物主义的观点考察，则应相信音乐与人类劳动有最为密切的联系。杨荫浏在他的《中国古代音乐史稿》中也说："确切地说，音乐起源于劳动。"可以说，有了人类社会就有了音乐。考古学家也发现证明：在170万年前，我国元谋人生活、劳动在中国西南部境内，而在漫长的原始社会的生活过程中就创造了原始音乐。原始音乐与劳动生活有密切的联系，二者常常交织在一起。可以说，劳动产生了人本身，劳动产生了语言，劳动产生了音乐。

11.1.2　鸟鸣说

在日常生活中，人们喜欢听由乐音构成的音乐，人们经常把演唱技巧高超的人比喻成"百灵鸟"，由此可见，鸟叫的声音是人们喜欢听的。自然界当中能听到的声音有两类：一类是发音物体震动后产生出来的有规律、有固定音高的音即乐音，另一类是物体震动后产生出来的无规律、无固定音高的音即噪声。在自然界中，各种鸟发出的声音，都是很悦耳动听的，并有着规律的节奏、速度和固定音高，可见鸟叫声接近乐音。英国著名的生物学家查尔斯·罗伯特·达尔文认为，史前动物常常是以鸣叫声来追求异性的，声音越优美则越能吸引异性，于是动物们竞相发出声音来吸引异性。这种鸣叫声，特别是鸟类的鸣叫声已具有乐音或一定节奏的因素。达尔文由此联想到音乐的起源，认为鸟类鸣叫的声音是在语言产生之前便具有的，提出"音乐起源于鸟鸣声"。其实这种鸟鸣说早在古希腊哲学家德谟克利特那里就已提出，他认为"从天鹅和黄莺等歌唱的鸟，人类学会了歌唱"。此说颇类似我国古代《吕氏春秋·仲夏记·古乐篇》中所载"效山林溪谷之音以歌""听凤凰之鸣以制十二律"的说法。

之所以说鸟叫的声音接近乐音，说音乐起源于鸟鸣声，是因为鸟鸣是有规律的。第一，鸟叫的间隔为原始人类创造音乐提供了"节奏"这一表现手段。小鸟们有规律的叫声，比如，中速的四四拍子 xx　xx　x　- | xx　xx　x 0 |，中速稍快的四三拍子 xx | xx　xx　xx | xx　x0 |，反映我们人类的祖先在最初谱曲时借鉴了鸟鸣声的音与音之间的时间间隔。德国音乐心理学者卡尔·斯图姆夫在《音乐的起源》中提到："原始时代的人们与远方联络，相互喊叫的声音，若保持一定的时间，能变成音乐。"第二，鸟叫的声音的快慢为原始人类创造音乐提供了"速度"这一表现手段。

音乐是不存在进化的，在不同的时期与地点只存在变化；音乐是没有先进与落伍之分的，音乐是不断丰富的过程，而不是"扬弃"。

11.1.3 语言说

音乐起源于语言，即人们说话的语言音调是孕育音乐的母体。语言音调是一种内在的心理状态的外在表现，就是把心里的想法通过声带发声后表现出来。语言是说话的文字符号即音符，音符是构成旋律的基本材料，音调是表达思想的声音高低，声音高低构成抑扬顿挫的语调，连接文字符号的线条构成旋律，四个声调的高低长短构成节奏，而音乐最基本的要素是节奏与旋律，所以音乐起源于语言。

在原始社会，生产力非常低下，但人类要生存，就要与自然界抗衡，无论是从事农业劳动还是狩猎活动，他们必须结合成群体，依靠集体的力量才能生存。在人类还没有产生语言时，他们在相互交往中，就已经知道利用声音的高低、强弱等来表达自己的意思和感情，用不同的音调交流信息与感情，而音乐基本要素里的旋律正是以语言的语调和声调为基础的。音乐就是通过有组织的音来表达人们的思想情感，有组织的音就是语音。语音是从声带发出来的声音，要表达好思想感情，必须有抑扬顿挫、长短不一的语言。音与音之间连接或重叠，就产生了高低、强弱、明暗、起伏、断连等，它与人的脉搏律动和感情起伏等有一定的关联，而这些也正是构成音乐的基本要素。

现今人们对语言和音乐孰先孰后无法说清，有人说："语言的尽头是音乐的开始。"就是说当你有话说不出口，或者难以言表时，可以通过音乐表达自己的心声。

《吕氏春秋》里说，音乐起源于人类的语言音调，即在"喜、怒、哀、乐"时的变化。我们在电视节目《动物世界》里看到大猩猩对着饲养员或游客一边吼叫一边捶胸顿足，还会龇牙咧嘴，怒气冲冲地走来走去。实际上大猩猩的这种举动是一种示威动作，是在向对方表现自己的力量。这个举动足以表达出它的意思，说明它懊恼了、不高兴了。大猩猩的吼叫就是声带发出来的旋律，捶胸顿足就是伴随它音调的节奏。音乐最基本的要素，就是节奏和旋律。节奏，指的是单位时间内声音的强弱规律和音的时值。狭义的旋律，一般指依次发出的不同音高的乐音。简单地说，前者是音的长短，后者是音的高低。

一般来说，音乐与语言起源于劳动的说法较为可靠。音乐的起源是多元化的，音乐理论家们对音乐的起源的看法不尽相同，单靠考古学以及史书记载来考证也很困难。但可以肯定的是，语言的音调与感情的基调及旋律有关，旋律的节奏与人们劳动及生活的节奏有关。

11.2 音乐的表现手法

了解音乐知识，熟悉并掌握音乐的表现特点，可以帮助我们更好地理解音乐。音乐是用一套音乐语言来抒发人的内心情感、描写客观事物的。就像我们写记叙文应掌握时间、地点、人物和经过四要素，又与诗人写诗、小说家写小说一样，作曲家们创作乐曲需要一整套表情达意的手段，即音乐的表现手段。这些表现手段不外乎以下十一种，即旋律、节奏、节拍、速度、力度、音区、音色、和声、复调、调式、调性。熟悉这些音乐的表现手段，能够较好地领悟音乐的内涵。

11.2.1　旋律

旋律，即曲调，是高低、长短、强弱不同的音的线条。旋律在音乐中占有最重要的地位，是音乐内容最主要的表现手段。作曲家刻画形象、表达感情主要通过旋律；欣赏者感受最明确、记忆最深刻的首先也是旋律。因此旋律被称为"音乐的灵魂"。旋律与语调语气有直接联系。按照旋律走动的线条，我们把它分为平行、上行、下行、环绕式、波浪式几种。旋律线平行，表现坚定有力；旋律线上行，多表现逐渐明朗、激昂、振奋、挺进的情绪，如《义勇军进行曲》等；旋律线下行，则多表现阴冷、悲伤、凶狠的情绪，如何占豪、陈钢的小提琴协奏曲《梁祝》的展开部"抗婚"，由铜管乐奏出了阴沉、可怕的代表封建势力的凶暴、残忍的下行主题，像洪水猛兽般向人们逼来；旋律线上下起伏，多表现委婉、抒情、细腻的情绪，又如何占豪、陈钢的小提琴协奏曲《梁祝》的第一主题，用温暖亲切、缠绵起伏的旋律表达了梁祝纯真的爱情；环绕式表现细腻、含蓄的情绪，正如歌曲《青藏高原》中所表现的那样；波浪式表现绮丽婉转、激荡多姿、连绵起伏的情绪，如冼星海创作的《黄河颂》中，由男中音唱出气息宽广、刚毅深沉的旋律，表现出孕育中华民族、奔腾不息的黄河的雄伟气势，这种旋律的作品最多。

11.2.2　节奏

节奏，是指将长短相同或不同的音，按一定的规律组织起来，是音乐中交替出现的音有规律的强弱、长短的现象。节奏是音乐的基本因素，可以脱离乐音的高低表现自成"音乐"，如打击乐器的合奏、独奏等曲目。节奏可以千变万化，从而使旋律有着不同的形象和情绪，但旋律却不能脱离节奏独立存在。节奏就像旋律的脉搏一样，能给旋律带来鲜明的性格，因此节奏被称为"音乐的骨骼"。节奏徐缓的音乐平稳、宽广，如电影《泰坦尼克号》的主题歌《我心永恒》，使人听后流连忘返；节奏密集的音乐紧张、激烈，如琵琶叙事独奏曲《十面埋伏》第二部分描述楚汉两军殊死决战的壮烈场面，贯穿其中的急促紧张的节奏，让人有战马奔驰、刀剑相击的感受；舞曲的节奏让人心旷神怡，如奥地利的著名作曲家约翰·施特劳斯的代表作《蓝色多瑙河》中，充满律动的节奏犹如美丽的河流一般，跌宕起伏，奔流泻出，继而又渐渐归于一种充满诗情画意的宁静之中；进行曲的节奏铿锵有力，如聂耳的《义勇军进行曲》节奏明快、铿锵有力，成为鼓舞中国人民进行抗日救亡运动的战斗号角。

11.2.3　节拍

节拍是指音乐强拍、弱拍的均匀交替。乐曲中表示固定单位时值和强弱规律的组织形式又称

"拍子"，即用某一时值的音符（常用四分音符、八分音符或二分音符等）表示节拍的单位。将许多拍子分成组，规定其强弱关系，便形成"节奏"。常见的分组法有三种：第一种是二拍为一组，如 2/4 拍子（表示以四分音符为一拍，每小节有二拍）；第二种是三拍为一组，如 3/4 拍子、3/8 拍子；第三种是复拍，如 4/4 拍、6/8 拍、9/8 拍、12/8 拍等。二拍的均匀交替是"强弱"，其效果是顽强、刚健，如进行曲的效果。三拍的均匀交替是"强弱弱"，其效果是优美、流畅，如圆舞曲的效果。复拍子的均匀交替是由两种单拍结合而成的，其效果可欢快也可悲伤。

11.2.4　速度

音乐进行的快慢叫速度，在音乐中通常有慢速、中速、快速等。一般来说，慢速，如广板、柔板，多表现安静、抒情或低沉的情绪；中速，如小行板、中板，多表现叙述的、平稳的形象；快速，如急板、快板，可表现紧张、激烈或活跃的情绪。同样是三拍，用慢速会给人以优雅、闲适的感觉，而用快速，就会获得活泼明快的效果。意大利作曲家 V. 奇阿拉创作的歌曲《美丽的西班牙女郎》是活泼热烈的快板，律动感很强，它欢快、愉悦的舞曲风格，表达了对西班牙女郎的爱慕和赞美之情。速度的变化对比，能造成形象的差异、情绪的波动。法国作曲家夏尔·卡米尔·圣 - 桑的《动物狂欢节》中的《乌龟》就用了慢速。因为乌龟的动作很慢，他把雅克·奥芬巴赫的轻歌剧《地狱中的奥菲欧》，一首风靡法国的快速舞曲，改变了速度，形成了这首滑稽的《乌龟》，让快速狂热的舞曲变成迟缓呆滞的乌龟爬行。同一条旋律写成不同速度的两首小曲，说明了速度在音乐中的重要作用。

11.2.5　力度

力度是音乐强弱的表现程度。力度越强，音乐越紧张、雄壮；力度越弱，音乐越缓和、委婉。表现万众欢腾、凯旋，要大型乐队全奏（全奏是指整个乐队都演奏）、强奏；而表现鸟语花香、花前月下，则要独奏乐器加弱音器弱奏才行。音乐的力度层次很多，每一个层次的力度都是一个相对值。forte 是强的意思，缩写为 f，f 越多就越强，如中强 mf、强 f、很强 ff、极强 fff；piano 是弱的意思，缩写为 p，p 越多就越弱，如中弱 mp、弱 p、很弱 pp、极弱 ppp。此外，还有渐强 <（或 cresc.）、渐弱 >（或 dim.）、先强后弱、突强、突弱等。法国作曲家莫里斯·拉威尔的代表作《波莱罗舞曲》，整个作品速度、节奏一直不变，而力度变化最有特色，从极弱开始，不断虚幻均匀地加强力度，色彩愈来愈浓，最后达到极强的狂热高潮。整部作品是一个大渐强，是力度变化的典范之作。挪威作曲家爱德华·哈格吕普·格里格的管弦乐组曲《彼尔·金特》中的《在山魔王的宫殿里》，全曲只有一个旋律素材，但听上去音响极为丰富。它是从弱逐渐到强直到极强，在音乐声中令人想象到了山魔王的宫殿里那可怕而有趣的情景，似乎"看"到了彼尔·金特吓破了胆的样子。因此，力度强弱的变化对塑造形象是很重要的。

11.2.6　音区

音区是音的高低范围，分高、中、低三个范围。音区这个概念没有确切的绝对界限，仅是相对而言。比如女高音的中低音区恰好是男低音的高音区。大多数谈到音区的问题，是以一个完整的管弦乐队或一个完整的合唱队为范畴的。不同的音区可以表达不同的思想感情，一般来说，高音区清脆、明亮、尖锐，中音区柔和、自然，低音区浑厚、沉闷、雄壮。一部作品可以利用音区的对比来塑造新鲜感和不同的情绪的形象。如何占豪、陈钢的小提琴协奏曲《梁祝》中呈示部的爱情主题，它的素材十分简单，取材于越剧唱腔，但通过运用音区的变化，使音乐妙趣横生。先由小提琴在明朗的高音区呈示出来，然后又低八度重复一遍，接着运用复调的手法，让大提琴奏出的主题旋律与小提琴独奏的副题旋律形成对答，表现梁祝二人真挚、甜美的爱情。由此看出，在音乐创作中音区的变化会带给听者新鲜的感觉，使人产生丰富的联想。

11.2.7　音色

音色是各种器乐、人声及其组合在音响上的特色。音色因发音体的质料和形状构造、发音的方法、泛音的多少，以及不同的音区等而不同。例如手风琴采用钢簧，音色清脆、明亮；风琴采用铜簧，音色圆润、柔和。人声中，有男声、女声、童声三种基本音色，按声音特点又有抒情性、戏剧性、花腔性的不同类别。女高音嘹亮柔美；女中音比较暗一些，浑厚而温暖；男高音挺拔高亢；男中、男低音则庄重厚实，给人一种坚定的感觉。人声还可细分，同样是女高音，抒情女高音与花腔女高音的音色也都不尽相同。器乐中，音色类型更丰富。西洋大型管弦乐队一般分四组：一是木管组，包括短笛、长笛、双簧管、单簧管、大管；二是铜管组，包括圆号、小号、长号、大号；三是弦乐组，包括小提琴、中提琴、大提琴、低音提琴；四是打击乐组，包括定音鼓、大军鼓、铜钹……音色使音乐变化莫测、神奇绚丽，有着特别的表现力。

11.2.8　和声

和声是多声部音乐进行时所构成的一系列重叠复合的音响现象。和声理论是人们在长期的音乐实践中，根据听觉上的美感归纳出来的理论，和声的使用让音乐更加悦耳动听。第一，和声的基础是按三度音程叠置而成的和弦，每一个和弦都由至少三个音组成。比如 do、mi、sol 或者 fa、la、do，do 和 mi 之间的关系是大三度，mi 和 sol 之间的关系是小三度，fa、la、do 这三个音之间的音程关系也同样分别是大、小三度。这是和声的纵向结构。第二，和声进行，指各和弦的先后连接和声的运用，使音乐音响更加深厚、丰满，这是和声的横向运动。和弦进行的强与弱、稳定与不稳定、协和与不协和，以及不稳定、不协和和弦对稳定、协和和弦的倾向性，构成了和声的功能体系，使音乐有了内在动力。如果一首曲子从头至尾都是不和谐的和声，会让人感到紧张；反之，从头至尾都非常和谐，又会有缺乏推动力、缺乏色彩变化的感觉，这种色彩变化通过明暗对比和疏密浓淡的差别，使音响色彩变化无穷，有极大的渲染作用。音乐或令人激动不安，或让人有一丝忧郁，或令人心灵悸动，常常都是和声在起作用。

11.2.9 复调

复调是两个或两个以上的旋律同时结合。复调包含对比式复调和模仿式复调两种类型。

第一种是对比式复调，是指两条或更多的各不相同的旋律交织、重叠在一起。如何占豪、陈钢的小提琴协奏曲《梁祝》里面描写梁山伯与祝英台楼台相会一段的音乐，用小提琴和大提琴来塑造梁山伯与祝英台的音乐形象，表达了他们互诉衷肠、沉痛哀怨的精彩对白情景。俄国作曲家穆捷斯特·彼得洛维奇·穆索尔斯基的组曲《图画展览会》第六段《两个犹太人，一个富一个穷》中，出现了两个形象鲜明的旋律，一个是沉重迟缓的慢旋律，描绘出大腹便便的犹太富人的傲慢无礼，另一个旋律是小号加弱音器奏出的三连音型，刻画出颤颤抖抖、喋喋不休地阿谀奉承的穷人形象。乐曲将两个性格截然不同的形象展示后，用复调手法结合，似乎两个人碰到一起对话，最后富人打断穷人的哀诉，把他赶走。对比式复调使音乐有了更多形象、更多侧面，加强了另一声部的独立性。

第二种是模仿式复调，是让两个或三个声部旋律基本相同，间隔一定时间，即在节奏上稍稍错开，构成互相交错的复调关系。比如，我们分成两部分轮唱一首歌曲的时候就是模仿式复调，即卡农式的模仿复调。如洗星海创作的《黄河大合唱》的第七乐章《保卫黄河》中的"风在吼，马在叫……"，这种手法能造成此起彼落、前呼后应的效果，增加音乐的气势。

11.2.10 调式

调式是由若干不同音高的乐音组成的，以其中一种音为中心音（主音），各音互相联系并组成保持一定的倾向性的体系。主音或中心音地位最高也最稳定，它的左膀右臂，一个是由主音向上数五度的属音，另一个是从主音向下数五度的下属音。属音和下属音对主音起到支持的作用，余下的几个音则处于更加次要的地位。从调式主音开始，按顺序上下排列，构成调式音列，又称音阶。大调式和小调式音阶中的具体结构是不一样的，这主要体现在半音和全音的布局上。一般来说，大调比较明朗、热情，这是因为在大调主音上构成的主和弦是大三和弦（do、mi、sol）。相比较之下，小调的主和弦是小三和弦（la、do、mi），它的色彩略微暗淡抒情。大调写明朗宏伟的音乐，表现心旷神怡、英雄气概、军人风度等；小调写悲壮或忧郁的音乐，表现痛苦忧愁、儿女情长、缠绵爱情等。路德维希·凡·贝多芬的《第三交响曲》，第一乐章的开头建立在 bE 大调上显得十分坚定，具有阳刚之气。而第二乐章是一首葬礼进行曲，描绘了为自由而战的英雄壮烈牺牲、人民为他们举行葬礼的悲壮情景。主题采用 c 小调，显得沉重暗淡。因此，调式在音乐表现中有很大的作用。我国民族音乐中最常见的是五声调式，包括五个基本音级，传统称为宫、商、角、徵、羽，即简谱的1、2、3、5、6。其中任何一个音都可作为主音，均可构成一种调式，因此，民族调式共有五种。

11.2.11　调性

调性是某个调式所在的精确音高位置。在一个调式之内，各音关系固定，但绝对音高不固定，当调式主音确定音高，即有了调性。如 1=F，F 大调是指它的音阶结构，"F" 则是说主音在 F 这个音高位置上，即乐曲的准确音高，也就是音乐的"调性"。严格地说，它指明各个调式的主音所在位置。为造成音乐色彩的变化和对比，一部作品中往往要使用多个调式调性，从这个转向那个，这就是"转调"。挪威作曲家格里格的管弦乐组曲《彼尔·金特》中的第一章《朝景》是一首将转调手法运用得非常精彩的小曲，成功地为听者描绘了沙漠日出时的景色。作曲家只用了一条牧歌式的旋律，通过转调手法构成了绚烂多彩的画面，从天际刚刚发白，到太阳渐渐升起，最后照亮了大地，生动的色彩变化令听者犹如身临其境。一开始主题旋律出现在 E 大调上，在模进中有一系列的转调：#G 大调，B 大调。这三度关系的调性色彩变换，就像晨曦透过树林那样使音乐的陈述渐渐地亮了起来，最后又回到了开始的 E 大调，这最后的"调性回归"是为了让全曲获得首尾呼应和稳定的效果，生动展现出旭日东升的变化中的瑰丽景色。因此调式和调性的转换和对比，可使乐曲的气氛、色彩、情绪发生明显的变化。作品中的音乐表现手段不是单一使用的，而是互相配合、互相衬托，按一定乐思进行变化，以此给人们以听觉上美的享受。

11.3　识谱及表情记号

识谱首先遇到的问题是要掌握好音的高低。在简谱中，记录音的高低和长短的符号叫音符。

11.3.1　音的高低

钢琴上白键所发出的音是基本音级，是具有独立名称的七个音级，表示音的高低的基本符号用七个阿拉伯数字标记。

音名：C　D　E　F　G　A　B

写法：1　2　3　4　5　6　7

唱法：do　re　mi　fa　sol　la　si

汉字译音：哆　来　咪　发　嗦　啦　西

各种乐器或人声的音域所能达到的音高范围叫音域，如某女中音的音域为 a—d2。而音区又是音域的一部分，分为中音、高音、低音三个音区。

用七个阿拉伯数字标记的七个基本符号叫中音区。

写在基本符号上面的小圆点叫高音点，表示高音区。

写在基本符号下面的小圆点叫低音点，表示低音区。

11.3.2　音的长短

　　了解、熟悉各种音符、休止符及其他记录音的长短的符号，能准确地演唱或演奏长短不同的音。音符可分为单纯音符、附点音符和休止符。

1. 单纯音符

　　短横线用于表示音的长短，写在基本符号右边的短横线叫增时线，写在基本符号下边的短横线叫减时线（如表 11-1 所示）。

表 11-1

名　称	全音符	二分音符	四分音符	八分音符	十六分音符
简谱写法	5－－－	5－	5	5（55）	5（5555）
图示划拍	∨ ∨ ∨ ∨	∨ ∨	∨	↘↗	↙↘↗
拍数（以四分音符为一拍）	4 拍	2 拍	1 拍	1/2 拍	1/4 拍

2. 附点音符

　　写在音符右边的小圆点叫附点，表示延长前面音符时值的一半（如表 11-2 所示）。

表 11-2

名　称	附点二分音符	附点四分音符	附点八分音符	附点十六分音符
简谱写法	5－·	5·	5·	5·
图示划拍	∨ ∨ ∨	∨ ↘	↘↗	↘
拍数（以四分音符为一拍）	3 拍	1 拍半	3/4 拍	3/8 拍

3. 休止符

　　记录不同长短的音的间断符号叫休止符。简谱的休止符用"0"表示，如表 11-3 所示。

表 11-3

名　称	全休止符	二分休止符	四分休止符	八分休止符	十六分休止符
简谱写法	0000	00	0	0	0

11.3.3　音的强弱

　　掌握好乐曲的强弱变化也是正确识谱的基本条件。

　　（1）小节：从一个强拍到另一个强拍之间的间隔叫小节。

　　（2）小节线：划分小节的线用单纵线"｜"来标记。

　　（3）终止线：表示全曲结束的符号，用前细后粗的双纵线标记"‖"。（记在音乐作品的明显分段处。粗细相同的复纵线"‖"则只表示音乐告一段落，而不表示全曲的完结。）

　　（4）弱起小节：乐曲的第一个音起于弱拍位置，这个开始的小节叫弱起小节，或叫不完全小节；一般它的最后一小节也是不完全的，但首尾两个小节的节拍相加，成为一个完全小节。如《国际歌》就是这样。

（5）节拍：在音乐中，以同样音值，有规律地循环重复出现的强弱现象叫作节拍。常见的节拍有 2/4 拍、3/4 拍、4/4 拍、6/8 拍等。

（6）拍子：用固定的音值（音符）和数字来表示节拍的单位叫拍子。每小节只有一个强拍的叫单拍子，常见的单拍子每小节有两个或三个单位拍。由两个或两个以上同类单拍子组合而成的叫复拍子。根据节拍的自然规律，复拍子中的第一个强拍叫强拍，第二个、第三个……强拍叫次强拍。

（7）拍号：表示节拍的记号，比如 2/4，就是以四分音符为一拍，每小节有两拍；它是借用分数的记号来表示的，一般写在乐曲的左上方，如表 11-4 所示。

表 11-4

名　称	四二拍	四三拍	四四拍	八三拍	八六拍
简谱写法	2/4	3/4	4/4	3/8	6/8
强弱规律	●○	●○○	●○◐○	●○○	●○○◐○○
说　明			●表示强拍　◐表示次强拍　○表示弱拍		

11.3.4　常用记号

1. 唱法记号

（1）音记号：用弧线"⌒"标记。

如 5 – │ 5 – │ ⌒ 表示弧线内相同音高的音，只唱第一个，音时值是两个音之和，（5 – – –唱四拍）。

（2）保持音记号：用短横线"–"标记。保持音要唱得稍强，并充分保持时值。

（3）强音记号：用"＞"标记，表示要按强音的力度唱。

（4）延长记号：用"⌒̣"标记。延长多长没有严格规定，可由演唱（奏）者自行决定。

（5）换气记号：用"∨"标记，表示在此处换气。

2. 装饰音记号

（1）倚音：用来装饰主要音的小音符叫倚音。

（2）波音：由主音和其上方或下方邻音，迅速做一次或两次交替。

（3）音：由四个或五个音组成的旋律型装饰音。

Ⅰ 顺回音用"⌒"标记，1=2171。

Ⅱ 逆回音用"φ"标记，1=7121。

3. 反复记号

（1）标有"：‖"记号，表示从头反复。

（2）标有"‖：……：‖"记号，表示记号内反复，说明记号中的一段音乐要反复演唱（奏）

一遍。

（3）标有"D·C"记号，表示由三部分组成的乐曲，当第三部分与第一部分相同时可不重抄，而在第二部分的结束处写上"D·C"，来表示音乐从头反复，到第一部分记有"Fine"字样处结束。

（4）标有"𝄋与D.S."记号，表示由三部分组成的音乐，如果第三部分不是从第一部分的开头反复，而是从第一部分的某段开始反复，则在某段开始处写上"𝄋"记号，在第二部分的结束处写上"D·𝄋"，表示从"𝄋"处反复到"Fine"处结束。

（5）标有"⊕"记号，表示反复省略，从头唱跳过"⊕……⊕"接结尾。

11.3.5　表情记号

表情记号常写在曲谱的中间部分，标明音乐的基本情绪。目前表情记号使用的都是原来意大利文的音乐术语，把它缩写或简化后即成为常用的表情记号，特别是在器乐曲中用得最多。中文的音乐的表情记号是从意大利文翻译过来的。为方便起见，下文采用中意文对照的形式。

意大利文	中文
a tempo	回原速
alla	如同……一样的
cantando	如歌的
Con moto	活跃的，稍快的
Dolce	甜蜜的，温柔的
Molto	很，甚
ten.=tenuto	音要尽量保持
adagio	慢板
agitato	激动地
Adagio	柔板
Andante	行板
Andantino	小行板
alla Marcia	进行曲风格
allegrissimo	极快的
allegretto	稍快板
allegro	快板，急速的，快节奏的
Grave	极缓慢的
Legato	圆滑的
Morendo	逐渐消失
Vivo	活泼

本章小结

学生通过本章的学习，可以利用音乐讲述内心感受，塑造自己的性格，自身的音乐审美能力、感性素质及对美丑好坏的评价能力能得到提高，音乐基础知识得以丰富。

本章作业

选择题

1. 音乐术语 cantando 的中文含义是（　　　　）。

　　A．回原速　　　　B．激动地　　　　　C．极快的　　　　　D．如歌的

2. （　　　　）是某个调式所在的精确音高位置。

　　A．和声　　　　　B．调性　　　　　　C．复调　　　　　　D．音区

3. 音乐的表现手段包括（　　　　）、节奏、节拍、速度、力度、音区、音色、和声、复调、调式、调性。

　　A．旋律　　　　　B．语言　　　　　　C．音调　　　　　　D．感觉

第 12 章　中国民歌欣赏

　　本章主要介绍中国民歌的体裁——劳动号子、山歌和小调，以及各种体裁相应的作品；通过讲解中国民歌的历史和特点，教会学生欣赏音乐的方法；通过对各种民歌体裁的分析，提升学生的欣赏水平。

　　学习目标：学习民歌的产生以及不同地区民歌的发展，了解民歌主要作品的创作背景和内容。

　　素养目标：让学生感受劳动者热爱劳动、热爱生活的情趣，传承中华民族民间音乐文化，增强学生的民族自豪感和文化认同感。

　　民歌是民间歌曲的简称，是劳动人民在生活中自己口头创作、自己演唱，通过口耳相传的方式传播的歌曲。它不受专业作曲技法的限制，不适用曲谱固定版本，因此，民间歌曲集中了不同时代无数劳动人民的智慧，集中体现了一个民族或地区的人们的审美和追求。

12.1　劳动号子

　　劳动号子从字面上解释，是一种直接伴随着集体劳动的民歌，具有协调及指挥劳动的实际功用。按劳动的性质和特点，劳动号子一般可归纳为工程号子、船渔号子、搬运号子、作坊号子、农事号子等。沉重的体力负荷赋予了劳动号子吆喝、呐喊的特点。因此，北方习惯称之为"吆号子"，南方称之为"喊号子"，四川称之为"哨子"。

12.1.1　劳动号子的音乐特点

　　（1）以节奏见长，节奏的紧与密是配合劳动强度而进行变化的。

劳动强度越大，节奏越紧凑、急速；劳动强度越小，节奏越松弛、舒展。这说明劳动的节奏特点与演唱者所从事的工种密切相关。所以，劳动号子的另外一个特点就是工种性强：打夯时唱的号子，要求节奏规整有力；挑担时唱的号子，要求节奏短促轻捷；在风平浪静的情况下唱的划船号子，节奏悠长舒展，旋律逶迤起伏。同时，劳动强度越大就会越制约音乐的表现力，劳动强度越小，号子的演唱者就越有更多的余力去考虑所唱号子的艺术表现力。

（2）旋律短小简单，反复出现。音调铿锵有力、粗犷豪迈、质朴单纯，起着统一动作、协调力度的功能。

（3）歌词常是即兴编唱的，其内容广泛，有叙事的，有抒情的，有诙谐的，有爱情的，也有的索性就是唱现场的情景。题材不限，常常是演唱者根据看到的、听到的、想到的即兴发挥、自由抒发。广泛的生活题材能引起劳动者的兴趣，起到调剂精神、鼓舞干劲的作用。

（4）演唱形式多为"一领众合"。《淮南子》记载："今夫举大木者，前呼'邪许'，后亦应之，此举重劝力之歌也。"即干力气活的，需要几个人共同完成，这就需要统一劳动节奏，一人领唱而众人和之。这就是"前呼""后应"——大家在一起唱，必须有一人居于领唱地位。领唱者是劳动的指挥者，领唱部分一般高亢嘹亮、多唱实词，合唱部分坚实有力、多唱虚词。领唱与和腔交替进行。

12.1.2　欣赏《川江号子》

《川江号子》是我国最著名的行船号子之一。全曲共有八段，由五种号子连套组成，表现了平水—见滩—上滩—拼命—下滩的各种劳动过程。情绪逐渐高涨，节奏层层紧缩，旋律由悠扬舒缓变得高亢、激昂，甚至紧张地呼号。整个号子生动地展现了船夫们同惊涛骇浪英勇搏斗的情景，音乐丰富多变，具有很强的艺术性。

《平水号子》是风平浪静时唱的。领唱者用比较自由的节奏以及悠扬、舒缓的曲调演唱，众人以缓和而平静的节奏相和。

《见滩号子》是当船即将进入险滩或天色突变时唱的。领唱者提高嗓门，向大家发出警告，众人以沉着、有力、充满信心的呼声应和。句幅逐渐缩短，领与和的交替逐渐收紧，节拍由 4/4 变为 2/4。

《上滩号子》是当风暴来临，船驶入险境与凶滩恶水搏斗时唱的。领与和变成半拍相接，领部短促的呼喊与和部自由应和，不再出现具体的唱词，形成一幅紧张劳动的画面。

《拼命号子》是当船行至最危险、最紧张的关头时唱的。此刻，人们都处在性命攸关之际。他们不再是唱，而是近乎于呐喊，领和重叠，扣人心弦。

《下滩号子》是当船驶过险滩或风暴停息时，大家松了一口气，船又行驶在平静江面时唱的。节奏舒缓、音调平和，歌声随船渐渐远去，消失于碧水蓝天之中。

12.2 山歌

山歌是地方色彩最浓、风格最强的一种民歌。山歌顾名思义就是"山野之歌"，中国《辞源》里早就有解释，山野乃"山陵原野"也。实际上，不仅是山上唱的，平原荒野所唱的也叫山歌。山歌是劳动人民在山野里进行个体劳动或非协作性劳动时，自由抒发内心感情的民歌。

我国山歌种类繁多、分布很广、丰富多彩，在各地都有不同的名称。在北方地区：陕北叫"信天游"，内蒙古叫"爬山调"，青海、宁夏叫"花儿"，山西叫"山曲"等；在南方地区：四川叫"晨歌"，苗族叫"飞歌"，云南叫"弥渡山歌"，江西叫"兴国山歌""客家山歌""柳州山歌"等。另外，山歌在草原被称为"牧歌"，在水乡被称为"渔歌"等。各地的山歌因当地的文化、环境、风俗等因素的影响，内容、曲调、风格上也会有差异。例如：陕北是抗日革命根据地，所以当地的信天游的内容创作上也颇受红色思想的影响；山曲所流行的地区因地理原因，人民生活困苦，走西口现象成为常态，所以当地山歌的内容也多与男人走西口有关。

12.2.1 山歌的音乐特点

（1）节奏舒展而自由，具有强烈的抒情性。有时为了使歌声传得更远、感情抒发得更充分，常常在歌曲前面加上一个呼唤性的衬词，如啊、吔、哎或"哎呀来嗨……"等配合的自由延长音，以充分抒发感情。

（2）曲调一般比较爽朗、质朴、悠扬、嘹亮、顺口、悦耳。句尾较多用甩腔，有浓郁的地方色彩。但山歌曲调的类型也不一样，如信天游的曲调就有两种类型，一种是音调高亢辽阔、节奏自由、起伏较大的。另一种是抒情柔和型，旋律更加平缓流畅，起伏较小。

（3）歌词多即兴创作，内容多反映爱情生活，带有随意性。一是上下句唱词句尾押韵，唱词的内容没有太多关联，只是在句尾的韵脚上求得了统一而已。如信天游，"信天游"原为无拘无束、自由自在之意，现特指流行于陕西北部、甘肃及宁夏东北部的一种山歌。信天游的歌词很随意，多为上下句结构，两句就是一首歌，有的要反复若干遍。如"信天游，不断头，断了头，就无法解忧愁。"二是上句常常用比兴的手法，下句才点出主题。所谓"比"，就是比喻；所谓"兴"，就是寄托。如《蓝花花》这首歌的歌词一共八段，每段的上句都运用了比兴的手法。第一段："青线线那个蓝线线，蓝个英英的采，生下一个蓝花花实实地爱死人。"第二段："五谷里的那田苗子，数上高粱高，一十三省的女儿呦，要数那个蓝花花好。"……

（4）演唱形式以独唱或对唱为主。山歌除了用于激发劳作的热情和活力，还包含了群众对于历史时代的歌颂或对生活的感悟，如革命时期的革命山歌，彰显了中华儿女的精神风貌。有些地区的山歌由于受生活条件及语言的限制，又多为即兴编唱，故山歌流传的局限性较大，甚至不少山歌很难出省、出县，因此保留了浓郁的乡土气息。

12.2.2　音乐风格与歌唱特点

（1）高腔山歌——曲调高亢、嘹亮、激昂、奔放，音域较宽，音程跳动也较大，拖腔长，节奏自由而富于变化。曲前常有吆喝性的喊句，演唱时多用真假声交替。如四川的《槐花几时开》、安徽的《挣颈红》、甘肃的《牧羊山歌》等。

【作品赏析】《上去高山望平川》

这是一首"河湟花儿"的高腔山歌。"花儿"和"少年"的命名很简单，是青海、甘肃、宁夏一带的人们对自己日常所唱歌曲的称呼。其渊源可以追溯到清代，乾隆年间就有这两个词了。这是出于歌词中常把女子比作"花儿"，把小伙子比作"少年"的缘由。因花儿有特定的青年男女交往定情之意，当地的青年男女常常在专门的"花儿会"上演唱。

《上去高山望平川》用隐喻手法，表现了歌者对意中人的爱慕与渴望。《上去高山望平川》是"河湟花儿"里最有代表性的曲令，叫"河州大令"。河州是甘肃临夏的古称，也是花儿的传播中心。像多数民歌那样，这首歌也使用了大量衬字，唱词很口语化。

全曲是由上乐句＋半乐句（上句的部分扩充）＋下乐句组成的单乐句。基调基本用"啦哆来嗦"（6125）四个音组成，形成一种独特风格的五声徵调式。

连续四度音上下跳进，给人一种辽阔、挺拔之感。

（2）平腔山歌——曲调悠长，进行平稳，节奏较为自由，拖腔较短，这类山歌最为普遍，如云南的《小河淌水》、江西的"兴国山歌"等。

【作品赏析】《小河淌水》

这是一首云南弥渡地区的汉族山歌，属平腔山歌，用简洁精致的结构和质朴流畅的旋律，表现美丽聪慧的阿妹，见景生情，望月抒怀，深切思念心中的阿哥。

全曲是由五个乐句构成一个复合乐段的五声羽调式。基调基本用"来哆啦"（216）的曲调进行，具有云南地方特色。

（3）矮腔山歌——曲调优美、柔和，音域不宽且大跳少，结构比较洗练，节奏规整，无拖腔，多用真声演唱，如陕北的《赶牲灵》、湖南的《一根竹竿容易弯》、河北的《掏洋芋》和四川的《太阳出来喜洋洋》等。

【作品赏析】《太阳出来喜洋洋》

这是一首流传较广、深受欢迎的四川民歌，属矮腔山歌。全曲旋律悠扬舒展，起伏不大，节奏明快，采用一字一音，音域不宽，只有六度，是由两个乐句构成的五声商调式。这是一首四川儿童上山砍柴时唱的山歌，形式简单，乐观爽朗。乐句中大量使用呼牛的吆喝声和模仿锣鼓声的衬词，表现了歌唱者热爱劳动、热爱山区生活的情感和开朗乐观的性格。

12.3　小调

　　小调又称作"小曲"，是民歌中数量最多、流传最广的一种体裁，它广泛传播于城镇集市，易于被不同人士接触。演唱小调的不再只有劳动人民，还出现了大量的半职业和职业艺人，经过他们的加工提炼，小调节奏规整，曲调更加细腻委婉，逐渐成为一个更"艺术化"的品种。小调所唱的题材十分广泛，从婚姻情爱到风土人情，从娱乐游玩到历史故事甚至民间传说等，几乎无所不包。作为一个比较成熟的艺术品种，小调在人们现实生活中的作用和影响是很大的。小调的音乐特点如下。

　　（1）节奏一般比较规整，结构比较严谨。

　　（2）旋律比较流畅温润，柔和抒情。

　　（3）歌词比较固定，常用"四季""十二月""五更"等连缀每段歌词。将抒情性与叙事性融为一体，多数采用多段体分节歌的陈述方式。

　　（4）演唱形式以独唱为主，有二胡等乐器伴奏。

　　（5）基本曲体为四句型结构，其关系是"起、承、转、合"。另还有两个乐句相互应答、互为补充的对应式结构。

　　【作品赏析】《茉莉花》

　　这是一首江南民歌，以优雅、婉转、清丽而著称，感情细腻而含蓄，和北方健朗、粗犷、风趣的风格有所不同。江南小调的旋律多用级进及环绕音〔56532〕〔61653〕〔12165〕，使旋律柔和、细腻、平静、流畅、秀丽，富于叙述性、抒情性。

　　《茉莉花》是一首流行于全国的小调，不仅在全国各地广泛流传，而且被运用到不少民间器乐曲中，成为一个曲牌。其有各种各样的变种，流行最广泛的是江浙一带的一首。它旋律委婉、感情细腻，以香秀的茉莉花比喻爱情的甜美和对婚姻自由的追求。从18世纪末起，它还流传到了欧洲和美国等地，作为中国民歌的典型广泛传布。1924年，意大利作曲家贾科莫·普契尼创作的歌剧《图兰多》以中国元朝为背景，虚构了一位美丽而冷酷的公主图兰多的故事。普契尼吸收了《茉莉花》的音调并作为音乐主题，贯穿全剧。《图兰多》自首演至今，久演不衰。同时，随着这部经典歌剧的流传，中国《茉莉花》的芳香也传遍世界各地。

　　【作品赏析】《绣荷包》

　　《绣荷包》的题材在我国汉族各个地区的小调中很常见，内容反映青年男女淳朴真挚的爱情生活。刺绣是农村女子的爱好，亲自绣荷包送情人，刻画了女子思念情人时的内心活动。各地都有以"绣荷包"为名的歌，如山西、云南、四川、江苏等地区，各地的"绣荷包"在歌曲所表达的情绪上均有差异，其中以山西的"绣荷包"最为人们所熟悉。

　　这种民歌的曲调全曲一般只有两个乐句，采用五声商调式，是由五段歌词组成的分节歌。其以情人捎信写起，从买针线到选绸料，从剪花样再到刺绣，叙述了绣荷包的整个过程，最后唱出内心的期盼："哥哥你见荷包，早早地把家还。"曲调明快，装饰性强，有起有伏，上行多用跳进，下行级进迂回进行，这样使旋律既明快、爽朗，又柔和、抒情，能表现女子复杂、热烈、脉脉情深的内心世界。

中国民歌自产生至今跨越了上千年的历史，种类丰富，是现代很多音乐体裁的前身和范本。无论是粗犷豪迈的劳动号子，还是质朴爽朗的山歌，抑或是优美婉转的小调，无不体现了中国劳动人民闪耀的智慧光芒，值得我们去细细品味，并通过不同形式推动其发展传承下去。

本章小结

通过本章学习，学生能感受到中华民族民间音乐简练而又丰富的表现手法，以及劳动者热爱劳动和生活的情趣，民族自豪感和爱国主义思想油然而生。

本章作业

选择题

1. 下列不属于民歌体裁的是（　　　　）。

　　A. 号子　　　　　　B. 山歌　　　　　　C. 小调　　　　　　D. 诗歌

2. 许多地区的山歌有自己的称谓，例如陕北的"信天游"、山西的"山曲"、内蒙古的（　　　）等。

　　A. 爬山调　　　B. 田秧山歌　　　C. 放牧山歌　　　D. 采茶山歌

3. 意大利作曲家普契尼创作歌剧（　　　）时，选用《茉莉花》作为主题音乐，以中国元朝为背景，虚构了一个美丽而冷酷的公主图兰多的爱情故事。

　　A.《波希米亚人》　　　　　　　　B.《图兰多》

　　C.《托斯卡》　　　　　　　　　　D.《蝴蝶夫人》

4. 在音乐性格方面，山歌（　　　），往往曲调的一开始就出现全曲的最高音，热情洋溢，并任其自由倾泻，不需要多层次的铺垫和感情的节制。

　　A. 热情奔放　　　　　　　　　　B. 细腻悠长

　　C. 感情节制　　　　　　　　　　D. 铺垫众多

第 13 章　中国民族器乐欣赏

本章主要介绍中国的民族传统乐器，通过对这些乐器的历史沿革、结构特征、音色特点等方面的学习，使学生对我国的民族传统乐器有一个较为深刻的了解；同时介绍几首具有代表性的传统民族器乐作品，包括作品的曲式结构、旋律、调性等，以提升学生鉴赏音乐作品的能力。

学习目标：了解中国民族乐器的分类，认识中国民族乐器。

素养目标：通过对中国民族乐器的认知及对传统器乐曲的欣赏，培养学生对音乐的感受力、鉴赏力、表现力和创造力，提升学生的音乐鉴赏及音乐分析能力，增强学生对中国传统文化的认同感与民族自豪感。

13.1　民族器乐概念及发展历史

13.1.1　民族器乐的概念及民族乐器分类

1. 民族器乐的概念

民族器乐是指由民族乐器结合一定演奏技巧所演奏的器乐曲音乐。民族器乐是中国民族音乐的一个不可缺少的组成部分。几千年来，无论是歌唱、舞蹈、戏曲音乐、说唱音乐，还是各民族的习俗活动，都伴有器乐的伴奏等。现在流行的有笛、二胡、琵琶、丝竹、胡琴、筝、鼓等，都是代表着中华音乐文化的传统乐器。

中国的民族乐器历史悠久、种类繁多，仅从已出土的文物可证实：远在原始社会时期，我国就有了多种多样的乐器。据考古发现，新石器时代文化遗址浙江河姆渡出土的骨哨，河南舞阳县的贾湖骨笛，仰韶文化遗址西安半坡村出土的埙，河南安阳殷墟遗址中出土的石磬、木腔蟒皮鼓，湖北随县曾侯乙墓（公元前 433 年入葬）出土的编钟、编磬、悬鼓、建鼓、枹鼓、排箫、笙、篪、瑟等都是最直接的例证。

2. 民族乐器的分类

我国地域辽阔、民族众多，民族乐器的种类也很多，按制作材料划分有金、石、土、革、丝、木、匏、竹，即"八音"分类法（据《周礼·春官》），包括编钟、石磬、埙、鼓、三弦、阮、笛子等七十多种常用民族乐器；按乐器演奏方法和发音特点划分，有吹奏乐器、拉弦乐器、弹拨乐器与打击乐器四类。

（1）吹奏乐器

中国吹奏乐器的发音体大多为竹制或木制，其根据起振方法可分为三类：第一类，以气流吹入吹口激起管柱振动，有笛、箫等；第二类，气流通过哨片吹入使管柱振动，有唢呐、管子等；第三类，气流通过簧片引起管柱振动，有笙、抱笙、排笙、巴乌等。

笛（见图 13-1）。考古发现，河南省舞阳县出土的贾湖骨笛，是目前已知的我国年代最早且仍能用以演奏的乐器实物，距今约有九千年的历史。笛现今已发展成为我国各地普遍使用的一种吹奏乐器，竹制，常见的是六个指孔、一个吹孔、一个膜孔，还有几个出音孔。笛膜一般用嫩芦苇秆中的内膜制成。

笛子的音域为两个八度多一点，音色清脆、高亢、嘹亮，表现力强，是一种重要的吹奏乐器。

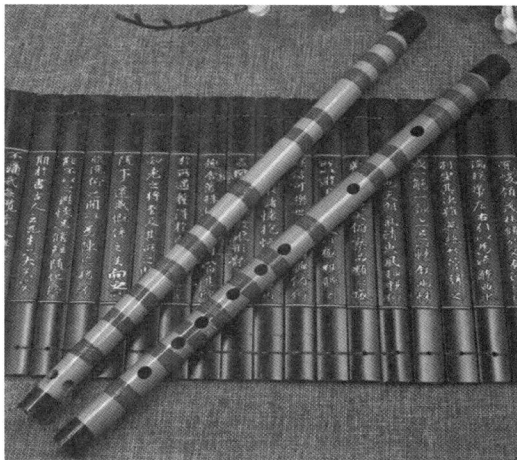

图 13-1 笛

当代笛子的发展呈现出地域性的特点，北方常用梆笛作为独奏或伴奏乐器，南方则用曲笛比较多。梆笛笛身较细短，音色高亢明亮，演奏技巧主要有吐音、颤音、滑音、垛音等，演奏风格豪放质朴。梆笛的主要代表人物有冯子存、刘管乐等，冯子存的主要代表作品有《五梆子》《喜相逢》《黄莺亮翅》等。曲笛笛身较粗长，音色浑厚而圆润，主要有垫音、泛音、打音、颤音等演奏方法，演奏风格细腻柔美。曲笛的主要代表人物有陆春龄、赵松庭等，主要代表作品有陆春龄的《鹧鸪飞》、赵松庭的《早晨》等。

中华人民共和国成立后，笛子独奏的表现形式迎来了新发展，诞生了一大批脍炙人口、具有代表性的曲子，比如梆笛曲《我是一个兵》《扬鞭催马运粮忙》，曲笛曲《姑苏行》《婺江风光》等。

箫（见图 13-2）是用竹子做的吹奏乐器，单管，竖吹。它与笛子的外形略有不同，演奏方法、发音原理类似，只是横吹者为笛，竖吹者为箫。笛子的音色比箫的听起来更灵活一些，且音量与力度变化幅度也更大。箫的低音区深沉而有共鸣，弱奏时很有特色；中音区圆润、优美，是最好的音区；高音区的音色稍微显得紧张、发虚，一般情况下较少用。箫的音色柔和优美，适宜演奏悠长、恬静、抒情的旋律，多用于独奏或是合奏。箫的代表作品有《妆台秋思》《关山月》等。

唢呐（见图 13-3）俗称"喇叭"，是我国普遍流行的吹奏乐器，有八个按音孔（第七孔在反面）。各地唢呐的形制不一样，大体上分为高音唢呐、中音唢呐、低音唢呐，还有一种调门高的比高音唢呐体形更小的唢呐，通常称为"海笛"。

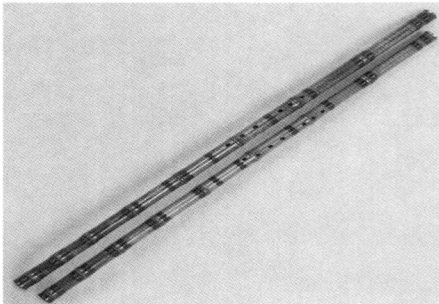

图13-2　箫

图13-3　唢呐

唢呐最初流传于波斯、阿拉伯一带，公元 3 世纪时才传入中国，现成为我国民间吹打乐中的主要乐器。唢呐演奏技巧复杂，音色变化丰富，表现力极强，宜于表现欢快、热烈、雄壮或者悲怆的音调。唢呐在民间吹打乐和地方戏曲中经常作为领奏乐器。它的声音宏大有力，音色高亢嘹亮，常用作室外演奏，是民间婚丧仪仗和吹打合奏中的主要乐器。唢呐的独奏曲目多源自民歌、地方戏曲、民间小曲和戏剧曲牌，具有浓厚的乡土气息和民间风味。经过不断发展，唢呐丰富了演奏技巧，提高了表现力，已成为具有特色的独奏乐器。传统唢呐曲目《百鸟朝凤》，于 20 世纪50 年代初曾在第四届世界青年联欢节上获民间音乐比赛银质奖。

管（见图 13-4）也叫管子，起源于古代波斯，在中国古代曾被称为"筚篥"或"芦管"，主要流行于我国北方地区。管身木制，以双簧哨片发音。管子的演奏技巧与唢呐类似，其音色明亮，声音粗犷，可独奏，也可参加重奏或合奏。在一些地区的吹打乐队或戏曲伴奏乐队中，管子往往是领奏乐器。著名管子乐曲有《小放驴》《柳叶青》《小二番》等。

笙（见图 13-5）是中国古老的簧管乐器，也是世界上最早使用自由簧的乐器。笙是由簧

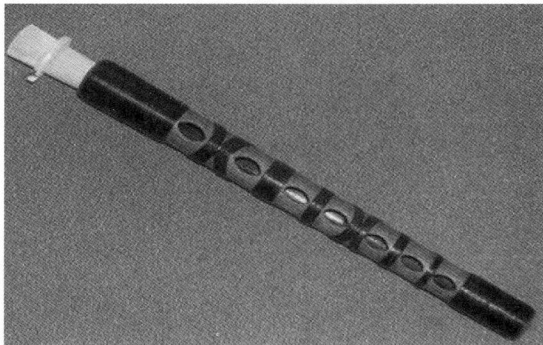

图13-4　管

片、笙管、斗子三部分组成的，分高音笙和中音笙两种。笙具有管、簧混合的音色，高音清脆、透明，中、低音优美、丰满，易与其他吹奏乐器的声音融为一体，是民间吹打乐队中不可缺少的乐器，在民族管弦乐队中也同样占有重要地位。在中国古代音乐漫长的发展历程中，笙一直担任着伴奏乐器、合奏乐器的角色，经过胡天泉、阎海登等人的努力，笙已经逐渐成为别具风格的独奏乐器，开始拥有越来越多的独奏乐曲。目前，乐队中还使用经过改革的中音抱笙、低音抱笙以及排笙（带有类似风琴的键盘，也叫"键盘笙"，用口吹气，或者用脚踩踏板带动风箱）。和多数

其他中国乐器的情况类似，笙在历史上没有存留一首名曲，现在听到的笙曲都是近几十年的新创作品，如《凤凰展翅》等。

（2）拉弦乐器

中国有文字记载的拉弦乐器多达 36 种以上，一般统称为胡琴。胡琴有二胡、高胡、板胡、中胡及京胡等。拉弦乐器声音优美，有极丰富的表现力，需要很高的演奏技巧和艺术水平，被广泛使用于独奏、重奏、合奏与伴奏中。

二胡（见图 13-6）由琴筒、琴杆、琴轴、弓、千斤、琴弦等部分构成。琴筒（共鸣箱）是用木头制成的，上面蒙的是蟒皮，是二胡重要的发音体。二胡的演奏技法丰富，右手的演奏技法有连弓、抖弓、甩弓等；左手的演奏技法有揉弦、拨弦、泛音、滑音等。二胡音色柔美，表现力极强，音域比较接近人声，因此善于表现抒情、歌唱性的旋律，在乐队中占有重要位置。

图 13-5　笙

二胡得到了许多民族音乐家的青睐，如大家熟知的无锡街头民间艺人阿炳。阿炳苦难的人生充满着戏剧性，也正因如此，他的艺术作品显示出了独特的魅力，那是一种包含了民间音乐精华和神韵的传统音乐。阿炳原名华彦钧，自幼随父亲（无锡雷尊殿道士华清和）学习民族乐器。阿炳拥有极高的音乐天赋，吹拉弹打样样来得，尤以琵琶、二胡演奏得最好。他 35 岁时双目失明，离开道观流落街头，靠卖艺为生。他虽生活潦倒却不畏权贵，坚持自己的底线，不接受施舍，不吃嗟来之食。他所创作的作品处处倾吐着不做亡国奴的爱国之情。那时候的无锡人几乎没有不知道阿炳的，但他真正的知音，是音乐家杨荫浏。

图 13-6　二胡

正是因为杨荫浏，阿炳的《二泉映月》等诸多作品才得以流传于世。这首广为人知的《二泉映月》，所表达的内容、情感，实际与这个风雅的名字并没有什么关系。这首作品主要表达的是阿炳自己悲苦的生活，他把自己的所见、所思、所想、所感化作一个个音符，书写进这首作品里。这首作品不仅展现了阿炳个人悲苦的一生，也让当时许多生活在社会底层的劳动人民在情感上产生了共鸣，因此流传甚广。

如果说阿炳走的是民间音乐家路线，那么刘天华就是一位正儿八经的民族器乐演奏家和现代作曲家。他出生在一个知识分子家庭，自小开始接触西洋铜管乐器，后跟随周少梅等著名民间音乐家学习二胡，且造诣颇深。1922 年，刘天华被聘到北京大学任国乐教师。他创作的二胡曲注重中西方音乐的融合，既保留了中国音乐的传统，又借鉴了西方音乐的作曲技巧，艺术性很高。

板胡（见图 13-7）的共鸣箱用半个椰子壳做成，为碗状，它的音箱不蒙皮，而是蒙一块薄的桐木板，因此才有了板胡的名称。板胡与其他胡琴不一样，它是明末随着梆子腔的出现而产生的，主要用于伴奏、合奏，现也可用于独奏。它音色高亢嘹亮，表现力强，擅长表现活泼、热情、奔放的音乐，正好适合为"慷慨悲歌"的梆子腔伴奏。因此，在评剧、河北梆子等戏曲音乐中，板胡担任重要角色。板胡的主要代表曲目有《大起板》《秦腔牌子曲》等。

中胡（见图13-8）是中音二胡的简称，是在二胡基础上改制的一种乐器，音色丰满、沉厚，略微带一点鼻音的感觉。中胡在乐队中经常用来演奏和弦的中间声部，如协奏曲《苏武》等。有时中胡也用于独奏，如独奏曲《草原上》等。

高胡（见图13-9）是高音二胡的简称，又叫"粤胡"，根据二胡改制而成。高胡的形制比二胡略微小一些，后口无音窗，音域为两个八度加一个纯五度，音色比二胡明亮。高胡在乐队中属于高音乐器，经常用来独奏、重奏，是广东音乐的常用乐器之一。

京胡（见图13-10）是在皮黄腔戏兴起后专门用于京剧伴奏而得名的一种拉弦类乐器。京胡的特点是琴筒、琴杆都是用竹子制成，琴筒上蒙的是蛇皮，过去用的是丝弦，现在改用金属弦。京胡声音刚劲嘹亮，具有很强的穿透力。京胡因为弦较短，音域不宽，所以不适于一般音乐演奏或为歌舞伴奏。

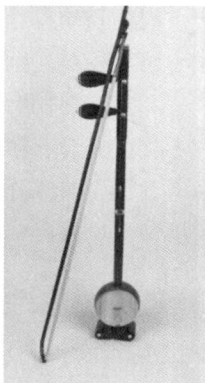  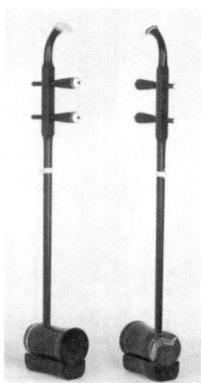 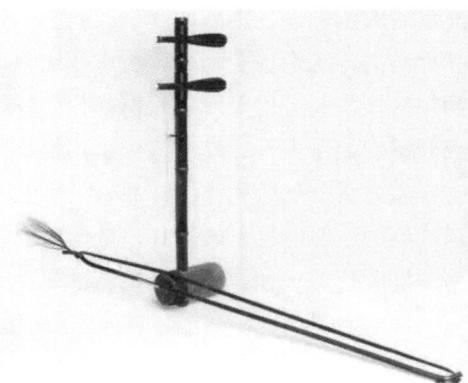

图13-7　板胡　　图13-8　中胡　　图13-9　高胡　　　　图13-10　京胡

（3）弹拨乐器

弹拨乐器历史悠久，有文字记载的多达40种以上。弹拨乐器是以手指或拨子拨弦，以及用琴竹击弦而发音的乐器的总称。中国的弹拨乐器分横式与竖式两类。横式如筝、古琴和扬琴等，竖式如琵琶、阮、月琴、三弦、柳琴、冬不拉和热瓦甫等。弹拨乐器音色明亮、清脆，有右手戴假指甲与用拨子两种弹奏方法。

图13-11　筝

筝（见图13-11）是一种古老的乐器，早在战国时期就已经在秦国流行，所以也叫秦筝，现在有人称它为古筝。筝的音域宽广，高、低两个音区的音色对比显著。其声音、音韵优美华丽。高音区音色清脆纤细，低音区音色浑厚明亮，中音区音色清亮圆润。筝演奏技巧复杂，表现力十分丰富，它的刮奏善于表现行云流水的意境和细腻委婉的情调。筝经常作为独奏乐器使用，有时也在乐队中参加合奏。

筝的拨奏在广大地区的流传中，融合地方民间音乐，形成了不同音乐风格和演奏技法的地方流派，例如河南筝曲《河南八板》《上楼》《渔舟唱晚》等，山东筝曲《汉宫秋月》《鸿雁捎书》《嘤啭黄鹂》等，浙江筝曲《高山流水》《将军令》《月儿高》等，潮州筝曲《寒鸦戏水》《柳青娘》《昭君怨》等，客家筝曲《出水莲》《蕉窗夜雨》等。

琴（见图 13-12），又称古琴、七弦琴等，是我国具有悠久历史的弹拨乐器，在汉文化中地位崇高，自先秦流行至清末民初衰落。琴琴身狭长，木制，张七根弦。琴面边缘处有十三个圆形的标志，叫作徽，用以标明音节及泛音的位置。琴有散音（不按弦）、按音、泛音三种音色，音色富于变化，以演奏旋律。琴也可演奏琶音、双音与和弦，有很强的表现力。琴常用于独奏、小型合奏以及歌唱的伴奏，一般易于表现古雅、抒情、深刻、细腻而节拍比较缓慢的作品。如体现友情无价的古琴曲《阳关三叠》，把送友人

图 13-12　琴

去关外服兵役时的不舍心情表现得淋漓尽致。

扬琴（见图 13-13）起源于中东及波斯古国，是外来乐器，于 16 世纪传入中国，所以又叫作"洋琴"。扬琴的发音原理类似弹拨乐器，但在演奏方法上属于打弦乐器，这里归到弹拨乐器讲解。扬琴在中国已有 400 多年的发展历史，音箱是木头做的，上面布满了钢丝弦，基本演奏方法是双手持琴竹，用琴竹上的橡胶部分敲击琴弦发出清脆利落的乐音。另外还有一种特殊的演奏方法，是将琴竹旋转 180 度，以背部的竹面直接拨弦，代替橡皮击弦，产生的声音略带金属音质。扬琴音色清脆明亮，演奏技巧灵活，音域宽广，声音刚柔并济，表现力丰富，因此有人把它称作中国的钢琴。扬琴可以独奏、伴奏，或是参加合奏。

琵琶（见图 13-14）是中国历史悠久的主要弹拨乐器，经历代演奏者的改进，至今形制已经统一。琵琶的形状如同纵向剖开的长梨，它的面板是用梧桐木做的，上面装有四根弦，演奏者主要用右手弹奏，五个手指均缠戴指甲形状的拨片。琵琶音域宽广，演奏技巧繁多，表现力极其丰富，它不仅擅长演奏典雅抒情的文曲，也能表现铿锵有力的激昂的武曲。琵琶是民族管弦乐队中弹拨声部的主要乐器，也是乐队中不可缺少的常规乐器。琵琶的代表曲目有《十面埋伏》《海青拿天鹅》《夕阳箫鼓》等。

图 13-13　扬琴

阮（见图 13-15）分为小阮、中阮、大阮、低阮四种，乐队中经常使用的是中阮和大阮。阮音域宽广，声音柔和丰满，音

色淳朴圆润，演奏技巧比较简单，可以独奏，多数情况是作为伴奏乐器使用，还可重奏、合奏、齐奏。

三弦（见图13-16）分大小两种，北方曲艺中的"单弦"用的是大三弦，南方"苏州评弹"用的是小三弦。三弦音色明亮、浑厚，音域宽广，演奏技巧灵活，普遍用于民族器乐合奏，是戏曲音乐和说唱音乐的重要伴奏乐器。三弦也可以作为独奏乐器使用。

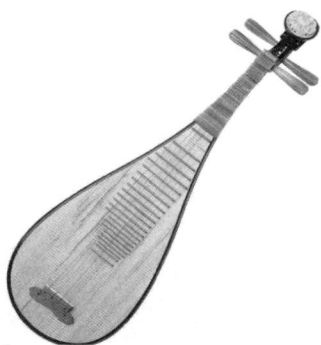

图13-14　琵琶

图13-15　阮

图13-16　三弦

冬不拉（见图13-17）是哈萨克族的弹拨乐器，流行于新疆等地，音箱用松木或桦木制成，或扁平或瓢形，琴杆细长，上面有8～10个品位，带两根丝弦或钢丝弦，有高音和低音两种，二者相差八度。冬不拉音色明亮清脆，演奏技巧灵活，是新疆地区弹唱音乐的重要伴奏乐器。其代表曲目有《沙漠驼铃》《大茵湖的波浪》等。

热瓦甫（见图13-18）是流行于新疆维吾尔族、乌孜别克族地区的弹拨乐器。热瓦甫起源于喀什，全长130厘米。音箱半球形，木质，蒙以蟒皮，张五根弦。不同地区的热瓦甫在形制上稍有不同。热瓦甫音色响亮，多用于合奏和伴奏，也可以作为独奏乐器使用。热瓦甫的代表曲目有《塔什瓦依》《天山的春天》等。

图13-17　冬不拉

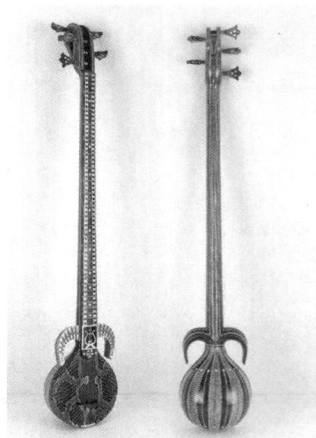

图13-18　热瓦甫

（4）打击乐器

打击乐器泛指由敲击而发音的乐器。中国民族打击乐器品种较多，分为固定音高和无固定音高两种。无固定音高的如大、小鼓，大、小锣，大、小钹，板、梆、铃等；固定音高的如定音缸鼓、排鼓、云锣等。根据其发音体的材质，打击乐器可分为皮革、响铜和响木三类。

鼓（见图 13-19～图 13-24）是我国传统的打击乐器，种类很多，多数鼓是用木材和皮革制成的，也有用金属制成的，例如铜鼓和钢鼓。鼓常见的有大堂鼓、花盆鼓、小堂鼓、排鼓、单皮鼓（京剧、评剧等戏曲使用的乐器）。少数民族的鼓样式各异：新疆维吾尔族有手鼓、纳格拉鼓（也叫铁鼓），朝鲜族有长鼓，云南、贵州、四川、广东、广西、湖南等地区的少数民族使用铜鼓，云南傣族使用象脚鼓。鼓的材质与造型不同，其音色也有区别。鼓的演奏手法多样，节奏变化丰富。总体上来说，鼓的作用是创造热烈、欢快的气氛，振奋人们的精神，"鼓舞""一鼓作气"等词语就很好地诠释了鼓的作用。

图 13-19 鼓

图 13-20 花盆鼓

图 13-21 长鼓

图 13-22 手鼓

图 13-23 象脚鼓

图 13-24 纳格拉鼓

锣（见图 13-25）是一种金属类的打击乐器，锣身呈一个圆形的弧面，四周以锣身的边框固定，演奏者用木槌敲击锣身正面的中央部分，产生振动而发音。最早使用铜锣的是居住在中国西南地区的少数民族。锣尺寸、造型及演奏手法的不同决定了音色的不同。锣的尺寸越大，声音越低沉深厚；尺寸越小，声音越高亢明亮。在民族器乐曲中，大锣、小锣、铙钹、大堂鼓等经常组合在一起，用来表现欢快喜庆的情绪。

图 13-25 锣

将尺寸大小不同的若干面锣组合在一起，挂在架子上，就成了云锣（见图13-26）。直径小的锣，音调高；直径大的锣，音调低。云锣属于金属体鸣乐器族内的变音打击乐器类，音色清澈、圆润、悦耳，余音持久，但音量不大。云锣的低音区，音色较浓，出音迟缓，余音长；中音区，音色透明、纯净，富于表情，是常用的音区；高音区，声音清脆、尖利，出音灵敏，余音很短。锣槌儿的软硬对于音色的影响很大：用软槌儿敲击，声音柔和、优美；用硬槌儿敲击，声音宏大、响亮。云锣演奏技巧很多，在乐队中演奏华彩乐段时，可以产生强烈、辉煌的音响效果。

图 13-26　云锣

铙（见图13-27）是铜制碰奏体鸣的打击乐器，古称铜钹、铜盘，民间称镲。钹通常是两个一对儿，一手拿一个，相对敲打。钹的尺寸、造型及敲打的手法不同，发出的声音也不同。在戏曲中，尺寸大的钹与尺寸大的锣配合在一起，表现反面人物的阴险狡诈；尺寸中等的钹与尺寸中等的锣配合在一起，表现正面人物的刚毅和勇敢；尺寸小的钹（小镲锅）与尺寸小的锣组合在一起，表现年龄小的角色的天真机智与活泼灵巧。在民间吹打乐和戏曲伴奏中，铙与钹常配合使用。铙和钹的区别在于：铙的碗部较小，声音较响亮，余音较长；钹的碗部较大，声音较浑厚，余音较短。

图 13-27　钹

编钟（见图13-28）是中国古代的工匠用青铜铸造的大型乐器，悬挂在架子上，由大到小顺次排列，由数人一起演奏，高音部分用槌子敲击，低音部分用木棒撞击。编钟的声音古朴雄浑，具有深邃悠远的神韵。每个钟的音调不同，按照音谱敲打，可以演奏出美妙的乐曲。

图 13-28　编钟

磬（见图 13-29），也叫编磬。起源于某种片状石制劳动工具，其外形在后来有多种变化，石头做的叫石磬，铜做的叫铜磬。石磬是中国古代的石质打击乐器，为"八音"中的"石"音。磬一般按照编钟的道理悬挂排列起来。磬最早用于先民的乐舞活动，后来作为历代帝王、上层统治者身份地位的象征。

梆子（见图 13-30）由两根长短不等、粗细不同的实心铁力木组成，握在手中，一敲击就能发出清脆的响声。梆子用于中国各类民族乐队，因最早用于伴奏各种梆子腔而得名，常使用在强拍上，能掌握节拍、控制速度，用以增加戏剧气氛。还有一种在长方形的木头上凿出深槽而制成的梆子，叫"南梆子"，用木棒敲击发音，评剧将它作为掌握唱腔"板眼"（拍子）的乐器。

图 13-29　磬

图 13-30　梆子

木鱼（见图 13-31）是用硬木头雕刻而成的外形酷似鱼头的乐器，大小不一，音调各异，用木槌敲打发音。大木鱼通常用桑木或者椿木制作，发出的声音比较低。小木鱼一般用檀木或红木制作，发出的声音较高。人们经常把两只木鱼组合在一起，一个音调低一点儿，一个音调高一点儿，再加上"铜铃铛"，表现马车奔驰、马蹄声清脆的效果。歌曲《骏马奔驰保边疆》的伴奏乐器里就加进了木鱼，效果非常好。

竹板（见图 13-32）由瓦形竹子组成，一套两件。竹板分大竹板与小竹板，小竹板也叫"碎子""碎板儿"。大竹板分上下两块，用皮条或者绳子串联；小竹板由五块竹子串联而成，板与板之间串夹两个铜钱或钢片。竹板演奏时双手各持一件，配合演奏，声音响亮、圆厚，是快板书、数来宝的必用伴奏乐器，东北地方戏二人转里也使用它。

图 13-31　木鱼

图 13-32　竹板

13.1.2 中国民族乐器的发展历史

中国的民族乐器历史悠久、种类繁多。据文献记载，早在将近三千年前的周朝，已有鼓、埙、磬、编钟、箫、笙、琴、瑟等一百多种乐器。当时所用的乐器，根据制作材料的不同分为八个种类：金、石、土、革、丝、木、匏、竹。每一类里包含若干种乐器。这是我国历史上可查证的第一次对乐器进行分类。从出土的历代乐器也能够看出我国乐器的发展脉络。

图 13-33 所示为浙江绍兴 306 号墓出土的春秋战国时期的伎乐铜屋，铜屋通体为青铜质，屋内跪坐六人。

图 13-33 伎乐铜屋

图 13-34 所示为山东沂南东汉末年（或魏晋）画像石中的乐舞百戏图。画面中有三组乐队分别为不同的杂技节目伴奏。第一组乐队共有 17 人。该乐队下方有三排乐人席地而坐。第一排是击小鼓的女乐，共 5 人。第二排有 4 人吹排箫，最左一人似执槌击铎。第三排左侧第一人弹五弦的筝瑟类乐器，第二人两手放在口旁，似在吹埙，第三人为讴员（唱歌者），最右者吹竽。第一组乐队上方 3 人，一人击鼓，一人敲钟，一人执槌敲磬。

从这幅栩栩如生的乐舞百戏图里，我们能欣赏到千年前的那些热闹场景。我国的杂技艺术在汉代统称"百戏"，因杂技演出有歌舞配合、乐器伴奏，又称"乐舞百戏"，内容包括吹箫弹琴、撞钟击磬、长袖飘舞、飞剑跳丸、勇士斗猛兽等。

图 13-34　乐舞百戏图

　　箜篌（见图 13-35、图 13-36）是古代的弹拨乐器，历史悠久、源远流长，音域宽广，音色柔美清澈，表现力强。箜篌有卧箜篌、竖箜篌、凤首箜篌三种形制。卧箜篌又名箜篌瑟，是面板上无品柱的琴瑟类乐器。竖箜篌是东汉之时，由波斯传入我国的一种角形竖琴，也称箜篌；为避免与汉族的箜篌混淆，称"竖箜篌"或"胡箜篌"。凤首箜篌以琴头饰有凤首而得名，在东晋时自印度传入中国，明代后失传。

图 13-35　敦煌莫高窟 327 窟弦凤首箜篌图

图 13-36　敦煌莫高窟 431 窟伎乐弹竖箜篌图

　　图 13-37 所示为敦煌莫高窟 220 窟乐舞图，窟中有唐贞观十六年（642 年）的题记。图中右侧乐队有 15 人，所奏乐器有羯鼓、员鼓、答腊鼓、鼗鼓、拍鼓、横笛、尺八、筚篥、笙、贝、竖箜篌，另外 1 人在耍盘歌唱。在图 13-38 中，右侧的乐队有 13 人，所奏乐器有腰鼓、都昙鼓、拍板/方响、横笛、筚篥、排箫、筝、阮咸，其中有 1 人在耍盘歌唱。

图 13-37　敦煌莫高窟 220 窟乐舞图（一）

图 13-38　敦煌莫高窟 220 窟乐舞图（二）

图 13-39 所示为唐李寿墓伎乐图壁画（残），图中女伎分站立奏乐和坐立奏乐。唐代宫廷曾根据乐舞表演方式和技艺精粗将乐队分为坐、立两部。女伎所持乐器有笙、排箫、尺八、小铜鼓或星、横笛、筚篥、琴、筝、曲项琵琶（两件）、五弦琵琶、竖箜篌，所用乐器多属于龟兹乐。

图 13-39 唐李寿墓伎乐图壁画（残）

至元末明初，南戏出现《荆钗记》《拜月亭记》《琵琶记》等有影响的作品，这些作品中常有描绘乐队的内容。图 13-40 所示为戏文中所绘乐队图。

经过历代各民族文化生活的交融，加上对外通商、宗教文化传入，民族乐器也出现了变化与发展。随着演奏形式不断增多，乐器的数量、种类也不断增加。

隋唐以来，中日两国音乐文化交流频繁，日本经常派"遣唐使""学问僧"和留学生来中国，他们在中国演奏日本音乐，又把中国音乐带回日本。如今，日本奈良正仓院仍保存着工艺精美的唐代乐器，有笙、排箫、筝、腰鼓等。

图 13-41 所示为日本奈良正仓院保存的唐金银平文琴。琴通体饰精美的金银纹饰，轸、足为象牙制，琴底凤池内有"乙亥元年季春造作"的字迹。

图 13-42 所示为螺钿紫檀五弦琵琶，上面嵌驼载胡人弹琵琶图像。

到了隋唐时期，弹拨类乐器的演奏水平已经很高了，独奏乐种也有很多，如隋唐时的琵琶乐，宋代的细乐、清乐。元明清时期，乐器及演奏形式的发展更是盛况空前，特别是弦乐器有了突出的变化和发展，如元明时的十番乐、弦索乐，清代的丝竹乐等。演奏形式除独奏、戏曲和歌舞的伴奏之外，已形成众多较为固定的纯器乐演奏，如十番乐、弦索乐、丝竹乐、鼓吹乐、锣鼓乐等，这五类都是汉族民间合奏形式。中华人民共和国成立以后，乐器经过不断改革和发展，又增添了许多乐种，这些乐器成为目前民族管弦乐队中的主要乐器。

图 13-40 戏文中所绘乐队图

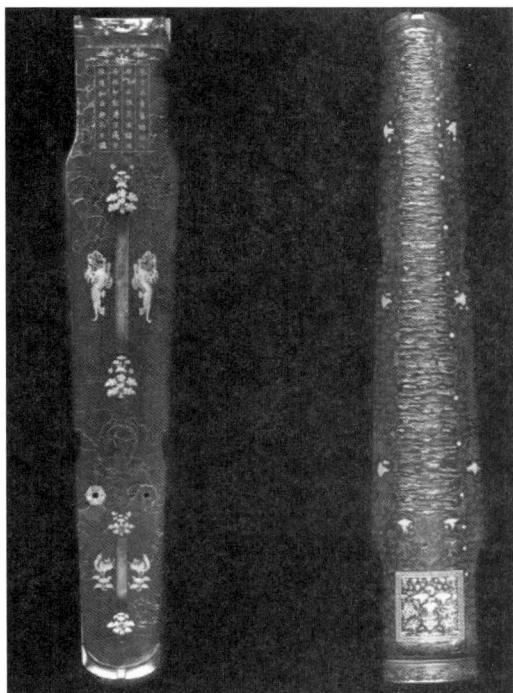

图 13-41 唐金银平文琴

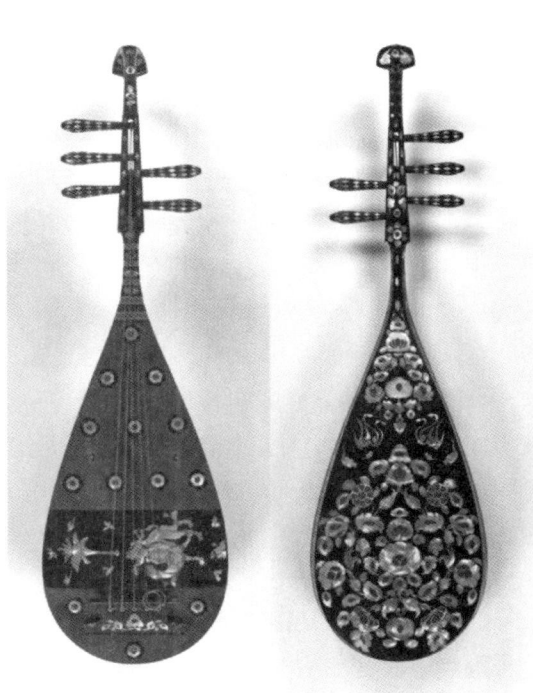

图 13-42 螺钿紫檀五弦琵琶

13.2 中国传统器乐曲欣赏

13.2.1 琵琶叙事独奏曲《十面埋伏》

1. 相关音乐术语

（1）琵琶

琵琶的低音区音色深沉、浑厚，中音区抒情、柔美，高音区清脆、明亮。琵琶既能演奏激昂、悲壮、气势磅礴的乐曲，又能演奏柔美如歌、抒情典雅、活泼跳跃的乐曲，还擅于演奏技巧复杂的华彩乐段。

（2）琵琶曲

传统的琵琶曲分为三个大类，即文曲、武曲和文武曲。文曲侧重左手技巧的表达，格调细腻、轻巧、幽雅，以抒情为主，富有概括性和倾诉性。武曲侧重右手的演奏技巧和力量，格调雄壮慷慨、气魄宏大，以叙事为主，富有写实性和叙事性。文武曲兼具二者的特点，对演奏者的演奏技巧要求更高。《十面埋伏》属于武曲的代表性作品。

（3）叙事曲

叙事曲是以某一历史事件、文学作品或民间传说为题材的器乐曲，这一体裁来源于叙事歌。叙事歌的曲调富有表现力，内容多取材于民间史诗、古老传说和文学作品。叙事曲一般篇幅较长，内容富有叙事性和戏剧性。如刘文金的二胡叙事曲《豫北叙事曲》，就是民族叙事曲的杰出代表。

2. 作品简介

《十面埋伏》最早见于1818年华秋苹所编的《琵琶谱》。1895年李芳园编订的《南北派十三套大曲琵琶新谱》中将它改名为《淮阴平楚》。《十面埋伏》是一首叙事曲体裁的琵琶独奏曲，以楚汉相争，汉军用十面埋伏的阵法击败楚军，项羽自刎于乌江，刘邦取得胜利的历史事件为题材，是一首在民间流传十分广泛的传统乐曲。

3. 作品分析及分段解说

《十面埋伏》采用了我国传统的大型套曲结构的形式，曲式属于多段体结构。全曲共有十三个小段落，每段冠以概括性很强的标题。乐曲的构思分为三个部分。

（1）第一部分：战前的准备阶段

该部分描述汉军大战前的准备，着重表现威武雄壮的汉军阵容，包括前五个小段落。

《列营》

乐曲一开始就使用琵琶轮、拂、扫等手法，渲染出浓烈的战争气氛，形象地描绘了战场特有的战鼓声和号角声，夹杂着炮声和马蹄声，是古战场紧张环境的写照。

《吹打》

这是全曲旋律性最强的段落，采用琵琶长轮、勾轮技巧，在每一小节的强拍上用双音衬托旋律，使旋律线条结合豪迈壮烈和柔情哀婉于一体，形象地刻画出将士们战前的复杂心情。

《点将》

这段是《吹打》后半部分的变化重复，在时值较长的四分音符或二分音符后，采用琵琶"扣、抹、弹、挑"的组合技法，演奏同音反复的十六分音符，描绘调兵遣将的情景。

《排阵》

这段属曲调简单、节奏规整的新音乐素材，与《吹打》和《点将》的旋律形成对比，描绘将士们斗志昂扬、纪律严明的军风。

《走队》

这段采用"换头、和尾"的民间音乐语言和作曲方法，重复了《排阵》的曲调，在演奏技巧上做了变化。音乐情绪步步高涨，为激战场面的引出做好了铺垫。

（2）第二部分：战中的厮杀情景

该部分是全曲的重点段落，描述楚汉两军殊死决战的壮烈场面，包括六、七、八三个小段落。

《埋伏》

该段转入 A 宫调，利用一张一弛的节奏音型、模进发展的旋律形态，加之速度和力度的渐增，造成一种伏兵重重的紧张、恐怖气氛。它给人以一种夜幕笼罩下伏兵四起，神出鬼没地逼近楚军的阴森之感。

《鸡鸣山小战》

该段采用琵琶特有的刹弦技巧，音响如兵器相撞声；旋律采用民间"鱼咬尾"的音乐结构，展示短兵相接的场景；节奏律动如纷乱的金戈铁马。这表现了小规模战斗的情景。

《九里山大战》

这是全曲的高潮。首先，采用琵琶夹扫技巧，再现《列营》楚歌声的特性音调，体现了刘邦运用涣散项羽军心、瓦解其斗志的攻心战术；其次，采用琵琶并双弦和推、拉的技巧，表现汉军呐喊震荡、势如破竹的勇猛进攻；最后，军号式音调、马蹄声般节奏的音响信号，显示出汉军获胜后收军拣器的情景。

（3）第三部分：战事的悲壮结局

该部分包括九至十三最后五个小段落，描述楚军惨败、项羽自杀、汉军得胜、诸将争功的情节。由于流传下来的版本有异，再加上乐曲过于冗长，所以目前不同流派的琵琶演奏家在演奏该部分时一般都删去众军奏凯、诸将争功和得胜回营后三个小段，目的是使乐曲情绪更集中。

《项王败阵》

该段用慢起渐快的同音反复音调、沉闷压抑的音乐气氛，表现楚军突围逃亡的惨状。

《乌江自刎》

楚军突围逃到乌江，汉军穷追，杀气腾腾，终因两军力量悬殊，战争以楚军败阵而告结束。这段旋律凄切悲壮，表达了一代英豪自杀时的复杂心情。最后全曲收束在四根空弦的划与急煞上，结束了这场残酷的战争。

13.2.2 唢呐独奏曲《百鸟朝凤》

1. 相关音乐术语

循环结构即回旋曲式，其原则是在一首乐曲中，有一个主题至少出现两次，在它的前后有与之形成对比的材料。它们的第一主题都出现了不止一次，中间也都插有不同的材料。

回旋曲式结构：A+B+A+C+A+D+A+E+A……

以上结构中的 A 是多次出现的回旋曲主要主题，B、C、D、E 是新材料，专用名词是"插部"。一首回旋曲至少要有两个插部。以上结构共有四个插部，分别称作第一、第二、第三、第四插部。

2. 作者简介

任同祥生于山东嘉祥县农村的一个唢呐世家。他自幼跟随前辈艺人到处吹奏，博采众长，唢呐吹奏技艺也越发精湛。1953 年全国第一届民间音乐舞蹈（业余）会演举办时，27 岁的任同祥吹奏的《百鸟朝凤》在北京引起轰动。同年，他又被派往罗马尼亚的布加勒斯特参加第四届世界青年和平友谊联欢节，以一曲《百鸟朝凤》获得银质奖章。

3. 作品由来

1953 年春，山东省菏泽专区代表队将《百鸟朝凤》作为唢呐独奏节目参加全国会演，节目受到热烈欢迎。自登上舞台以来，《百鸟朝凤》经过了多次加工改编。原在民间流传的《百鸟朝凤》结构松散，没有高潮，即兴发挥时，譬如公鸡啼晓、母鸡生蛋，甚至连小孩的哭叫声等都随意加入。20 世纪 70 年代，当《百鸟朝凤》被选为参加第四届世界青年和平友谊联欢节演出的节目时，民间乐手任同祥在专业音乐工作者协助下对其进行了加工，针对原曲缺陷，进行了压缩、删除等工作，使其结构更为合理、更富有层次。同时，任同祥设计了一个呈现百鸟齐鸣意境的引子，以加强音乐性，还设计了一个运用特殊循环换气法长音技巧的华彩乐句，扩充了快板尾段，使乐曲更为完整，并在热烈欢腾的气氛中结束。2001 年，当代女唢呐演奏家朱颖随上海民族乐团赴欧洲演出，在维也纳金色大厅蛇年春节民族音乐会上演奏的《百鸟朝凤》引起了轰动。朱颖演奏的《百鸟朝凤》成为中国民族乐团久演不衰的保留节目。

4. 作品赏析

《百鸟朝凤》是一首在山东、河南、河北等地广为流传的民间乐曲，大体以循环结构为原则，分为旋律部分（主部）和模仿鸣叫声部分（插部）两种。旋律部分为徵调式，有北方民歌的旋律音调特点；模仿鸣叫声部分将各种鸟叫声穿插其间。最后有一段结束音乐，称为"谢板"。《百鸟朝凤》热情欢快的旋律与百鸟和鸣之声，表现了生机勃勃的大自然景象。

乐曲开始，首先由唢呐吹出一个长音，充分发挥了唢呐擅长表现的乐器功能，随后奏出舒展优美而富有歌唱性的前奏，即呈现百鸟齐鸣的引子。然后是一段欢快的旋律，渲染出热闹的气氛。接着便是在固定曲调伴奏下各种鸟的争相鸣叫声，情趣盎然、形象鲜明。旋律部分和模仿鸣叫声部分进行循环变化、反复再现，前后总共反复再现六次。百鸟鸣叫时而悠扬，时而短促，时而明亮，时而暗淡，把百鸟啼鸣的场面刻画得淋漓尽致、惟妙惟肖。乐曲使用快速双吐和循环换气的演奏技巧，使其高潮迭起。尾句再次百鸟齐鸣，与引子形成相互呼应，呈现出一幅百鸟闹春图和大自然万物争荣的繁茂景象。

13.2.3　二胡独奏曲《二泉映月》

1. 相关音乐术语

变奏曲式全称为"主题与变奏曲"，即由一个主题及根据它所作的一系列变体构成的曲式。这种曲式可以是一部独立作品，也可以是大型作品如交响曲的一个乐章。

变奏曲示结构：A+A1+A2+A3+A4+A5⋯⋯

A 是主题原型，A1、A2 分别是主题的第一种变奏和第二种变奏，以此类推。

2. 作者简介

华彦钧（1893—1950），又名阿炳，江苏无锡人，人称"瞎子阿炳"，是我国著名的民间音乐家。其父华清和擅长道教音乐。阿炳从父学习笛、二胡、琵琶等乐器，18 岁时被无锡道教音乐界誉为演奏能手。22 岁时父亲去世，他接管道观成为雷尊殿新的道长。35 岁时他双目先后失明，便身背琵琶、胡琴，沦为街头艺人。1950 年暑期，中央音乐学院师生为了发掘、研究和保存民间音乐，委托杨荫浏教授等专程到无锡为他录制了《二泉映月》《听松》《寒春风曲》三首二胡曲和《大浪淘沙》《龙船》《昭君出塞》三首琵琶曲。

3. 作品由来

《二泉映月》最初为无标题音乐，不被人们所知，阿炳结合自己坎坷的一生，经过长期的修改演绎，使其逐步发展形成固定的音乐。当时阿炳经常在无锡二泉边拉琴，创作此曲时已双目失明。据阿炳的亲友和邻居们回忆，阿炳卖艺一天仍不得温饱，深夜回归小巷之际常拉此曲，凄切哀怨，尤为动人。1950 年深秋，在无锡举行的一次音乐会上，阿炳首次也是最后一次演奏此曲，博得观众经久不息的掌声。当初有一个开火车的人叫黎松寿很喜欢音乐，尤其喜欢二胡，他拜储师竹为师。一次很偶然的机会，黎松寿学着将阿炳的《二泉映月》的前奏拉给老师听，储师竹听后就报告给音乐所所长杨荫浏，杨荫浏很震惊，表示要彻底挖掘这部作品，于是带着当时国内罕见的钢丝录音机很快赶到南京。当时阿炳的身体每况愈下，录好音乐的第二个月他就去世了。杨荫浏、储师竹和曹安和听着阿炳的演奏录音记下来谱子，联想到无锡著名景点"二泉"（江苏无锡惠山泉，世称"天下第二泉"），将其命名为《二泉映月》。1951 年，天津人民广播电台首次播放此曲；1959 年中华人民共和国成立 10 周年时，中国对外文化协会又将此曲作为我国民族音乐的代表之一送给国际友人。从此，此曲在国内外广泛流传，并获得很高评价。日本著名指挥家小泽征尔听了这部作品说："我有断肠之感，这样的音乐我应该跪着听。"1985年，此曲在美国被灌成唱片，并在流行全美的十一首中国乐曲中名列榜首。这首乐曲自始至终流露的是一位饱尝人间辛酸和痛苦的盲艺人的思绪与情感，展示了独特的民间演奏技巧与风格，以及无与伦比的深邃意境，显示了中国二胡艺术的独特魅力。它拓宽了二胡艺术的表现力，荣获"20世纪华人音乐经典作品奖"。

4. 作品分析

《二泉映月》表现在夜深人静之时，清冷的月光映照着清澈的泉水，一个民间艺人通过优美而深沉的旋律抒发对人生的无限感慨。艺人用音乐悲叹他一生的不幸，倾吐心中的愁苦，抒发对黑暗的旧社会的愤慨之情。乐曲表现了一位正直的盲艺人刚强、质朴的性格，以及他对美好未来的热切向往和执着追求。

《二泉映月》这首乐曲由引子和六个段落构成，主题由三个乐句组成。乐曲开始（第一小节）是一句音阶下行的短小的引子乐句，像一声叹气"哎，听我说吧"。接下来是乐曲的主题，第一乐句（第二至第五小节）音调平稳、低沉，如同作者对自己坎坷一生的回忆，就像一个人端坐泉边沉思往事，哭泣但不悲凉。第二乐句（第六、七两个小节）音区提高，在全曲中共出现六次。它从第一乐句尾音的高八度音上开始，打破了沉思的局面，显得激昂而悲切，流露出作者无限的感慨之情。第三乐句（第八至十一小节）中，旋律在高音区流动，柔中带刚，情绪比较激动，这是乐曲的高潮部分，悲凉的旋律中充满了斗争精神。乐曲经过五次反复变化发展，既保持了统一的风格，又使感情层层深化，最终形成了一股势不可挡的感情洪流，将全曲推向了高潮（即曲子末尾五个小节）。全曲引人入胜，情绪起伏，扣人心弦。它是作者对黑暗社会的无情控诉和愤怒的呐喊，表现了作者不屈服于命运，敢于斗争的可贵精神。

本章小结

中国民族乐器历史悠久，种类不胜枚举。本章根据乐器的分类进行介绍，主要从演奏方法和发音特点展开，详细地讲解了部分具有代表性的中国民族乐器，多角度地剖析了以琵琶曲《十面埋伏》、唢呐曲《百鸟朝凤》、二胡曲《二泉映月》为代表的中国传统民族器乐曲；同时，循着民族乐器悠久的发展历史，使学生了解到早在将近三千年前的周朝，中国就已经出现了多种多样的乐器，随着时间的推进，民族乐器也经过了不断的演进与革新，现今各民族乐器的形制已基本固定，并呈现出百花齐放的局面。随着时代的发展，作曲家们创作出更多符合当代审美的优秀艺术作品，它们与那些流传至今的传统艺术作品交相辉映，共同构成了我国丰富的民间音乐宝库。

本章作业

选择题

1.《二泉映月》的作曲家是（　　　　）。

   A．刘天华　　　　　B．华彦钧　　　　　C．刘北茂　　　　　D．陈耀星

2.《凤凰亮翅》是哪种乐器独奏的曲子？（　　　）

   A．梆笛　　　　　　B．唢呐　　　　　　C．笙　　　　　　　D．管子

3. 以下哪种乐器不属于中国民族乐器？（　　　　）

   A．扬琴　　　　　　B．长鼓　　　　　　C．长笛　　　　　　D．高胡

第 14 章　中国戏曲音乐欣赏

本章主要介绍中国戏曲音乐的概念及发展历史，以及戏曲音乐的构成、作用、唱腔分类及特点，让学生对中国戏曲音乐有一个较为深刻的了解；同时介绍具有代表性的几个剧种，包括昆剧、川剧、秦腔、京剧等，以提升学生鉴赏中国戏曲音乐作品的能力。

学习目标：了解中国戏曲音乐的构成、作用及分类，掌握中国戏曲音乐的概念及形成，能够对中国传统戏曲有初步认识。

素养目标：通过学习本章内容，培养学生对戏曲音乐的审美能力，让学生能够感受和欣赏戏曲音乐的美学特征，能够理解戏曲音乐所表达的情感和思想，如忠义、孝道等，增强学生对中国传统文化的认同感，并能够将其传承和发扬。

14.1　中国戏曲音乐的概念及形成

中国戏曲主要由民间歌舞、说唱和滑稽戏三种不同的艺术形式综合而成。中国戏曲起源于原始歌舞，是一种历史悠久的综合舞台艺术样式。

14.1.1　戏曲的起源和形成学说

关于戏曲的起源和形成问题，近百年间学术界众说纷纭，有起源于木偶戏、皮影戏、印度梵剧和宗教仪式等之说。

较有影响的学说有以下三种。

1. 王国维巫觋歌舞说

这一学说接受了法国考古学家雷纳克提出的艺术起源于原始巫术的理论，是在弗雷泽和泰勒对原始民族巫术和宗教活动的研究基础上形成的，在西方具有较大的影响。王国维借鉴雷纳克的说法，提出："歌舞之兴，其始于古之巫乎？"巫的职能是祭祀神明，《说文解字》说它是"事无形，以舞降神"，而"群巫之中，必有象神之衣服形貌动作者，而视为神之所冯依；故谓之曰灵，或谓之灵保"。灵或灵保的功能是用模拟表演来表现神明附体后的行为，"是财灵之为职，或偃蹇以象神，或婆娑以乐神，盖后世戏剧之萌芽，已有存焉者矣"。事实上，说戏剧表演起源于祭祀装扮，早有古人说过，那就是苏轼。他根据《礼记·郊特性》中所描述的一种先秦祭祀活动——蜡祭场面里有猫虎一类动物神出现，而推测说："祭必有尸（尸：神灵所依附的载体。）……猫虎之尸，谁当为之？……非徘优而谁？"（《东坡志林》卷三）王国维的说法一直到今天，还在戏剧界占有权威性的地位。

2. 许地山、郑振铎印度输入说

许地山写有《梵剧体例及其在汉剧上的点点滴滴》一文，在其中指出这一学说。郑振铎在《插图本中国文学史》第 14 章亦持相同看法，并提出更多证据。郑振铎指出梵剧与戏曲的相似处有，皆有唱、白、科段，皆有生、旦、丑、家僮、梅香，皆有自报家门，皆有上、下场诗，皆有典雅与俗语两种念白。二者更有许多题材上的巧合。今天我们已经知道，中国戏曲在宋代之前已经走过了一条漫长的道路，因而输入说是站不住脚的。但是，郑、许二人提到的现象，却为我们研究梵剧对中国戏曲的影响打开了思路。

3. 孙楷第傀儡戏说

前面提及的许地山，认为中国戏曲舞台形式源自梵剧，而梵剧表演方式则源出傀儡。孙楷第接过这一思路，在《傀儡戏考原》一书中提出，戏曲表演是由模仿傀儡表演发展演变而来，而傀儡始自方相氏的驱傩逐疫。方相氏本系由巫师装扮承递而来，本来就是真人装扮，傀儡表演则是模仿真人，孙氏反又倒过去了，更是本末倒置。

以上三种学说，较其优劣，王国维说更加接近历史真实，因而产生了很大的影响。

14.1.2　关于戏曲形成的几种看法

关于戏曲的形成主要有以下几种看法。

1. 元代说

王国维曾推测宋代是戏曲的形成时期，但因资料所限，最终断定于元代，明确提出"论真正之戏曲，不能不从元杂剧始也"。

2. 宋代说

（1）南宋说

一些学者根据近代发现的《永乐大典》中的三种戏文及其他史料，推断中国戏曲的形成应在12 世纪，即南宋时期的南戏《永嘉杂剧》。这是以剧本的有无作为戏曲形成依据的一种观点。

（2）北宋说

中国古代音乐史学家杨荫浏指出，不能以剧本有无作为确立戏曲产生的标志。他认为北宋杂剧已发展到在各种音乐艺术中占有首要地位的阶段，"它已超过了隋唐曾占首要地位的歌舞，而成为高于歌舞的一种新兴艺术形式"。

3. 唐代说

唐代文化研究专家任半塘不同意王国维以来一直以元代作为戏曲体制确定时期的结论。他在1958年出版的《唐戏弄》一书中，以丰富的资料及科学的研究方法（"文化人类学"的研究方法）提出不同观点，指出唐代已有兼含音乐、歌唱、舞蹈、表演、说白五种艺术形式的戏剧，也有含五种艺术形式中某几种形式的戏剧。戴不凡在任半塘说的基础上更加明确地提出："歌、舞、剧三位一体的戏曲，至迟在唐代就已正式出现了。"

4. 汉代说

戏曲史专家周贻白认为，西汉的"角抵戏"《东海黄公》是中国喜剧成为一项独立艺术的开端。

5. 先秦说

学者陈多、谢明提出，若以"载歌载舞、扮演人物、敷演故事"为戏曲的特征，则在西周已有"角抵戏"，当时产生戏曲的一切艺术手段都已具备，因而把戏曲形成的时间定在春秋时期。

14.2 中国戏曲音乐的构成、作用及分类

戏曲是一门集多种艺术门类于一体的综合性艺术，戏曲音乐是其中不可或缺的一个门类。戏曲音乐一方面是在长期的特定历史发展过程中，与戏曲艺术中的其他综合因素互相依存、互相融合，为共同达到戏剧化的最高目的而逐步成熟起来的。另一方面，戏曲音乐也具有相对独立的、很高的艺术审美价值。过去的戏迷们经常管看戏叫"听戏"，可见戏曲音乐在戏曲艺术中的地位非同一般。

14.2.1 中国戏曲音乐的构成

中国戏曲音乐由唱腔和器乐两部分构成。

唱腔指戏曲中的声乐部分。唱腔在戏曲音乐中占主要的地位，唱腔风格的不同是我国戏曲剧种丰富多样、异彩纷呈的主要原因之一。唱腔包括角色的独唱、对唱、重唱、齐唱、合唱、伴唱及"帮腔"等形式，其中以独唱最为重要。许多剧种以独唱为主要艺术手段所树立起来的艺术形象，如昆剧的杜丽娘、豫剧的红娘等均已达到了十分精美的程度，并积累了高水平的民族声乐演唱技巧。

器乐指戏曲音乐的另一个组成部分，传统称呼分为"文场"（管弦乐器）与"武场"（打击乐

器）。文场的任务主要是为唱腔伴奏，其次是配合剧情需要而演奏器乐曲。这种器乐曲无论在哪个剧种里，一律都称为"曲牌"。在为唱腔伴奏时，不同声腔的"文场"大都采取不同的主奏乐器，以突出不同声腔的音乐风格特征。如皮黄腔主奏乐器是京胡，梆子腔主奏乐器是板胡，昆腔主奏乐器则是曲笛。不同的声腔和剧种，也因为主奏乐器不同、方言不同、演奏技法不同等而产生了不同的音乐风格。"武场"主要是用来加强表演者动作的节奏感，为武打场面伴奏，烘托整个舞台的气氛。在戏曲的绝大多数剧种里，锣鼓常融入唱、念、做、打、舞的综合因素之中，所以它的地位是非常重要的。

14.2.2　中国戏曲音乐的作用

中国戏曲音乐是中国戏曲艺术中非常重要的组成部分，与其他艺术手段一起，服务于故事情节的展开、舞台氛围的烘托、人物形象的塑造等，负责完成音乐戏剧化的任务。概括起来，戏曲音乐的作用大体可以分为以下五个方面。

1. 抒情作用

音乐对于情感有其独特的表达方式，因为音乐能够深入心灵，细腻地刻画人物的内心世界。由于中国戏曲的题材十分广泛，人物十分多样，情节十分复杂，所以抒情性唱腔就得到了极为高度的发展。抒情性唱腔的特点是速度慢、旋律性强、曲调委婉曲折、字少腔多，传统有所谓"词情少而声情多"的说法。例如河北梆子中的"十三咳"、秦腔中的"苦中乐"、京剧中的"九连环"等，都是以音乐旋律来淋漓尽致地抒发人物感情以激起观众强烈共鸣的精彩段落。这些酣畅淋漓的腔句和唱段，常能离开舞台的视觉形象而深入千家万户，使"听戏"者闭目凝神，一摇三晃地品味个中滋味，达到痴迷的境地。

2. 叙事作用

戏剧音乐中若缺少叙事性的因素，是不可能完成交代人物、陈述事件发展过程、揭示角色之间的激烈斗争等重要任务的。戏剧音乐中的这类唱腔，大多和语言结合得十分密切，有时甚至是半说半唱或似说似唱，因此它极善于将剧中形形色色的人物形象惟妙惟肖地刻画出来。这类唱腔的特点是字多腔少，即传统所谓的"词情多声情少"，以昆剧中曲牌《雁儿落》、板腔体流水等板式较为典型。

3. 戏剧作用

从广义上讲，戏曲音乐中的抒情或叙事段落不同于其他的音乐体裁，例如民歌以独立的乐曲形态而存在，但戏曲音乐中的抒情或叙事段落则需要和戏剧矛盾的总体发展相结合。在戏曲唱腔中，抒情性段落为叙事性段落做铺垫（或反之），叙事性段落为戏剧性段落做铺垫，从而共同完成音乐戏剧化的最终目的，这是屡见不鲜的现象。

4. 烘托气氛

戏曲音乐在烘托情绪、营造气氛，使舞台形象更加鲜明生动等方面的作用也是显而易见的。如战鼓咚咚能烘托出激烈的战斗场面，轻击水镲能配合神秘的幻觉令人如临仙境，弹拨乐器的轮奏会撩起角色的心灵震撼，粗粝的唢呐会令人联想到战马嘶鸣等。

5.　统一和调控舞台节奏

戏曲艺术的综合因素很多，但无论以唱、念、做、打、舞哪一种艺术手段为主构成的具体剧目，都是以音乐节奏为纽带，协调统一以上的不同表现手段，将它们融合为一个整体。"唱工戏"以唱为主，音乐在其中的作用自然不必多说，人物形象的塑造、故事情节的演进、戏剧冲突的推向高潮、矛盾的趋于解决等戏剧发展的全过程，无疑是由跌宕有序的音乐结构程式的变化来完成的。以念白及表演为主的"做工戏"、以打斗为主的"武工戏"中，音乐同样也起着关键作用。戏曲中的念白虽然不是歌唱，但与自然形态的说话不同，是富有音乐性、节奏感、抑扬顿挫、韵律美的舞台语言。至于"做"和"打"的形体部分，也不是对生活动作或武术动作的直接模仿，而是经过了艺术性的提炼升华。如果缺少了打击乐的节奏烘托，观众就很难得到强烈的满足感。如果离开了锣鼓点的配合，演员就上不了场、亮不了相、走不了台步，既无法进行动作表演，也无法开口唱念。

以上种种，说明戏曲音乐是戏曲艺术不可缺少的构成要素，它始终渗透和贯穿整个戏曲艺术的各个方面。

14.2.3　中国戏曲音乐的分类

中国的戏曲共有三百多个品种，分类方法主要有两种：以声腔系统为依据和以结构体式为依据。

1.　以声腔系统为依据

自明清流传下来的昆腔、高腔、梆子腔、皮黄腔，合称四大声腔系统。这种分类方法可将大部分历史悠久、发展水平较高的剧种包括进去，这些剧种的唱腔大都采用四大声腔中的一种或数种作为其创作基础发展而成。

2.　以结构体式为依据

从文词结构与曲调结合的角度，戏曲的唱腔可分为两种体式。

（1）曲牌连缀体

曲牌连缀体简称曲牌体，多采用杂言句唱词，由一至多个具体而有特点的独立曲调构成。属于曲牌体唱腔的，主要是采用昆腔和高腔两大腔系的诸剧种。

（2）板腔变化体

板腔变化体简称板腔体，大都采用齐言句唱词，是以某一曲调为基础，通过节拍节奏的整散，速度、力度的强弱快慢，音符字位的疏密繁简等变化，派生出一系列不同板式的唱腔，如原板、慢板、散板、摇板等。

属于板腔体唱腔的，主要有梆子及皮黄两大腔系的诸剧种。

14.3　中国戏曲赏析

14.3.1　昆剧《牡丹亭》

1．昆剧介绍

"昆剧"作为剧种名称来使用，大约在 20 世纪 20 年代才开始，20 世纪 50 年代后被广泛使用。此前，人们大都称它为"昆曲"。昆曲早在元朝末期（14 世纪中叶）即产生于江苏昆山，开始只是民间的清曲、小唱，其流传分布区域只限于苏州一带。到了明万历年间，其以苏州为中心扩展到长江以南和钱塘江以北各地，万历末年还流传入京。昆曲中许多剧本都是古代戏曲文学中的不朽之作，如《牡丹亭》《长生殿》等。昆剧是只采用一种声腔，即昆腔来演唱的单声腔剧种。它是我国现存最古老、最优秀的剧种之一。2001 年 5 月 18 日，联合国教科文组织在巴黎宣布第一批"人类口头和非物质遗产代表作"名单，其中就包括中国的昆曲艺术。

2．作者介绍

提到昆剧，不得不提到汤显祖（见图 14-1），他被誉为与莎士比亚有着同等影响力的伟大文学家、戏剧家。汤显祖于嘉靖二十九年（1550 年）出生于一个书香世家，从小受家庭熏陶，勤奋好学。他 5 岁进家塾读书，12 岁能写诗，13 岁从徐良傅学古文诗词，14 岁便补了县诸生，21 岁中举人。汤显祖不满官场腐败，虽受百姓爱戴却遭权贵弄臣的陷害和打压。至此，一直志在匡时济世的汤显祖对朱明王朝彻底失望，满怀悲愤，绝意仕途，一心致力于戏曲事业，终于成就了其一生最重要的成果，写出了四部传奇，即《紫钗记》《牡丹亭》《南柯记》《邯郸记》，合称"临川四梦"。

图 14-1　汤显祖

3．《牡丹亭》故事梗概

《牡丹亭》是汤显祖的代表作之一，据明人小说《杜丽娘慕色还魂》写成，描写了杜丽娘和柳梦梅的爱情故事。剧中贫寒书生柳梦梅梦见一位佳人立于院中梅树下，说两人姻缘今世，梦醒之后久久难忘，思念不已。官宦人家的小姐杜丽娘知书达礼，偶然读到诗句"关关雎鸠，在河之洲。窈窕淑女，君子好逑"，不禁心神荡漾，愁肠满怀，步入后院感叹"良辰美景奈何天，赏心乐事谁家院，纵然是如花美眷，也付予这似水流年"。她于一棵梅树下梦见一位俊秀书生手执柳枝，二人钟情相许，幽会于亭中。回去后杜丽娘相思成疾，一病不起，临终前要求将自己的画像埋在太湖石下，最后香消玉殒。三年后，柳梦梅进京赶考，借宿于此，机缘巧合地发现了太湖石下的画像，惊讶地发现原来杜丽娘就是他魂牵梦萦的佳人。夜里杜丽娘魂游后院，与柳梦梅再度幽会。后来柳梦梅打开坟墓，杜丽娘死而复生，两人私下结为夫妇。不久后被杜丽娘的父亲发现，告柳梦梅盗墓之罪，幸好柳梦梅高中状元，在皇帝的帮助下最终与杜丽娘白头偕老。《牡丹亭》剧照如图 14-2 和图 14-3 所示。

图 14-2　《牡丹亭》剧照（一）

图 14-3　《牡丹亭》剧照（二）

14.3.2　京剧《四郎探母》

1. 京剧介绍

京剧的缘起，一般要追溯到 1790 年秋为庆祝乾隆八十大寿，徽班"三庆班"的进京献艺。而后其他徽班接踵而来。至道光年间，"三庆""四喜""春台""和春"合称"四大徽班"，它们在北京扎下了根。

从京剧艺术形成的过程来看，它不是从小到大、从简到繁，独立孕育诞生，而是在其他地方戏的基础上发展起来的。京剧音乐亦非由民歌小调、说唱歌舞直接发展而来的，而是集其他剧种音乐之大成。因此，在它形成之初就有唱腔流派各异的特征。随着京剧的日趋成熟，每个行当角色中都涌现出许多著名演员，使京剧成为一个剧目丰富、行当齐全、名家辈出、流派纷呈，号称"国剧"的全国性大剧种。

晚清画师沈蓉圃绘制于清光绪年间的《同光十三绝》（见图 14-4）展示了清代同治、光绪年间徽调、昆腔的徽班进京后，扬名的十三位著名京剧演员。十三绝是徽班进京后由演唱徽调、昆腔演变为京剧的十三位京剧奠基人，他们都是技艺非凡的表演艺术家。这幅画面世，正值京剧盛行的历史时期，它对人们了解当时演员的扮相、服饰及前辈艺术家们的风采都有裨益，是极为珍贵的文献资料。

图 14-4　《同光十三绝》

2.《四郎探母》故事梗概

京剧《四郎探母》讲的是杨家将的故事。在北宋时期，杨家为抵抗北方各少数民族的南侵，全家抗击敌军。杨家共生了六个儿子、两个女儿，后来又收了一个义子，分别为大郎、二郎、三郎、四郎、五郎、六郎、七郎、八姐、九妹，他们个个都是护国英雄。金沙滩一战，杨家将损失惨重，杨四郎的命运被彻底改写。大郎、二郎、三郎战死，五郎出家，四郎被俘。作为俘虏的四郎改名换姓，被押到萧太后面前，萧太后见此人相貌堂堂，又试了他的武功，对他十分满意，便把铁镜公主嫁给了他。弹指一挥间，十五年就这样过去了，杨四郎和铁镜公主相敬如宾，还有了大阿哥，虽说萧太后和铁镜公主对杨四郎很好，但思乡之情却时刻煎熬着他。直到有一天，杨四郎听说宋王朝皇帝御驾亲征，率领杨家将向北方而来，驻扎在雁门关内。杨四郎决心要去见母亲一面，无奈关卡重重，他只得将自己的真实身份告诉铁镜公主并求助于她。在铁镜公主的帮助下，杨四郎拿到萧太后的令牌，悄悄潜到宋营，得以与母亲家人相见，十五年的相思衷肠一朝倾诉。但是杨四郎感恩铁镜公主的贤德善良，与家人匆匆一聚之后又返回到铁镜公主身边。《四郎探母》剧照如图 14-5 所示。

在日趋开放的当今世界，东西方文化频繁交流、碰撞、相互影响，多元文化蓬勃发展，每一种文化只有努力挖掘自身独具的民族性与时代性，才能繁荣发展，为世界文化添光增彩。每一个剧种、每一个剧团、每一位戏曲艺术家，都需要努力继承戏曲的优秀传统，锐意创新，不断开拓进取，才能使优秀的古老艺术在新时代得到升华，使之具有时代魅力。

图 14-5　《四郎探母》剧照

本章小结

本章主要介绍了中国戏曲的起源和形成学说，以及中国戏曲音乐的构成、作用和分类，并重点赏析了昆剧《牡丹亭》和京剧《四郎探母》。学生通过本章的学习，对中国戏曲音乐能有一个较为深刻的了解。戏剧艺术作为我国文化传统的一部分，能够帮助学生建立文化自信。欣赏优秀的剧目，使学生同艺术中的人物一样，追求自觉，学会做一个感恩的人。京剧表演艺术家无不是通过不断地历练获取成功的，大学生应该积极学习他们勤学苦练的精神，做一个有担当和有追求的新时代的大学生。

本章作业

一、选择题

1. "临川四梦"指的是（　　　）的《牡丹亭》《紫钗记》《邯郸记》《南柯记》。

    A. 马致远　　　　B. 郑光祖　　　　C. 汤显祖　　　　D. 王实甫

2. "生旦净丑"是京剧的行当，其中"净"是（　　　）。

    A. 男角　　　　B. 女角　　　　C. 没有性别限制

二、填空题

1. 京剧行当分为＿＿＿＿、＿＿＿＿、＿＿＿＿、＿＿＿＿。

2. 红色脸谱代表人物为＿＿＿＿，黑色脸谱代表人物为＿＿＿＿。

第 15 章　西方经典音乐欣赏

本章主要介绍从公元前 5 世纪的古希腊、古罗马音乐到 20 世纪的西方音乐，让学生从不同时期创作的音乐作品中，了解西方音乐的发展历程，品味西方音乐中的思想内涵及美学意蕴。

学习目标：让学生了解西方音乐发展的脉络，提高学生的音乐修养，丰富他们的音乐文化理论知识，开阔他们的艺术视野。

素养目标：通过欣赏西方经典音乐，提升学生的艺术修养和对生活的热爱。

西方音乐经过了漫长的发展过程，巴洛克音乐之前，西方音乐经历了古希腊和古罗马时期、中世纪时期以及文艺复兴时期三个主要历史阶段。

古希腊、古罗马是西方文明的摇篮，西方的音乐文化也从这里开始。古希腊人认为音乐有神奇和强大的力量，既能陶冶人的思想和灵魂，也能治愈人的身体。古罗马音乐是从古希腊借鉴来的。古罗马人发展了音乐中娱乐、消遣、外观宏大的特性，为了战争和军事的目的，古罗马人发明和发展了铜管乐器以炫耀军威和鼓舞士气。中世纪音乐是指公元 5—15 世纪的西方音乐。在这一千年中，欧洲经历了封建制度形成、发展、衰退的历史过程。中世纪时期是西方音乐艺术的构成时期。文艺复兴指的是 14—16 世纪发生在欧洲的一场资产阶级文化运动，这一时期的音乐艺术创作同样渗透着人文主义思想，音乐作品呈现出越来越世俗、明朗和情感化的倾向。

15.1　西方巴洛克音乐

"巴洛克"一词来自葡萄牙语 baroque，意为"畸形的珍珠"，现指欧洲 17 世纪和 18 世纪初期豪华的建筑风格，音乐家借用此语概括地说明同一时期的音乐风格。巴洛克音乐的显著特征是复调织体占主要地位，其写作技术达到了空前绝后的高峰。无论是声乐还是器乐，巴洛克音乐的旋律都空前华丽复杂，有相当多的装饰音和模进音型，力度上不追求渐强和渐弱的细微变化，而是采用较为清晰的"阶梯式力度"。巴洛克时期的音乐，以巴洛克晚期的作曲家维瓦尔第、亨德尔和巴赫为代表人物。

15.1.1　维瓦尔第　小提琴协奏曲《四季·春》

1. 作者简介

安东尼奥·维瓦尔第（见图15-1），1678年3月4日出生于意大利名城威尼斯的一个音乐世家，1741年7月28日逝于奥地利维也纳，终年63岁。

维瓦尔第是意大利巴洛克时代的音乐大师、小提琴家、作曲家，兼音乐教育家，他的创作对以后的巴赫等人产生了巨大的影响。人们公认他为巴洛克协奏曲领域的王者之一，维瓦尔第诸多创作中流传至今的重要作品也以这类协奏曲居多。据统计，他一生总共写作了四百多首协奏曲，其中包括独奏协奏曲和管

图15-1　维瓦尔第

弦乐协奏曲，两者的区别在于前者为突出独立的乐器而作，后者则是专为管弦乐团或合奏团谱写的。这些作品充分体现出维瓦尔第的音乐天赋，从中我们可以听到鲜活的旋律、热情的节奏、华丽的音色以及令人感到意外的音乐主题和对比变化，可以说这些协奏曲充分体现了巴洛克音乐的特色。

2. 作品简介

小提琴协奏曲《春》创作于1725年，是维瓦尔第小提琴协奏曲套曲《四季》中的一首。套曲通过精致、优雅的旋律，对一年四季寒暑季节的变化进行细腻入微的刻画，散发着威尼斯质朴乡土的情调。套曲充满了人文气息的创作风格，画意盎然，至今仍被演奏家和听众所喜爱。

《四季》所包含的四首作品分别被冠以《春》《夏》《秋》《冬》的标题，含三个乐章，构成四个相互独立、彼此间却藕断丝连的"整体"，体现了作曲家的巧思妙想。维瓦尔第为每个乐章都附上了一段诗词，以文字形式描绘每个乐章所力图表现的主题，这些文字起到"画外音""解说词"的作用。听众随着这些优美诗词的引导，随着精致、优雅旋律的感染，非常容易进入作曲家所营造的音乐气氛中，或许这就是《四季》得以成为最受欢迎的古典音乐曲目之一的原因所在吧。

3. 鉴赏提示

小提琴协奏曲《春》由三个乐章组成。

第一乐章：快板，由五次乐队全奏加入四次小提琴主奏的形式构成。作曲家的题诗为："春天来了，鸟儿欢唱，欣喜若狂，来把春报。微风习习，好似喃喃细语。天空云密电闪雷鸣，转瞬风停雨止，鸟儿重又歌唱。"在充满画意的诗句导入中，音乐通过小提琴独奏和乐队全奏之间的

对比，表现出春天蓬勃的朝气。

谱例 15-1

第二乐章：广板，描绘了一幅风景宜人而又悠然自得的风景画。作曲家的题诗为："牧羊人躺在地上，忠实的牧羊狗在他身边。树枝在沙沙低吟，百花盛开，景色宜人。"

谱例 15-2

第三乐章：快板，展现乡村风俗性舞蹈场面。作曲家的题诗为："春光灿烂，乡村牧笛悦耳，仙女和牧羊人在翩翩起舞。"

谱例 15-3

15.1.2　亨德尔　清唱剧《哈利路亚》

1. 作者简介

乔治·弗里德里希·亨德尔（见图 15-2），1685 年 2 月 23 日出生于德国中部的哈雷镇，1759 年 4 月 14 日逝于英国伦敦，终年 74 岁。亨德尔虽然生于德国，但在德国和意大利成名后，长期定居英国。他是欧洲历史上巴洛克时期最重要的作曲家之一。他最大的贡献是创作的清唱剧。亨德尔的清唱剧质朴感人，把高度的艺术性和虔诚的宗教信仰融入一个个音符之中。他的清唱剧占据英国舞台长达一百年之久，并成为英国衡量作曲家音乐水平的标准。

亨德尔自小喜爱音乐，不顾父亲的反对，偷偷地学习弹管风琴，并在这样充满矛盾的逆境中度过了童年。亨德尔 18 岁时正式开始了他的音乐生涯。1715 年，亨德尔以一部精心创作的

图 15-2　亨德尔

《水上音乐》欢迎新国王乔治一世，国王对乐曲的华贵典雅赞叹不已。1742 年，他在一种不可思议的热情驱动下，用 24 天就完成了清唱剧《弥赛亚》的创作。同年，这部作品在爱尔兰上演，一炮打响。次年，这部作品在伦敦上演时，英国国王乔治一世亲临剧院，当终乐章《哈利路亚》

奏响时，国王按捺不住心中的激动，站起来听完了全曲。自此，《哈利路亚》要站着听作为一条不成文的规定一直延续到今天。为了维护《弥赛亚》的地位不令其因过多的演奏而受损，英王下旨该剧每年只在春天演奏一次，且只有亨德尔本人才有资格指挥。1759 年春，74 岁的亨德尔照例指挥了演出，在暴风雨般的掌声中，老人倒下了。几天以后，这位乐坛上的巨星陨落了。亨德尔享受了国葬的待遇，长眠在历代国王圣贤下葬的威斯敏斯特教堂墓地，在那里有一座亨德尔纪念像耸立至今。

2. 作品简介

16 世纪后半叶，圣菲利浦·内里在瓦利切拉一所教堂的小礼堂内演出了清唱剧，并定为制度，清唱剧从此产生。17 世纪下半叶起，清唱剧不仅在意大利广泛流传，而且也远播其他国家。后来清唱剧题材有所发展，不限于宗教性内容或《圣经》故事，创作使用文字也逐渐从拉丁文变为意大利文，逐渐演变成一种不带表演的、不限于宗教内容的清唱的歌剧。清唱剧的风格与歌剧十分接近，有人物有事件，用宣叙调、咏叹调和合唱来演唱，不同的是清唱剧没有戏剧动作和表演。清唱剧的合唱不仅数量多、规模大，而且处于全剧的中心地位。在音乐史上，从古至今都有作曲家从事清唱剧的创作，最有成就的作曲家首推亨德尔，他的《弥赛亚》《以色列人在埃及》等是清唱剧创作历史中的高峰。

《哈利路亚》是亨德尔的清唱剧《弥赛亚》中最著名的一首合唱曲，是《弥赛亚》第二部的终曲，意为"赞美神"。它虽然是一首宗教歌曲，但因气势磅礴，富于对崇高理想的赞美和歌颂，激励着人们的精神而广受欢迎。

15.1.3　巴赫　小提琴独奏《G 弦上的咏叹调》

1. 作者简介

约翰·克里斯蒂安·巴赫（见图 15-3），1685 年 3 月 21 日出生于德国边远小城市爱森纳赫，1750 年 7 月 28 日逝于莱比锡，终年 65 岁。巴赫的创作包罗万象，涉及除歌剧外的一切音乐体裁，《马太受难曲》《b 小调弥撒》《勃兰登堡协奏曲》是其代表作。

巴赫的音乐创作以复调手法为主，构思严密，情感内敛，富于哲性和逻辑性，常常表现出坚定不移的信念，并往往以辉煌的高潮结束。可以说巴赫的音乐以其质朴、坚实、宏大的特点，为欧洲近代音乐的发展开辟了道路，达到了巴洛克音乐的顶峰。因此巴赫被誉为"近代音乐之父"。

巴赫的音乐世界通常是从一个中心蔓延开来，再用一些简单的元素构建起来的。任何一个细微的素材，最后都可能发展成一座恢宏的"音乐大厦"。巴赫的复调音乐理论对欧洲近代音乐理论的发展产生了不可估量的影响。巴赫对音乐科学也有重要的贡献。他通过创作《平均律钢琴曲集》，扩大了调性范围的应用、转调的自由，丰富了音乐的语言和创作手法。同时，包含四十八

图 15-3　巴赫

首前奏曲与赋格的《平均律钢琴曲集》是音乐史上的不朽杰作。

2. 作品简介

《G 弦上的咏叹调》原为巴赫《第三号管弦乐组曲》第二乐章的主题，作于 1727—1736 年之间，19 世纪德国著名的小提琴家奥古斯特·威廉密（1845—1908）将这段主题改编为钢琴伴奏的小提琴独奏曲，由于主奏小提琴必须在 G 弦（小提琴四根弦中最粗的一根弦）上演奏全部旋律，故此定名为《G 弦上的咏叹调》。

G 弦为小提琴的低音弦，其发音浑厚深沉，音色丰满，常演奏富于表情和歌唱性的旋律。改编者将这一特点与原曲如歌的风格紧密结合，使风格淳朴典雅，悠长而庄重的旋律充满浓浓的诗意美，使此曲成为脍炙人口的名曲，成为音乐会上经常演奏的小提琴曲目之一。

3. 鉴赏提示

乐曲《G 弦上的咏叹调》由单二部曲式写成，速度徐缓，富于歌唱性，具有巴洛克后期的夜曲风格。

A 段旋律，起伏荡漾，充满感情色彩。

谱例 15-4

B 段旋律前半部分情绪显得有些激动不安。

全曲后半段出现的新旋律产生了更丰富的变化，更加委婉动听，最后在静似祈祷般的氛围中结束。

15.2　西方古典主义音乐

15.2.1　海顿　弦乐四重奏《小夜曲》

1. 作者简介

弗朗茨·约瑟夫·海顿（见图 15-4），1732 年 3 月 31 日生于奥地利南部罗劳村，1809 年 5

月 31 日逝世于奥地利维也纳，终年 77 岁。

海顿被誉为"交响曲之父"，他的作品广博浩瀚，遍及声乐、器乐的各个领域。海顿一生写了一百多部交响曲，其晚期的创作标志着古典交响曲形式更趋成熟，情感稳重，格调典雅，结构严谨，最早确立了交响曲的结构形式特点，即"奏鸣曲—交响套曲"的结构形式：第一乐章，快板，奏鸣曲式，充满活力和激情；第二乐章，慢板，三部曲式或变奏曲式，抒情而充满冥想；第三乐章，小步舞曲式的三部曲式，

图 15-4　海顿

具有乡土风格；第四乐章，快板，舞曲性质的回旋曲式。海顿交响曲的首、尾乐章都使用展开短小动机的发展手法，这是海顿交响曲在结构上的一个特点。海顿的交响曲创作还奠定了以弦乐四个声部为基础、双管制现代管弦乐队的基本格局。海顿的交响曲创作，不仅开拓了古典交响音乐的发展道路，同时也为后来整个交响音乐艺术的发展奠定了基础。

2. 作品简介

弦乐四重奏曲《小夜曲》，选自海顿《第十七弦乐四重奏》的第二乐章。作品大约创作于 1762 年，后被改编为管弦乐曲、管乐合奏曲、小提琴独奏曲、吉他曲等。

作品乐曲色彩明朗，具有典雅质朴的情调，轻快的节奏和娓娓动听的旋律表现了无忧无虑的意境，而展开部的旋律进行，时而出现极其自然的大跳音程，使曲调更富朝气；由第一小提琴加上弱音器奏出的主旋律流畅而亲切，充满了欢快情绪，其他三个声部由第二小提琴、中提琴、大提琴用拨弦奏法，模仿情歌式小夜曲用吉他伴奏的音响效果。

3. 鉴赏提示

作品《小夜曲》为奏鸣曲式，4/4 拍，行板。

第一部分为 AB 段，A 段主题柔美舒缓，是典型的小夜曲风格。

谱例 15-5

第一小提琴带弱音器演奏，显得非常轻柔而温存，而另一支小提琴和中提琴、大提琴一起，在钢琴的跳跃性音型伴奏下，以拨奏的形式模仿吉他的伴奏效果。小夜曲的情绪应该有很多种类型，虽然都是对爱情主题的表现，但要表现的心情并不一样，有的忧郁，有的欢快，有的缠绵，有的明朗，因此形成小夜曲多姿多彩的风格。海顿的这首《小夜曲》，情绪是明朗而略带欢快的，带有一种优雅的绅士风度。尾声也是从第一部分主题发展而成的，好似对美好生活的追求终于获得了圆满的结果。

15.2.2　莫扎特　钢琴独奏《土耳其进行曲》

1. 作者简介

沃尔夫冈·阿玛多伊斯·莫扎特（见图 15-5），1756 年 1 月 27 日生于奥地利萨尔茨堡，1791 年 12 月 5 日逝于奥地利维也纳，终年不到 36 岁。

莫扎特的父亲列奥波尔德·莫扎特，原籍德国，是一位颇受人们尊敬的小提琴家、作曲家。小莫扎特非凡的音乐天赋很早就引起了父亲的关注，他 3 岁就能在钢琴上弹奏许多他听过的乐曲片段，5 岁就能准确无误地辨明任何乐器上奏出的单音、双音、和弦的音名，他甚至可以轻易地说出杯子、铃铛等碰撞时所发出的音……如此过硬的音准听力是大多数职业乐师一辈子都达不到的。

图 15-5　莫扎特

从 1762 年起，在父亲的带领下，6 岁的莫扎特和 10 岁的姐姐玛利亚·安娜·莫扎特开始了漫游整个欧洲大陆的旅行演出。他们所到之处无不引起巨大的轰动。在维也纳，他们被奥地利皇帝请进王宫进行表演。

莫扎特的创作成就遍及各个领域，尤其在德国歌剧艺术的开拓史上创下了不朽业绩。他的作品反映了 18 世纪末处在被压迫地位的德奥知识分子摆脱封建专制主义的羁绊，对美好社会和光明、正义、人格的尊严的追求。他的音乐风格具有诚挚、细腻、通俗、优雅、轻灵的特征，大都充满了乐观主义的情绪，反映了上升时期的德奥资产阶级向上的精神状态。在后期的创作中，莫扎特的作品虽也出现了悲剧性、戏剧性的风格，但对社会矛盾的反映更趋深刻。

2. 作品简介

《土耳其进行曲》作于 1778 年，为《A 大调钢琴奏鸣曲》中的第三乐章，常单独演奏，后被改编为管弦乐曲、吉他二重奏曲等。

莫扎特的《A 大调钢琴奏鸣曲》共三个乐章：第一乐章是由主题和六个变奏组成的变奏曲，第二乐章是小步舞曲，第三乐章的小快板是一首模仿土耳其军乐的乐曲。由于莫扎特在第三乐章前注明标题为"土耳其风格"，而乐曲的音乐又具有进行曲的气质，故其被称为《土耳其进行曲》。乐曲情绪乐观、明朗，旋律流畅、轻快、有力，深受人们喜爱。

3. 鉴赏提示

乐曲《土耳其进行曲》采用回旋曲式，小快板，2/4 拍，是具有法国风格的回旋曲。首先是著名的主题以 a 小调出现，整部作品中以这个主题最为脍炙人口。这一异国情调十足的乐章，在极为华丽而热烈的气氛中结束。

谱例 15-6

主题 A：音阶式进行的旋律和顿挫分明的节奏使主旋律带有小号吹奏的音色。伴奏声模仿土耳其军乐中鼓声的节奏型，增加了乐曲的进行曲特点。

谱例 15-7

第二插部 C：带再现的单三部曲式，旋律由连续不断的十六分音符组成，使音乐体现轻盈飘忽的色彩，与基本主题 A 形成鲜明的对比。

谱例 15-8

经过基本主题 A 与第一插部 B 的重复出现，当基本主题 A 第三次再现时，运用八度旋律分解的演奏，使乐曲增加了热烈气氛。

尾声是基本主题 A 的片断音调的发展，在隆隆鼓声的伴奏下，整首乐曲、辉煌而雄壮地结束。

15.2.3 贝多芬 交响曲《c 小调第五交响曲》

1. 作者简介

贝多芬（见图 15-6），1770 年 12 月 16 日生于德国波恩，1827 年 3 月 26 日逝于奥地利维也纳，终年 57 岁。

贝多芬是继巴赫、海顿、莫扎特之后欧洲音乐史上的又一位巨人。他的音乐是古典主义音乐与浪漫主义音乐之间的桥梁。多年来，他的音乐，特别是九部交响曲，一直震撼着世界。

尽管维也纳古典乐派中的三位著名作曲家所处的年代相当接近，但是他们的思想和作品显然各有个性。海顿一生备受凌辱，但却总是逆来顺受，当时进步的文学思潮和革命情绪很少能使他激动，他的音乐同斗争也是绝缘的。莫扎特精神上遭受

图 15-6 贝多芬

的苦难并不比海顿少，但在他的音乐中，在那充满阳光和青春活力的欢乐背后，往往还是可以感觉到一种痛苦、忧郁和伤感的情绪。只有贝多芬，他那炽热的叛逆气质和巨人般的坚强性格，以及他对社会的责任感而产生的崇高思想，形成了他作为一个音乐家的特殊品质。特别在他的九部交响曲中，他以时代和个人的命运为题，通过将深刻的哲理和感人的艺术形象结合，表现了从斗

争到胜利、从黑暗到光明的资产阶级上升时期的精神历程。《第九交响曲》的第四乐章是以席勒的诗歌《欢乐颂》为歌词创作的，乐章的重唱和独唱部分还充分发挥了四位演唱者各个音区的特色。这种大胆独特的创作构思和设计，对后来的交响曲创作起到里程碑式的示范作用。

2. 作品简介

《c 小调第五交响曲》，又名《命运》交响曲，创作于 1807 年，结构严谨、完整，手法简练、明快，发展紧凑、均衡，主题形象鲜明、生动。全曲情绪激昂，各乐章之间内在联系紧密，具有浑然一体的雄伟气魄。贝多芬曾说"命运就是这样敲门的"，对于他的这个说法，我们不妨理解为，生活中的矛盾、障碍和苦难，可以作为命运的象征，但是一个人应该使命运顺从他自己的意志，他应该成为生活的主人。这部作品无异于贝多芬的一部自传。它向世人宣告："不服从命运安排。"德国著名作曲家罗伯特·舒曼评价这部作品："尽管你时常听到这部交响曲，但它对你总是有一股不变的威力，正像自然界的现象虽然时时发生，但总让人感到惊恐一样。"

3. 鉴赏提示

作品《c 小调第五交响曲》共有四个乐章。

第一乐章：热情的快板，2/4 拍，奏鸣曲式。音乐的第一乐章开门见山地推出主题"命运的敲门"，这是一个紧张的、迫人呼吸的乐曲"动机"，它冷峻阴森、气势汹汹，暗示着险恶的境况和残酷的现实。

这一主题是向前冲击的音乐形象，激昂有力，具有勇往直前、不屈不挠的气势，推动音乐不断向前发展，展示了惊心动魄的斗争场面。

当各种乐器进行轮回模仿，相继掀起一次比一次紧张的浪潮之后，圆号奏出了乐曲"动机"的变体，这是连接部，也是战斗的警号。

就在这个号召"话音"未落时，弦乐奏出了无限柔情的副部主题，是一个明朗乐观主义和大无畏精神的主题。

但这种美妙情绪的音调没有持续多久，就又被"命运"的音调再次覆盖了。尽管其间穿插着一些柔情的音调，但它们是那样的短暂，而"命运"的力量又是如此强大。

第二乐章：稍快的行板，3/8 拍，双主题变奏曲式。第二乐章同第一个乐章带有悲剧性的形象全然不同，这是一首辉煌的抒情诗，体现了人的感情世界的复杂。在这里，平静的观察和深沉的思索，同温暖的感情和光明的幻想轮番交错，犹疑不定转化为坚定的决心。

第三乐章：快板，3/4 拍，谐谑曲，复三部曲式。第三乐章结尾时没有停息而直接进入第四乐章，基本主题是两个富有对比性的音调。

第四乐章：快板，4/4 拍，奏鸣曲式。第四乐章是革命胜利的颂歌，它概括了全曲，表现了人民的胜利和辉煌节日的气氛，它那一往直前的音乐进行、明晰的节奏、大量和弦的运用，无不为乐曲增添了英雄的光辉。

15.3 西方浪漫主义音乐

19 世纪初开始，音乐中的浪漫主义因素逐渐占主导地位，在音乐史上称这之后的一百余年为浪漫主义时期。浪漫主义音乐与古典主义音乐之间存在着很大的不同。浪漫主义音乐承袭古典乐派作曲家的传统，并在此基础上有了新的探索：强调音乐与诗歌、戏剧、绘画等其他艺术相结合，提倡一种综合艺术，提倡标题音乐，强调个人感觉的表现。浪漫主义音乐作品常常带有自传的色彩，注重描写大自然，富有幻想性，注意研究民族、民间的音乐文学，重视戏剧，具有民族特色。

在艺术形式和表现手法上，浪漫主义音乐继承了古典乐派，但内容上却有很大的差异，尤其是大量使用夸张的手法。在音乐形式上，浪漫主义音乐突破了古典主义音乐均衡完整的形式结构的限制，有更大的自由性。单乐章题材的器乐曲繁多，主要是器乐小品，如即兴曲、夜曲、练习曲、叙事曲、幻想曲、前奏曲、无词曲，以及各种舞曲，玛祖卡、圆舞曲、波尔卡等。在众多的器乐小品中，钢琴小品居多。声乐的作品中出现了大量的艺术歌曲，并将诸多的声乐小品串联起来形成套曲。

和声是表现浪漫主义色彩的重要工具，不协和音的扩大和自由使用，扩大了和声的范围及表现力，增强了和声的色彩。作曲家创立了多乐章的标题交响曲和单乐章的标题交响诗，这是浪漫主义时期音乐的重要形式。

15.3.1 门德尔松 管弦乐曲《婚礼进行曲》

1. 作者简介

雅科布·路德维希·费利克斯·门德尔松·巴托尔迪（见图 15-7），1809 年 2 月 3 日出生于德国汉堡，1847 年 11 月 4 日逝于德国莱比锡，享年 38 岁。

门德尔松出生在一个犹太人家庭，为银行家之子。他兴趣广泛、才华横溢，在音乐、文学、美术、语言学等许多方面都具备很高的天资。他 4 岁时从母亲那里接受了启蒙音乐教育，9 岁开始登台表演钢琴独奏，10 岁时已经开始创作，童年时就与德国文学泰斗歌德有"忘年之交"，这使他获益匪浅。

在短暂的一生中，他创作了大量的各种体裁的音乐作品，主要有五部交响曲（以《第三交响曲》《第四交响曲》最为著名）、七部序曲（以《仲夏夜之梦》《芬格尔山洞》最为著名），还有《e 小调小提琴协奏曲》及大量的钢琴、大提琴等器乐作品。

图 15-7 门德尔松

门德尔松的作品风格素以精美、幽雅、华丽而著称，他擅于将美妙的旋律纳入正规的古典曲式，成为继莫扎特之后最完美的曲式大师。他的作品既带有古典主义的严谨逻辑性，又带有浪漫主义的幻想性，两者完美交织在一起，赋予作品以一种诗意的典雅。

2. 作品简介

《婚礼进行曲》于 1826 年创作，是一首耳熟能详的世界名曲，常常被用于婚礼仪式。当时 17 岁的门德尔松从莎士比亚的著名喜剧《仲夏夜之梦》中得到创作灵感，创作了《仲夏夜之梦》序曲。《婚礼进行曲》是剧中第四幕与第五幕的幕间曲，演奏的管弦乐营造了雍容典雅、富丽堂皇的婚礼气氛，而成为家喻户晓的婚礼音乐。

3. 鉴赏提示

作品《婚礼进行曲》为复三部曲式。

引子：动感的节奏形式给人一种生命之门慢慢打开的感觉，预示着一种崭新生活的开始，随着音型的变化，富有张力的节奏将大家的情绪渐渐调动起来，预示着一场盛大的婚礼即将拉开帷幕。

主部：每个乐段均有重复形式，具有明显的进行曲特征，音乐力度以特强为主。辉煌的婚礼主题，整段音乐营造了婚礼仪仗列队行进的雄壮场面。

插部一：有再现的二段式结构，各部分均有重复。

插部二：并列三段式结构，音乐转为情绪细腻的抒情风格，与辉煌的主题形成反差。

尾声：主音与属音上下声部互相交替，整首乐曲欢快、高亢、激昂，给人以热烈愉悦之感。

15.3.2　肖邦　钢琴独奏《A 大调波兰舞曲》

1. 作者简介

弗里德里克·肖邦（见图 15-8），1810 年 3 月 1 日生于波兰华沙的一个教师家庭，1849 年 10 月 17 日逝于法国巴黎，终年 39 岁。肖邦是历史上最具影响力和最受欢迎的钢琴作曲家之一，欧洲 19 世纪浪漫主义音乐的代表人物。他的许多作品风格独特、生动、自然，感情真挚、细腻。他的创作标志着浪漫派的成熟和辉煌。

肖邦的作品以波兰民间歌舞为基础，多以钢琴曲为主，同时他又深受巴赫影响，被誉为"浪漫主义钢琴诗人"。肖邦是一位爱国主义的音乐家，因华沙起义失败而定居巴黎从事教学和创作的他，当时创作的很多作品都强烈地抒发了自己的思乡情绪，表达了对侵略者的

图15-8　肖邦

悲愤之情。肖邦的晚年生活非常孤寂，他痛苦地称自己是"远离母亲的波兰孤儿"，临终前嘱咐亲人把自己的心脏运回祖国。因此，舒曼曾经称肖邦的作品《C 大调马祖卡舞曲》是"掩藏在花丛中的一尊大炮"。

2. 作品简介

《A 大调波兰舞曲》作于 1838 年，又名《A 大调波洛奈兹舞曲》。历史上波兰在 18 世纪末被

奥地利、普鲁士德国和沙皇俄国瓜分侵略，波兰人民争取独立的起义一次次以失败而告终，《A大调波兰舞曲》就是在这种大历史背景下产生的。

乐曲表现了战火、烽烟、人的叫喊声、马的嘶叫声、白刃相拼的生死搏斗场景，表现肖邦对蒙受苦难的祖国的悲伤心情和渴望祖国胜利的信念，这是肖邦所写的波兰舞曲中最为华丽、最灿烂的一首。

3. 鉴赏提示

作品《A大调波兰舞曲》为复三部曲式。第一部分生动地刻画出一群威武雄壮的波兰男儿，他们身披铠甲，腰佩战刀，雄赳赳地大步向前，表达了作者对波兰卫士的敬意。

第二部分表现的音乐主题具有果断、刚毅的性格。

第三部分曲式为第一部分的严格再现，让我们又看到古代波兰的勇士们，那强健的体魄和豁达的胸怀，到处闪烁着骑士的光芒。

15.3.3　柴可夫斯基　管弦乐曲《天鹅湖》

1. 作者简介

彼得·伊里奇·柴可夫斯基（见图 15-9），1840 年 5 月 7 日出生于俄罗斯乌拉尔的一个工程师家庭，1893 年 11 月 6 日于莫斯科去世，终年 53 岁。

柴可夫斯基是俄罗斯浪漫乐派作曲家、音乐教育家，也是俄罗斯民族乐派的代表人物以及世界最伟大的古典音乐作曲家之一。他将俄罗斯音乐在国际上的地位提高到了全新的高度。

柴可夫斯基生活的年代正处于沙皇专制制度腐朽没落的时期。他在生活中深深感受到俄国政治的黑暗与腐败，但他的政治态度却又是保守的王朝拥护者。这种无法克服的矛盾不断促使柴可夫斯基对祖国

图 15-9　柴可夫斯基

的前途、社会的出路、人生的意义进行深刻的思考，并把这种生活的感受融入他的创作中。柴可夫斯基的主要音乐作品有歌剧《叶甫盖尼·奥涅金》《黑桃皇后》，芭蕾舞剧《天鹅湖》《胡桃夹子》《睡美人》，六部交响曲，三部钢琴协奏曲，小提琴协奏曲及幻想序曲《罗密欧与朱丽叶》《1812序曲》等。

2. 作品简介

《天鹅湖》创作于 1876 年，早在 1871 年柴可夫斯基就写了一部儿童舞剧版本的《天鹅湖》，1876 年夏他又完成了根据俄罗斯童话改编的舞剧《天鹅湖》。之后，柴可夫斯基将原作改编成了在音乐会上演奏的《天鹅湖》组曲。《天鹅湖》是世界上最出名的芭蕾舞剧，也是所有古典芭蕾舞团的保留剧目。

原本有两个结局差别很大的《天鹅湖》版本，通常会被混合着上演。它们的不同在于对结局的处理。在第一个版本里，王子齐格菲尔德被幻象所惑，结局是悲剧式的。但在另一个版本里，尽管结尾音乐是伤感的，结局却是大团圆。我们在舞台上看到更多的是以圆满结局收场的版本。

3. 鉴赏提示

《天鹅湖》组曲共选取了舞剧《天鹅湖》中的七首音乐，最为经典的是贯穿全剧的公主奥吉塔的主题音乐。

第一幕：在王子齐格菲尔德的生日前夕，母亲告诉他，要在第二天为他选一位新娘。到了晚间，王子去天鹅湖捕猎天鹅。该幕由前奏及六首小圆舞曲组成。

第二幕：齐格菲尔德邀请奥吉塔第二天晚上来参加舞会，并表示会向母亲表明，愿意娶奥吉塔为妻。这一幕中最经典的就是《四小天鹅》。

第三幕：各国的公主和使节都来出席齐格菲尔德的生日宴会。这部分中怪物们跳的各种舞曲组曲中包括《西班牙舞》《那不勒斯舞》《匈牙利曲》，其中《西班牙舞》带有浓厚的西班牙民族风格。

第四幕：王子请求奥吉塔的宽恕，而奥吉塔也原谅了他。这时罗德巴特用魔法卷起大浪，要淹死齐格菲尔德。奥吉塔为了救他纵身跃入湖内，爱情终于战胜了邪恶。

15.4　西方其他主要音乐流派

1920 年前后，西方音乐明显形成要求丰富语言和要求革新语言的两种倾向，出现了关于音乐创作不同的美学见解。有的作曲家保持了 19 世纪将音乐作为个人表现的观念，认为自己的创作是古典传统的延续，另外一些作曲家出于对旧世界的反叛和对新音乐的探索，否定音乐的"表现"功能，他们的创作以形式主义的面貌出现。

在这期间产生了多个个性鲜明的乐派，下面主要介绍六个。

印象派：产生于 19 世纪末到 20 世纪初，是受象征主义文学和印象主义绘画的影响而形成的。

新古典主义音乐：于 20 世纪 20 年代末开始盛行，是和后期浪漫主义相对立的一种潮流。

表现主义音乐：产生于 20 世纪初，流行于 20 世纪二三十年代，是与表现主义绘画同步的艺术。

十二音列体系：产生于 20 世纪 20 年代初，是由表现主义音乐的代表人物阿诺尔德·勋伯格在探索现代音乐的发展方向时创造出的一种新的作曲技法。

具体音乐：是用录音技术把日常生活中的各种具体声音录制后，作为素材进行复合处理而制成的音乐。

电子音乐：是 20 世纪 50 年代才兴起的一种新音乐。它和具体音乐一样，是音乐与电子科技结合的产物，但具体音乐取材于自然音响，电子音乐则以电子振荡器和发声器作为声源。

15.4.1　德沃夏克　交响曲《自新大陆交响曲》

1. 作者简介

安东·利奥波德·德沃夏克（见图 15-10），1841 年 9 月 8 日生于布拉格的一个平民家庭，

1904 年 5 月 1 日逝世于布拉格，终年 63 岁。

德沃夏克是捷克民族乐派的杰出代表人物，也是 19 世纪世界重要的作曲家之一，其作品题材广泛、体裁多样。其中著名的作品有《自新大陆》《幽默曲》（又称《诙谐曲》）《斯拉夫舞曲》、歌剧《水仙女》，以及交响诗《水妖》《午时女巫》等。

图 15-10　德沃夏克

2. 作品简介

《自新大陆》创作于 1892—1893 年，是德沃夏克在美国纽约音乐学院任教时创作的，是 19 世纪民族乐派交响曲的代表作。当时的纽约是美国新兴的大工业城市，其中黑人、印第安人的生活引起了德沃夏克强烈的兴趣。此曲真实地反映了作者对美国社会的感受以及对自己祖国的思念之情。

德沃夏克的交响曲深受古典乐派的影响，结构坚实、牢固，同时他天生的旋律才能和丰富、敏锐的旋律感，使他的作品充满了旋律的魅力，而不像传统的古典交响曲那样单纯地发挥技法，这是德沃夏克交响曲的独到之处。

3. 鉴赏提示

《自新大陆》这部作品共四个乐章。

第一乐章：奏鸣曲式，引子部分由弦乐器、定音鼓和管乐器竞相奏出强烈而热情的节奏，暗喻了美国那种紧张、忙碌的快节奏生活。德沃夏克当时背井离乡，乡愁蕴积，故而借用了他少年时期耳熟能详的民俗歌曲的特质，以排遣思乡念国的情怀。在呈示部，激昂、奋进的主旋律由圆号奏出，这一主题贯穿全曲的四个乐章。

第二乐章：复三部曲式，慢板。这一乐章是整部交响曲中最为有名的乐章，经常用来单独演奏，其浓烈的乡愁之情，恰恰是德沃夏克本人身处他乡时，对祖国无限眷恋之情的体现。本乐章的第一主题被誉为所有交响曲中最为动人的慢板乐章。这充满无限乡愁的美丽旋律曾被后人填上歌词，改编为一首名叫《念故乡》的歌曲。

第三乐章：复三部曲式，谐谑曲。本乐章有两个主题，第一主题轻快而活泼，带有跳跃的情绪；第二主题清丽、明快，富有五声音阶特色。两个主题彼此应和、模仿。呈示部分是单三部曲式结构，第一主题轻快活跃，由木管吹奏出来。

第四乐章：奏鸣曲式，快板。该部分气势宏大而雄伟，这个总结性的乐章将前面乐章的主要主题一一再现，同时孕育出新的主题，它们彼此交织成一股感情的洪流，抒发了作者想象中和家人聚首时的欢乐情景。乐章的主部主题由圆号和小号共同奏出，威武而雄壮。

15.4.2　德彪西　管弦乐曲《大海》

1. 作者简介

阿希尔 - 克洛德·德彪西（见图 15-11），1862 年 8 月 22 日生于法国巴黎近郊的一个平民家庭，

1918 年 3 月 25 日在法国巴黎家中逝世，终年 56 岁。

德彪西并非出身音乐世家，但他在音乐学院学习时就显露出自己是个富有创新精神的学生。德彪西在其作品的和声中常采用对比式的和声手法，即用一些短暂的、次要的新音乐材料来构成一种新颖、美妙的和声效果。这种极具特色的新颖和声为他后来开创的印象主义音乐奠定了基础。

图 15-11　德彪西

德彪西是法国印象派作曲家、钢琴家，被誉为印象派音乐的奠基人。他纤细清雅、精美秀丽的音乐风格，开辟了音乐的另一番审美天地。他的代表作品有《大海》《牧神午后前奏曲》《十二首钢琴前奏曲》《十二首钢琴练习曲》，以及歌剧《佩里亚斯与梅丽桑德》等，他的作品是印象派美学原则的典范。他创立了新的钢琴学派，他的《月光》《雨中花园》等钢琴作品成为钢琴家们经常演奏的曲目。

2. 作品简介

《大海》创作于 1905 年。该作品是 1903 年夏天，德彪西在海边的亲戚家度假时构思的，1905 年 3 月 5 日，管弦乐总谱的初稿才全部完成。德彪西一生喜欢大海，他认为大海是变幻无常的，是美丽的。他还认为"音乐理应表现水的运动，表现由变幻无常的和风所激起的浪的游戏"。因此，他把从大海的胸怀中得到的灵感融入他的作品当中。

3. 鉴赏提示

乐曲《大海》由三个乐章组成。

第一乐章《在海上——从黎明到中午》：夜幕缓慢地落下，一丝光亮映照在海面上，随着一轮红日渐渐升起，天空由紫色变为了青色，逐渐地增加了光辉，一幅开阔的大海黎明景色夹着大海的潮水声被生动地描绘出来。

第二乐章《波浪的游戏》：该乐章生动地描绘了白色的浪花拍击海岸时的情景，描写了可爱的小波浪来回动荡的音响。在音乐的继续发展中，英国管奏出可爱的第一个乐曲"动机"，给人以悠闲的感觉。

第三乐章《风和海的对话》：开始时，定音鼓的震音刻画出远方激动、飘浮着的雷声；之后，音乐描写了海风吹到海面，引起阵阵骚乱的潮声，犹风和海的对话。

这部作品不仅描绘出了一幅引人入胜的大海波澜壮阔的景色，同时也表现出作者对大自然的歌颂和赞美。

本章小结

本章介绍了西方音乐发展的脉络，结合经典音乐名作赏析，让学生从绚丽多彩的音乐作品中了解社会、热爱生活，向学生传达基于音乐本身又高于音乐之上的人文情怀。

本章作业

选择题

1. 西方音乐史上被称为"近代音乐之父"的是_____。

    A. 海顿   B. 巴赫   C. 贝多芬

2. 在贝多芬的九部交响曲中，第五交响曲叫《_____》交响曲。

    A. 英雄   B. 合唱   C. 命运   D. 田园

3. 序曲《仲夏夜之梦》是_____国音乐家_____的成名作。

    A. 德   门德尔松   B. 德   舒曼

4. 柴可夫斯基三部著名的芭蕾舞剧的名称，是《_____》《_____》《_____》。

    A. 天鹅湖   胡桃夹子   罗密欧与朱丽叶

    B. 黑桃皇后   如歌的行板   罗密欧与朱丽叶

    C. 天鹅湖   胡桃夹子   叶甫根尼·奥涅金

    D. 天鹅湖   胡桃夹子   睡美人